Prof. Hademar Bankhofer

Gesundheit aus dem Kochtopf

Dir liebe Anni

von Deiner

Freundin Erika

Prof. Hademar Bankhofer

Gesundheit aus dem Kochtopf

Wie man mit der täglichen Ernährung geistige und körperliche Vitalität, Fitness, aber auch Lebensqualität und Lebensfreude schaffen kann.

Eine kulinarische Hausapotheke

KNEIPP
VERLAG
Leoben · Stuttgart

ISBN 3-900696-98-5

Autor: Prof. Hademar Bankhofer.

Layout, technische Bearbeitung:
Verlag des Österreichischen Kneippbundes Ges. m. b. H., Kunigundenweg 10, A-8700 Leoben,
Tel. 0 38 42 / 24 0 94, Fax 0 38 42 / 21 7 18 - 32.

Bilder:
Mit freundlicher Genehmigung des Goldsam-Küchenstudios, Foto: Teubner.
Pflanzenfotos: EISL, St. Wolfgang / Österreich.

Druck: Theiss GmbH, A-9400 Wolfsberg.

3. Auflage

Leoben, November 1999

Inhalt

V. Teil
Gesundheit aus dem Obst

VI. Teil
Gesundheit aus dem Gemüse

Statt Medikamenten – ein köstliches Menü

Ein Vorwort

Vielleicht haben Sie das auch selbst schon erlebt. Jahrelang hat man keine oder wenig Beschwerden und geht davon aus, dass man gesund ist. Eines Tages fühlt man sich nicht so richtig wohl. Man wartet zu. Und dann sucht man aber doch den Arzt auf.

Eine genaue Diagnose ergibt: Im Blut befinden sich zu große Mengen der aggressiven Aminosäure Homocystein. Sie entsteht bei der Verarbeitung von Nahrungs-Eiweiß im Organismus und wird im Körper eines vollkommen gesunden Menschen schnell wieder abgebaut. Wird das Homocystein nicht abgebaut, dann greift es die Wände der Blutgefäße an, entzündet sie und rauht sie auf. Und dann kommt es zur Arterienverkalkung. Daher sind zu hohe Homocystein-Werte eine große Gefahr für Herz und Kreislauf.

Ganz ehrlich: Wenn Sie nun erfahren, dass Sie zu viel Homocystein im Blut haben, dann befürchten Sie: Jetzt wird mir der Arzt starke Medikamente verschreiben.

Keine Spur! Der Arzt wird Ihnen zur Aufnahme von drei lebenswichtigen Vitaminen raten: zu Folsäure, zu B6 und B12. Denn diese 3 Vitamine sind die natürlichen Feinde des Homocysteins.

In der Praxis bedeutet das: Ernähren Sie sich gesund und schmackhaft. Die Folsäure liefern Vollkorn- und Milchprodukte, Kartoffeln, Hülsenfrüchte, Petersilie und grünes Blattgemüse wie zum Beispiel Spinat. Vitamin B6 finden wir in Roggen, Gerste, Weizen, Nüssen, Bananen und in jeder Art von Fischen. B12 nehmen wir mit Topfen (Quark), Eiern, Sauerkraut und Makrelen in interessanten Mengen auf. Mit dieser Ernährung und dem vorübergehenden Verzicht auf Fleisch kann man in wenigen Wochen bereits erhöhte Homocysteinwerte in den Griff bekommen.
Sind die Werte sehr hoch, dann werden noch immer keine Medikamente, sondern Vitamin-Kombinationen eingesetzt.

Nahrung als Medizin. Das ist heute keine Utopie mehr, sondern praktischer Alltag im Haushalt von gesundheitsbewussten Menschen.

Ähnlich ist die Situation, wenn man erhöhte Cholesterin- oder Blutdruckwerte aufweist. Jeder verantwortungsvolle Mediziner wird vorerst zu einer gezielten Umstellung der Ernährung raten: keine tierischen Fette, kein fettes Fleisch, keine Wurst, kein Zucker. Dafür aber: reichlich Obst und Gemüse, Fisch und erstklassige Pflanzenöle. Man kann damit nachweislich der Arterienverkalkung und somit auch einem Herzinfarkt und einem Schlaganfall vorbeugen. In unserer täglichen Ernährung eignen sich dafür gezielt: Meeresfisch, kaltgepesste Pflanzenöle, Sonnenblumenkerne, Artischocken, grüner Tee, Äpfel, Haferflocken, Haferkleie, Knoblauch, Karotten, Sojabohnen, Zwiebeln und frische Shiitake-Pilze.

Speziell was den Knoblauch betrifft, kann man viel für die Gesundheit erreichen. Studien an der Universtät Homburg an der Saar haben vor einigen Jahren ergeben: Reichlicher Genuss von Knoblauch – also die Aufnahme des Knoblauch-Wirkstoffes Allicin kann mit der Zeit Durchblutungsstörungen in den Beinen und im Kopf erfolgreich verbessern. Aber auch Zwiebeln, Bärlauch, Paprika, Fenchel, Radieschen, Rettich, Meerrettich, Kartoffeln und Maisgerichte fördern die Durchblutung.

Pilzerkrankungen nehmen in unserer Zeit enorm zu. Viele werden von sehr bemühten Hautärzten jahrelang ohne Wirkung behandelt oder es kommt häufig zu Rückfällen. Das Geheimnis dabei: Man vermutet seit kurzem, dass man im Kampf gegen Pilzerkrankungen dem Organismus auch eine ganz bestimmte Ernährung zuführen soll.

Das bedeutet: Wer dem Pilzbefall von innen her begegnen möchte, der muss sich mit basischen Naturprodukten ernähren. Dazu gehören Blattgemüse, Wurzelgemüse, reifes, süßes Obst, Gewürz- und Wildkräuter, Milch, Rahm, Sahne und an erster Stelle Kartoffeln.

Vor einigen Jahren hätte das im Rahmen einer medizinische Versorgung niemand zu behaupten gewagt: dass man mit einer ganz bestimmten Ernährung positiven Einfluss auf Krankheiten nehmen und damit sinnvoll die ärztliche Therapie unterstützen kann! Heute ist es vielfach bewiesen und ein wichtiger Teil der modernen Ernährungswissenschaft.

Man kann sich nun denken, wie bedeutsam die Ernährung bereits auf dem Gebiet der Krankheits-Vorsorge, der Prävention, ist:

- In vielen Fällen lässt sich Verstopfung mit aufgeweichten Trockenfrüchten, Vollkornprodukten, reichlich Obst und Gemüse vermeiden.
- Es ist heute erwiesen, dass man mit ganz bestimmten Substanzen in unserer täglichen Nahrung ganz erheblich das Risiko für eine Krebserkrankung senken kann. Zu diesen Substanzen gehört zum Beispiel

das Spurenelement Selen, wie wir es im Meeresfisch und in Vollkornprodukten finden. Dazu gehören aber auch zahlreiche Pfanzenfarbstoffe – auch Bioflavonoide genannt: das Lykopen in den Tomaten, das Sulforaphan im Brokkoli, das P-Kumarin und Chlorogen in den Paprikaschoten.

Wollen Sie mehr und Genaueres über all diese Möglichkeiten wissen? Wollen Sie Ihre tägliche Ernährung in den Dienst Ihrer Gesundheit stellen und dabei dennoch genießen? Haben Sie den Wunsch, all jene Produkte in Ihren Speiseplan einzubauen, mit deren Hilfe Sie länger gesund bleiben? Wollen Sie im Falle einer Erkrankung auch die Ernährung als »Medizin« einsetzen? Und haben Sie schon lange den Wunsch, mehr über die gesundheitliche Bedeutung von all dem, was wir so essen, zu erfahren?

Dann ist dieses Buch für Sie genau das Richtige.

Es soll für Sie ein Wegweiser durch ein gesünderes, zugleich aber auch genussvolles Leben sein. Und es soll uns allen beweisen: Es ist im Grunde genommen so einfach, eine Reihe von Krankheiten auf kulinarische Weise zu verhindern. Und es ist oft faszinierend, wie Obst, Gemüse oder andere Naturprodukte plötzlich zu einer hilfreichen Arznei werden können. Und es ist einfacher, als man denkt, mit köstlichem Essen – ganz ohne Diät – abzunehmen.

Gesundheit aus dem Kochtopf – das ist keine Utopie, kein Wunschtraum. Das ist eine Chance, die wir alle Tag für Tag nützen sollten.

Viel Spaß beim Lesen und Essen für Ihre Gesundheit. Und zu all dem, was Sie in dem Buch an Informationen, Ratschlägen und Rezepten bekommen, mein Rat: Probieren Sie es doch einfach einmal aus!

Herzlichst Ihr

Hademar Bankhofer

I. Teil

Prof. Bankhofers Ernährungs-Training

Die 10 wichtigsten Fakten für gesundes Essen und Trinken

Unsere tägliche Nahrung ist nicht dazu da, uns lediglich den Magen zu füllen. Die vorrangige Aufgabe ist es, dass unser Organismus mit wertvollen Substanzen aus der Natur – sogenannten Vitalstoffen – versorgt wird, damit er Kraft aufbauen kann, damit er leistungsfähig ist, damit er aber auch gegen all die Gefahren, die auf ihn zukommen, entsprechende Abwehr schaffen kann.

Wer heute wahllos und gedankenlos im Supermarkt zu den angebotenen Produkten greift, der hat nicht die Möglichkeit, dem Köper genügend Vitalstoffe zuzuführen. Wir müssen daher die grundlegenden Voraussetzungen kennen, die eine gesunde Ernährung erfordert. Sie brauchen keine Angst zu haben, dass dabei die Freude am Essen auf der Strecke bleibt. Das darf nicht sein. Denn auch das Genießen des Essens ist ein wichtiger Beitrag fürs Wohlfühlen und für die Stärkung der natürlichen Abwehrkräfte.

Sie werden nun fragen: Gesund essen und Spaß daran haben – ist beides gleichzeitig möglich? Es ist möglich.

Hier dazu die grundlegenden Fakten, die jeder wissen sollte, wenn er Gesundheit aus dem Kochtopf und aus der Küche tanken möchte:

1. Jeden Tag Obst und Gemüse

Obst und Gemüse müssen im Mittelpunkt einer gesunden Ernährung sein. Es muss frisches Obst und auch rohes Gemüse sein. Und wenn nicht roh, dann sollte das Gemüse schonend zubereitet sein. Auf diese Weise holen Sie sich aus der Natur wertvolle Vitamine, Mineralstoffe, Spurenelemente und Enzyme. Dieser Bedarf kann nur gedeckt werden, wenn Sie regelmäßig reichlich Rohkost essen. Es ist auch in punkto Kalorien ein großer Unterschied, ob Sie zum Dessert ein Stück Torte oder einen Obstsalat verzehren. Oder ob Sie zum Abendessen ein warmes Fleischgericht oder ein Stück Vollkornbrot mit einer Rohkostplatte genießen. Ein weiterer Vorteil: Obst und Gemüse liefern dem Verdauungstrakt wichtige Ballaststoffe, die den Darm aktivieren und auch zu hohe Cholesterinwerte senken können.

Es sollte kein Tag vergehen, an dem Sie nicht Gemüse, Hülsenfrüchte, Kartoffeln und Obst konsumiert haben. So ist es sinnvoll, als Hauptmahlzeit einen großen Teller Salat zu essen. In unserer Zeit stehen das ganze Jahr – unabhängig von der Saison – zahlreiche Obst- und Gemüsesorten zur Verfügung: entweder aus dem Glashaus, aus dem Ausland oder aus der Tiefkühltruhe.

2. So natürlich wie möglich

Alle Naturprodukte, die wir essen, sollten so natürlich wie möglich bleiben. Das bedeutet: roh essen, so frisch wie möglich essen und schonend zubereiten, sodass sämtliche Vitalstoffe – zumindest zu einem überwiegenden Teil – erhalten bleiben. Das ist in unserer täglichen Ernährung leider nicht selbstverständlich. Obst und Gemüse werden oft nach dem Kauf zu lange oder schecht gelagert. Viele Naturprodukte werden zu lange gekocht, mehrmals wieder aufgewärmt. Sehr oft wird beim Zubereiten zu viel Wasser verwendet. Dabei werden viele lebensnotwendige Nährstoffe zerstört. Die Lebensmittel werden regelrecht ausgelaugt. Die Vitamine gehen in den Naturprodukten kaputt, weil sie zu sehr Licht, Luft, Hitze und Wasser ausgesetzt sind.

- Dünsten Sie das Gemüse so kurz wie möglich, mit wenig Wasser und mit wenig oder gar keinem Fett.
- Wenn Sie Obst und Gemüse waschen, so lassen Sie es nicht im Wasser liegen. Dabei gehen Eiweißstoffe, die Vitamine B1 und C, der Mineralstoff Kalzium und das Spurenelement Eisen verloren.
- Wenn Sie Obst und Gemüse vor der Zubereitung an einem sonnigen und warmen Platz in der Wohnung aufbewahren, gehen ganz schnell alle wertvollen Stoffe darin verloren.
- Dasselbe passiert, wenn Gemüse und Obst in zu kleine Stücke geschnitten werden.

- Grundsätzlich muss man wissen: Vitamin C in Gemüse und Obst geht beim Erhitzen ganz schnell zugrunde. Zwei Ausnahmen gibt es: Kartoffeln und alle Kohlarten.
- Wenden Sie einen Vitamin-Trick an: Wenn Sie gedünstetes Gemüse servieren, dann mischen Sie ein wenig fein geraffeltes oder fein gehacktes rohes dazu. Ein Beispiel: Auf den Teller mit dem gekochten Sauerkraut kommt etwas rohes Sauerkraut. Auf den Rote-Rüben-Salat (Rote-Bete-Salat) gibt man einen Teelöffel geraffelte rohe Rote Rübe (Rote Bete).
- Kurz vor dem Servieren streuen Sie auf fertige Speisen wie Suppen, Salate, Soßen einige Esslöffel fein gehackte frische Kräuter.

3. Nicht fettfrei, aber fettarm

Wir brauchen in unserem Organismus Fett für unseren Fettstoffwechsel, für unsere Energie, für den Aufbau unserer Körperzellen, für die Anlieferung von Fettsäuren und für die Aufschließung und Verarbeitung der fettlöslichen Vitamine A, D, E und K. Daher ist es nicht sehr sinnvoll, fettlos zu essen. Die Devise muss aber lauten: Fettarm ist gesünder! Zu viel Fett macht fett, liefert große Mengen an Kalorien. Übergewicht und viele Krankheiten entstehen durch einen übermäßigen Konsum von Fett.

Dabei sind die sogenannten »versteckten« Fette in Wurst, Käse, Eiern, Milch, Nüssen, Süßwaren und in der Schokolade am gefährlichsten.

- Greifen Sie beim Einkauf zu fettarmen Lebensmitteln. Es ist heute fast auf allen Packungen der Fettgehalt angegeben. Da dies bei der Wurst nicht der Fall ist, sollten Sie keine zu großen Mengen essen.
- Streichen Sie Fette wie Margarine oder Butter dünn aufs Brot. Überlegen Sie, ob es in manchen Fällen vielleicht gar nicht notwendig ist, ein Streichfett zu verwenden. Wenn Sie ein käftiges Vollkornbrot essen, das einen starken, aromatischen Eigengeschmack hat, dann erübrigt sich sehr oft das Fett.
- Verwenden Sie für Salate ausschließlich hochwertige, nach Möglichkeit kaltgepresste Pflanzenöle mit einem hohen Anteil an ungesättigten Fettsäuren. Dazu gehören beispielsweise Olivenöl, Maiskeimöl, Sonnenblumenöl, Distelöl, Weizenkeimöl, Sesamöl.
- Sparen Sie beim Zubereiten von Speisen so oft wie möglich mit Fett. Verwenden Sie beim Braten spezialbeschichtete Pfannen. Dünsten und

dämpfen Sie das Gemüse ohne Fett. Schöpfen Sie bei Bratensoßen und Fleischsuppen das Fett ab. Bauen Sie Paniertes und Frittiertes so selten wie möglich in Ihren Speiseplan ein.

- Zu den fettarmen Lebensmitteln in unserer tägliche Nahrung gehören: Brot, Getreide, Haferflocken, Beinschinken ohne Fettrand, Putenschitzel, Hühnerbrust, Topfen (Quark), Buttermilch, fettarme Milch, gedämpfter Meeresfisch, Kartoffeln, Gemüse roh oder gedünstet, Obst.
- Zu den fettreichen Lebensmitteln, die mit Vorsicht zu genießen sind, gehören: Schokolade, Bonbons, Erdnüsse, Kuchen, Croissants, Weißgebäck, Speck, Bratwurst, paniertes Fleisch, Schlagsahne (Schlagobers), Käse mit 60 Prozent Fettanteil, marinierter Hering, geräucherte Makrele, Bratkartoffeln, Pommes frites, Kartoffelchips.
- Man weiß heute in der Ernährungswissenschaft ganz konkret: Nicht nur Cholesterin in Nahrungsmitteln lässt den Cholesterinspiegel im menschlichen Organismus bedrohlich ansteigen. Auch zu viel Fett treibt den Cholesterinspiegel in die Höhe.

4. Fleisch sollte die Beilage sein

Wenn Sie gesund leben wollen, dann sollten Sie tierisches Eiweiß – Fleisch, Wurst, Eier – nicht in zu großen Mengen und nicht zu oft essen. An sich ist Fleisch ein wertvolles Lebensmittel, da es dem Organismus neben dem Eiweiß reichlich Vitamin B1, Zink und Eisen zuführt. Aber mit dem tierischen Eiweiß bekommen wir auch Fette, Cholesterin und Purine sowie Salz geliefert.

Es ist daher sinnvoll, wenn wir uns Eiweiß auch aus Fisch und Kartoffeln, Hülsenfrüchten und Getreide holen. Dabei aber muss man wissen: Tierisches Eiweiß – in Maßen genossen – ist besonders wertvoll, da es dem Körpereiweiß des Menschen in seiner Zusammensetzung sehr ähnlich ist und die lebensnotwendigen Bausteine im richtigen Verhältnis – mit 23 Aminosäuren – liefert.

- Besondere Vorsicht ist bei Innereien am Platz. Durch die Zunahme der Umweltschadstoffe sind sie ganz besonders belastet. Außerdem treiben die Purine, die in den Innereien enthalten sind, den Harnsäurespiegel gewaltig in die Höhe. Wenn diese Harnsäure nicht abgebaut werden kann, dann setzt sie sich in Form von Kristallen in den Gelenken ab. Diese entzünden sich. Es kann zu Gicht und zur Nierensteinbildung kommen.

- Wer häufig gepökelte (geselchte) Fleischwaren und Würste isst, der nimmt damit außerdem viel zu viel Salz auf. Und das wieder treibt in vielen Fällen den Blutdruck in die Höhe.
- Wer etwas für die Gesundheit tun möchte, der sollte nicht öfter als 2- bis 3-mal pro Woche Fleisch als Hauptmahlzeit essen. So kann die Harnsäure bestens vom Körper verarbeitet und abgebaut werden. Aber auch jedesmal, wenn es Fleisch gibt, darf es nicht das größte Stück auf dem Teller sein. Wir müssen uns folgendes Maß vor Augen halten: Das Fleisch soll bei einer Mahlzeit nicht im Mittelpunkt stehen. Es sollte – in Gesellschaft von Salaten und anderen Beilagen – die Beilage sein. Das bedeutet in der Praxis: Eine Portion Fleisch sollte höchstens 150 Gramm, eine Portion Wurst höchstens 50 Gramm haben.
- Was das Ei betrifft, so gilt die Regel: 3 Stück pro Woche.
- Essen Sie unbedingt 2-mal pro Woche 150 bis 200 Gramm Meeresfisch. Fisch liefert hochwertiges Eiweiß und reichlich das Spurenelement Jod. Unser Organismus braucht Jod für den Aufbau des Schilddrüsen-Hormons. Jodmangel führt zu einer vergrößerten Schilddrüse und vielen anderen Beschwerden.
- Mancher wird jetzt fragen: Wenn ich selten Fleisch esse und zeitweise ganz darauf verzichte, dann muss ich aus anderen Quellen die lebensnotwendigen Eiweißbausteine – Aminosäuren genannt – aufnehmen. Welche Kombinationen aus anderen Lebensmitteln muss ich da zusammenstellen? Hier einige Beispiele für eine alternative ideale Eiweiß-Versorgung ohne Fleisch: Kartoffeln mit Rührei (Eierspeise), Laibchen (Frikadellen, Buletten) aus Vollkorngetreide, Bohneneintopf mit Brot, Linsensuppe mit Brot und Jogurt zum Dessert.

5. Umsteigen auf Vollkornprodukte

Wer auf lange Sicht den Einstieg in die gesunde Ernährung plant, wer sich also regemäßig Gesundheit aus dem Kochtopf holen möchte, der sollte öfter Vollkornprodukte in den Speiseplan einbauen. Zu den Vollkornprodukten zählen: Vollkornbrot, Naturreis, Getreidegerichte, Vollkorn-Teigwaren, Haferflocken und Müsli. Vollkornprodukte liefern die für die Verdauung so wertvollen Ballaststoffe, weiters Vitamine, Mineralstoffe und Spurenelemente. Sie enthalten aber auch hochwertiges Eiweiß, Stärke und Fett. Die Vitalstoffe sitzen in ganz besonders intensiven Mengen in den Randschichten des vollen Korns. Im Weißmehl ist kaum etwas davon festzustellen. Und so kann das Umsteigen auf Vollkorn aussehen:

- Essen Sie jeden Tag Vollkornbrot oder andere Vollkornprodukte.
- Wenn Sie Nudeln zubereiten, dann nur mehr Vollkorn-Teigwaren, und wenn Reis angesagt ist, dann nur Naturreis.
- Verwenden Sie für die Zubereitung von süßen Rezepten nach Möglichkeit Vollkornmehl.
- Starten Sie mit einem Müsli in den Tag.
- Die Ballaststoffe im vollen Korn zwingen zu intensiverem Kauen. Sie füllen den Magen und machen schneller satt. Sie halten den Darm in Schwung und verbessern bei vielen Menschen die Verdauung. Sie senken einen zu hohen oder erhöhten Cholesterinspiegel.

Wenn Sie Vollkornprodukte essen, ist es besonders wichtig, ausreichend zu trinken, da Sie sonst eine Verstopfung bekommen können.

6. Sparsam mit Süßem umgehen

Viele von uns essen für ihr Leben gern Süßes. Sie geben Unmengen von Zucker in den Kaffee oder Tee. Sie naschen Bonbons und müssen am Ende jeder Mahlzeit mit einem Dessert verwöhnt werden. Das ist für die Gesundheit nicht sehr gut. Zucker und Süßigkeiten in großen Mengen können Karies verursachen und führen zu Übergewicht.

Und so geht man am besten mit Süßem um:

- Versuchen Sie, mit wenig Zucker auszukommen. Finden Sie wieder zu einem natürlichen Geschmacksempfinden zurück.
- Wenn Sie etwas Süßes genießen, dann müssen Sie die Kalorien bei einer anderen Mahlzeit einsparen.
- Süße Köstlichkeiten dürfen niemals Naturprodukte mit reichlich Vitaminen, Mineralstoffen und Spurenelementen ersetzen.
- Vergessen Sie nicht: Zu viel Zucker in der täglichen Ernährung bringt den Blutzuckerspiegel aus dem Gleichgewicht. Je mehr Zucker aufgenommen wird, desto mehr steigt die Blutzuckerkurve an. Damit diese hohen Mengen an Zucker aus dem Blut abtransportiert werden können, produziert die Bauchspeicheldrüse mehr Insulin. Der Blutzuckerspiegel fällt rapid ab. Derart große Schwankungen belasten den Stoffwechsel, machen schnell müde und lösen bald wieder Hunger aus – ein verhängnisvoller Kreislauf.

- Es ist wichtig zu wissen: Zucker ist reich an Energie. Er ist aber gleichermaßen arm an Vitalstoffen. Wenn Sie hingegen ein Stück Obst genießen, nehmen Sie viele Vitamine, Mineralstoffe, Enzyme und Spurenelemente auf.
- Wer selten Süßigkeiten isst, braucht kein schlechtes Gewissen zu haben.
- Putzen Sie unmittelbar nach dem Genuss von Süßem die Zähne. Sie können dann die Karies-Gefahr abwenden.
- Verwenden Sie für die Zubereitung von süßen Speisen nicht zu große Mengen an Zucker. Das Müsli kann man hervorragend und gesünder mit Trockenfrüchten süßen.
- Halten Sie sich auch mit zuckerreichen Modegetränken zurück. Sie löschen nicht wirklich den Durst.
- Konsumieren Sie nicht zu viel Süßstoffe und Zuckeraustauschstoffe. Lernen Sie besser, mit weniger süßem Geschmack auszukommen. Süßstoffe (z. B. Saccharin, Cyclamat und Aspartam) sind viel süßer als Zucker, sie sind aber kalorienfrei. Zuckeraustauschstoffe (z. B. Fructose, Sorbit, Mannit, Xylit) werden in der Diabetiker-Diät verwendet, sie sind nicht kalorienärmer als Zucker.

7. Wenig Salz und viele Kräuter

Salz ist ein wichtiger Bestandteil unserer täglichen Nahrung. Wir brauchen Salz für das Funktionieren unseres Wasserhaushaltes. Ein erwachsener Mensch braucht täglich etwa 2 bis 5 Gramm Salz. Doch die meisten von uns übertreiben und konsumieren etwa 15 bis 18 Gramm täglich.
Das ist entschieden zu viel und kann den Wasserhaushalt stören und bei einer Reihe von Menschen den Bluthochdruck verstärken. Außerdem zerstört zu viel Salz – ähnlich wie es beim Zucker der Fall ist – das natürliche Geschmacksempfinden.

- Salzen Sie niemals gedankenlos schon vor Beginn der Mahlzeit, ehe Sie gekostet haben.
- Verwenden Sie jodiertes Salz, weil es dem Jodmangel vorbeugt.
- Verfeinern Sie viele Speisen mit wenig Salz, dafür aber zusätzlich mit einer Fülle von frischen Kräutern. Wer immer nur Salz allein verwendet, ist einfallslos. Kräuter und Gewürze verstärken den Eigengeschmack vieler Speisen und haben zusätzlich noch gesundheitsfördernde Wirkung.

- Zu den salzarmen Lebensmitteln gehören Milch und Milchprodukte, frisches und tiefgekühltes Gemüse, Kartoffeln, Fleisch, Fisch und alle Arten von Küchenkräutern.
- Zu den salzreichen Lebensmitteln, die man sparsam genießen sollte, gehören: fast alle Käsesorten, ganz besonders die Edelpilz-Käse, Gemüse aus der Konserve, Fertiggerichte, Wurst, Pökelfleisch, Geräuchertes, gesalzene und geräucherte Fischsorten, Ketchup, Suppenextrakt, Fertigsoßen, Senf.

8. Fünf kleine Mahlzeiten am Tag

Sie können das selbst an sich testen. Wenn Sie die Gewohnheit von drei großen Mahlzeiten am Tag ablegen und dafür fünf kleinere Mahlzeiten einnehmen, dann werden Sie einige Vorteile spüren: Sie gehen mit mehr Schwung und Leistungskraft durch den Tag. Sie reduzieren Leistungstiefs und fühlen sich nicht mehr so müde wie früher.

Wir sollten unsere ,Essgewohnheiten viel mehr unserem Biorhythmus anpassen. Niemand von uns ist von morgens bis abends in Hochform. Jeder von uns hat so seinen »Durchhänger«. Die Leistungskurve geht nach unten. Das kann man mit der Ernährung verhindern oder zumindest mindern.

Die ideale Einteilung: drei sogenannte Hauptmahlzeiten am Morgen, mittags und am Abend, dazwischen jeweils ein kleiner Imbiss am Vormittag und einer am Nachmittag. Das hat auch große Vorteile für den Stoffwechsel. Unsere Verdauungsorgane werden nicht so sehr beansprucht. Die Blutzuckerkurve verläuft flacher. Man muss allerdings peinlich genau darauf achten, dass keine der fünf Mahlzeiten zu üppig ausfällt, sonst steigt das Körpergewicht. Das bedeutet: Die Hauptmahlzeiten müssen kleiner als bisher sein.

Als Zwischenmahlzeit eignen sich ideal Jogurt, Früchte-Jogurt, Obst, Vollkornbrot mit rohem Gemüse, magere Käsesorten – etwas Hüttenkäse – und eine kleine Portion Müsli.

9. Jeden Tag zwei Liter Füssigkeit

Der menschliche Organismus benötigt täglich 1, 5 bis 2 Liter Wasser. Es ist für alle Lebensvorgänge unentbehrlich. Unser Körper braucht Wasser als Baustoff, zum Transportieren und Lösen von Nährstoffen sowie zum

Temperaturausgleich. Jeden Tag gibt der Körper über Harn, Haut und Atemluft 2, 5 Liter Flüssigkeit ab. Diese Verluste müssen ersetzt werden. Es ist daher keine Frage, dass die wertvollste und sinnvollste Flüssigkeit das Wasser ist: Mineralwasser, stilles Mineralwasser oder qualitativ hochwertiges Leitungswasser. Eine gute Alternative sind ungesüßte Kräutertees. Der Vorteil all dieser gesunden Flüssigkeiten: Sie haben keine Kalorien. Gezuckerte Getränke eignen sich nicht als Durstlöscher. Und wenn Sie unbedingt natürliche Fruchtsäfte trinken wollen, dann sollten Sie diese zur Hälfte mit Wasser verdünnen.

Kinder und junge Menschen haben immer viel Durst. Sie werden kein Problem damit haben, jeden Tag 2 Liter Wasser zu konsumieren. Erfahrungsgemäß trinken ältere Menschen viel zu wenig. Die Erklärung dafür: Mit den Jahren lässt das Durstgefühl nach. Es ist daher wichtig, sich jeden Morgen die Mengen, die man trinken muss, vorzugeben. Das geht ganz einfach: Man stellt sich 2 bis 3 Flaschen Mineralwasser auf den Tisch und gibt sich selbst den Auftrag: Die Flaschen müssen abends leer sein. So hat man eine exakte Kontrolle über die lebenswichtige Flüssigkeitsaufnahme.

10. Ausgewogen und vollwertig essen

Wir lesen und hören es immer wieder: Die tägliche Ernährung kann nur dann gesundheitsfördernd sein, wenn sie ausgewogen, vielseitig und vollwertig ist. Was bedeutet das nun in der Praxis? Ganz einfach: Je mehr verschiedene Nahrungsmittel, Naturprodukte und Speisen man für jede Mahlzeit oder zumindest für den Tag kombiniert, desto mehr lebensnotwendige Nährstoffe und Vitalstoffe erhält unser Organismus.

Unser Körper benötigt eine breite Palette an lebenswichtigen Substanzen: Eiweiß, Fett, Kohlenhydrate, Vitamine, Mineralstoffe, Spurenelemente, Enzyme, Ballaststoffe, Wasser. Er braucht von allem etwas, also keine großen Mengen. Wer also täglich aus dem breiten Angebot an Lebensmitteln möglichst Verschiedenes isst, der kommt dem Verlangen unseres Körpers nach.

In diesem Zusammenhang gibt es natürlich ganz besonders gesundheitsfördernde Lebensmittel und weniger wertvolle. Eine ideale Mischung unserer täglichen Nahrung sollte in etwa so aussehen, wie das der »Verein zur Förderung der gesunden Ernährung und Diätetik« in Aachen in einer Ernährungs-Pyramide übersichtlich darstellt. Aus dieser Pyramide ergibt sich auch ganz deutlich, von welchen Lebensmitteln man mehr, von welchen man weniger und von welchen man ganz wenig konsumieren sollte.

- Bei Getreide, Getreideprodukten und Kartoffeln darf man kräftig zulangen. Täglich etwa 5 – 7 Scheiben Brot, 270 Gramm gekochte Teigwaren oder Naturreis, 5 mittelgroße Kartoffeln.

- Gleich danach kommen Gemüse und Hülsenfrüchte: täglich mindestens 1 Portion Gemüse von 200 Gramm und 100 Gramm Salat. Ebenso wichtig: täglich mindestens 2 Stück Obst oder 250 Gramm gemischtes Obst. Die ideale Lösung: jeden Tag 3 Äpfel, 1 Orange, 1 Grapefruit, 1 Kiwi, 1 Banane, im Sommer 1/2 Zucker- oder Honig-Melone, oder 1/4 einer Wassermelone.

- Etwas sparsamer sollte man mit Milch und Milchprodukten umgehen: täglich 1/4 Liter fettarme Milch oder 1 Becher Jogurt, weiters 90 Gramm Käse.

- Was den Konsum von Fisch, Fleisch und Eiern anbelangt, so gilt die Regel: 2-mal die Woche je 150 – 200 Gramm Meeresfisch, 2- bis 3-mal die Woche jeweils 1 Portion zu je 150 Gramm Fleisch und 2- bis 3-mal zu je 50 Gramm Wurst. Dazu 3 Eier pro Woche.

- Absolut sparsam müssen wir mit Fetten und Ölen umgehen. Pro Tag sollten wir nicht mehr als 40 Gramm Streichfett und Kochfett konsumieren. Das sind etwa 2 Esslöffel Butter oder Margarine. Außerdem können 1 bis 2 Esslöffel hochwertiges Pflanzenöl für die Zubereitung von Speisen verwendet werden.

Wir sollten diese Ernährungs-Pyramide ernst nehmen. Einseitiges Essen schadet im Laufe der Zeit der Gesundheit, da es zu Mangelerscheinungen kommen kann. Und dadurch kann der Grundstein zu einer Reihe von Erkrankungen geschaffen werden. Ganz besonders müssen junge Leute und Senioren darauf achten. Die Jungen sind allzuoft verleitet, unentwegt Fastfood zu essen. Die Senioren ernähren sich oft – in falscher, verhängnisvoller Bescheidenheit – wochenlang nur von Kaffee und Semmeln (Brötchen). In beiden Fällen ist ein Mangel an lebenswichtigen Vitalstoffen vorprogrammiert.

II. Teil

Prof. Bankhofers Küchen-Ratschläge

Gesunde Ernährung durch gesunde, bewusste Zubereitungs-Methoden

Wer sich jeden Tag Gesundheit aus dem Kochtopf holen möchte, der muss auch wissen: Es kommt dabei nicht nur darauf an, dass man frische, naturnahe Lebensmittel zur Speisenzubereitung verwendet. Es ist auch ganz wichtig, dass man bei der Zubereitung ganz bestimmte Dinge beachtet.

- Alle Naturprodukte sollten so frisch wie möglich zubereitet und gegessen werden. Sie schmecken dann am besten und enthalten auch noch große Mengen an lebenswichtigen Substanzen. Wenn Obst und Gemüse längere Zeit aufbewahrt werden – vor allem in der Wärme oder in der Sonne –, dann verlieren die Früchte ihre wertvollen Vitamine. Wenn Obst und Gemüse aufbewahrt werden müssen, dann an einem kühlen und dunklen Ort, wo möglichst wenig Sauerstoff dazukommt.
- Dazu einige Beispiele: Wenn man Spinat bei 4 Grad Celsius im Kühlschank einen Tag lang aufbewahrt, dann gehen 27 Prozent vom Vitamin C verloren. Nach 2 Tagen sind es bereits 33 Prozent. Ganz schlimm sieht die Sache aus, wenn der Spinat bei 20 Grad Zimmertemperatur liegen bleibt. Nach einem Tag sind 56 Prozent vom Vitamin C kaputt, nach 2 Tagen bereits 79 Prozent.
- Obst und Gemüse müssen vor der Zubereitung in jedem Fall gewaschen werden, damit man Staub, Schmutz, Krankheitskeime und oberflächliche Umweltschadstoffe entfernen kann. Die Naturprodukte sollten unzerkleinert gewaschen werden. Verwenden Sie nur kaltes Wasser. Waschen Sie die Produkte kurz, aber gründlich, nicht im Wasser liegen lassen. Empfindliche, zarte Sorten wie etwa Erdbeeren oder vollreife Pfirsiche müssen im stehenden Wasser gewaschen werden. Warmes Wasser oder zu langes Waschen raubt den Produkten viele wasserlösliche Nährstoffe.
- Getrocknete Lebensmittel wie etwa Erbsen, Bohnen, Trockenfrüchte oder Gelatine müssen vor der Verwendung eingeweicht werden. Man

muss ihnen das entzogene Wasser wieder zuführen. Erst dann kann man die Lebensmittel zubereiten. Die getrockneten Lebensmittel werden in kaltem Wasser eingeweicht. Man kann das Einweichwasser dann beim Kochen verwenden. Das hat den Vorteil, dass jene Vitalstoffe, die beim Einweichen aus den Produkten ins Wasser gelangen, nicht verloren gehen.

- Vor der Zubereitung einer Speise müssen Obst und Gemüse geputzt und damit von welken, verdorbenen oder harten Bestandteilen befreit werden. Stängel, Stiele, Kerne und Kerngehäuse müssen weg. Manche Lebensmittel sollte man zuerst putzen, dann waschen: zum Beispiel Salat, Kohl, Porree, Kräuter, Spargel. Hingegen sollte man Obst, Sellerie, Kohlrabi, Paprikaschoten und Karotten zuerst waschen, dann putzen.
- Manche Lebensmittel – wie etwa Orangen, Spargel, Schwarzwurzeln und Kartoffeln müssen vor Gebrauch geschält werden. Bitte dünn und rasch schälen und sofort weiterverwenden, nicht zu lange an der Luft liegen lassen. Sonst werden wertvolle Vitamine zerstört. Übrigens: Wenn Sie nicht wissen, ob eine Obst- oder Gemüsesorte aus biologischem Anbau kommt, dann sollten Sie sie besser schälen und waschen. Man kann damit Schadstoffe besser entfernen.
- Wenn Gemüse und Obst zerkleinert werden, dann ebenfalls sofort weiterverarbeiten. Salat sofort mit Marinade übergießen. Zitronensaft oder Essig verhindert, dass die Fruchtstücke sich verfärben.
- Verwenden Sie beim Dämpfen und Dünsten von Gemüse nur wenig Wasser.
- Wählen Sie immer die richtige Topfgröße. Ist der Topf größer als die Kochstelle, dann brennen die Lebensmittel leicht an. Ist der Topf im Durchmesser kleiner, dann geht sehr viel Energie verloren.
- Alle Lebensmittel sollten auf höchster Hitzestufe angekocht werden. Dann eine niedrigere Temperatur einstellen. Kochen Sie die Speisen nicht »zu Tode«. Nehmen Sie sie rechtzeitig vom Herd. Halten Sie die für den Dampfdruck-Topf angegebenen Garzeiten exakt ein.
- Zum Anbraten von Speisen in der Pfanne genügt meist 1 Esslöffel Speiseöl oder Fett. Bei etwas durchwachsenem Fleisch genügt oft sogar 1 Teelöffel. Ganz ohne Fett kann in beschichteten Pfannen, im Bräter, im Tontopf, im Bratsack gebraten werden.
- Nicht alle Fette und Öle eignen sich zum Anbraten, Braten, Grillen und Frittieren. Achten Sie beim Kauf von Fetten auf den Hinweis »Zum Braten und Backen geeignet«. Kaltgepresste Öle und Öle mit einem

hohen Anteil an ungesättigten Fettsäuren, die besonders wertvoll sind, sollte man lediglich zum Anrichten von Salat oder zur Zubereitung anderer kalter Speisen verwenden. Beim starken Erhitzen verlieren diese Fette ihre gesundheitsfördernde Wirkung. Butter eignet sich lediglich zum Dünsten und Backen, niemals zum Grillen, Frittieren oder Braten.

- Salz entzieht den Lebensmitteln Flüssigkeit und gelöste Nährstoffe. Wenn Sie Fleisch vor dem Braten salzen, dann verliert es viel Saft. Das Fleisch wird saftiger, wenn Sie es zuerst braten und dann salzen.
- Am besten schmecken Speisen, wenn Sie unmittelbar nach dem Zubereiten serviert und gegessen werden. Wenn Speisen längere Zeit warm gehalten werden, dann verlieren Sie an Geschmack, Aussehen und Nährstoffen. Speisen, die nicht innerhalb von 30 Minuten gegessen werden, sollte man in einem kalten Wasserbad abkühlen lassen und kühl stellen, erst bei Bedarf wieder aufwärmen. Dann kann man einen Teil der Vitalstoffe erhalten.
- Nitrat ist ein Pflanzennährstoff und ein natürlicher Bestandteil des Bodens. Über unsere Nahrung nehmen wir Nitrate auf. Das Verhängnisvolle: Sie werden in unserem Körper zu krebserregenden Nitrosaminen umgewandelt. Die Weltgesundheitsorganisation (WHO) empfiehlt daher, die tägliche Nitrat- und Nitrit-Aufnahme so gering wie möglich zu halten. Manche Gemüsesorten enthalten mehr Nitrate. Vor allem Glashausgemüse enthält auf Grund der Dünge-Gegebenheiten mehr. Es ist daher immer gesünder, Freiland-Gemüse der Saison zu kaufen. Gemüsesorten mit sehr niedrigem Nitratgehalt sind Tomaten, Gurken, Paprika, Melonen, Rosenkohl (Kohlsprossen), Erbsen, Getreide, Obst. Besonders hohe Werte an Nitraten findet man oft im Kopfsalat, Spinat, in Radieschen, Fenchel und in der Roten Bete (Roten Rübe). Ein kleiner Trick für alle, die einen eigenen Garten haben: Ernten Sie Gemüse abends. Zu dieser Zeit ist der Nitratgehalt am niedrigsten. Bei nitratreichem Gemüse sollte man immer die äußeren Blätter entfernen. Das Kochwasser sollte weggeschüttet werden. Durch Blanchieren und Kochen kann der Nitratgehalt oft bis zu 70 Prozent gesenkt werden.

So schützen Sie sich vor Salmonellen

Früher gab es diese Gefahr nur im Sommer. Jetzt haben die Salmonellen immer Hochsaison. Und Experten an der Universität Kiel betonen: Die Salmonellen werden immer hartnäckiger und heimtückischer. Mehr und mehr Lebensmittel werden davon befallen. Musste man vor Jahren bei Fleisch, Eiern und Kartoffelsalat Obacht geben, so findet man heutzutage mitunter Salmonellen sogar auf Kartoffelchips mit Paprika, wenn sie schlecht gelagert sind. Von Jahr zu Jahr nehmen die Salmonellen-Infektionen zu. Salmonellen sind stäbchenförmige Bakterien, die Magen- und Darmerkrankungen hervorrufen können. Sie kommen im Boden, in Pflanzen, in Futtermitteln und in Exkrementen von Mensch und Tier vor. Es gibt über 2000 Salmonellenarten. Die gefährlichste ist die Salmonella enteritidis. Eine einzige davon ist imstande, das komplette Verdauungssystem eines Menschen für Tage durcheinander zu bringen. Besonders verseucht sind Eier und Geflügel. Durch die Massentierhaltung und Futtermittel werden die Salmonellen schnell verbreitet.

Besonders anfällig für Salmonellen sind rohes Fleisch, Wild, Innereien, Krusten- und Schalentiere, Wurstwaren, ganz speziell Hackfleisch, Geflügel frisch und tiefgefroren, Soßen, Mayonnaisen, Desserts aus rohen Eiern wie Tiramisu, Speise-Eis, Kartoffel- und Fleischsalat.

Und so vermehren sich die Salmonellen besonders schnell: Wenn Speisen aufgewärmt werden, wenn Eier roh oder zu wenig erhitzt werden, wenn beim Erwärmen im Mikrowellenherd das Innere von Nahrungsmitteln nicht genügend erhitzt wird, wenn verderbliche Speisen mangelhaft gekühlt werden und wenn man Kontakt mit salmonellen-infizierten Menschen hat. Die ideale Temperatur zur Verbreitung der Salmonellen: 37 Grad Celsius.

Die typischen Symptome einer Salmonellen-Infektion: Bauchschmerzen, Durchfall, Übelkeit, Fieber, Erbrechen. Besonders gefährdet sind ältere Menschen und Kinder, chronisch kranke und immunschwache Personen. Eine Salmonellen-Infektion dauert meist ein bis drei Tage.

In Ausnahmefällen kann es länger dauern. Mitunter endet so eine Infektion nach einem Kreislaufzusammenbruch tödlich. Man weiß heute, warum gerade in Altenheimen so oft durch Salmonellen schwere Erkrankungen und Todesfälle ausgelöst werden: Der Sonntagsbraten wird dort oft schon am Freitag zubereitet und nur mehr aufgewärmt. Und obendrein sind viele Senioren auf Grund medikamentöser Versorgung immungeschwächt.

Und so kann man sich vor einer Salmonellen-Infektion schützen:

- Verwenden Sie niemals Eier mit einem Riss, auch wenn er noch so fein ist. Achten Sie auf das Legedatum beim Kauf, bewahren Sie die Eier im Kühlschrank auf und verwenden Sie sie 20 Tage nach dem Legedatum nicht mehr. Fürs Frühstücks-Ei nur wirklich frische Eier nehmen und mindestens 4 Minuten kochen. Das Spiegel-Ei beidseitig braten. Rühreier intensiv durchbraten.

- Geflügelfleisch muss im Inneren mindestens eine Temperatur von 70 Grad Celsius erreichen. Tiefgefrorenes Geflügel im Kühlschrank auftauen. Tauwasser wegschütten. Es darf mit keinem anderen Nahrungsmittel in Berührung kommen. Tücher, Töpfe, Küchengeräte und Hände nach dem Umgang mit Geflügel gründlich mit heißem Wasser reinigen.
- Jedes Fleischgericht gut durchbraten. Panier-Mehlreste, die mit rohen Eiern in Berührung gekommen sind, weggeben, nicht weiterverwenden.
- Beim Aufwärmen Speisen immer über 70 Grad Celsius erhitzen. Auch beim Erhitzen in der Mikrowelle darauf achten.
- Auf peinliche Hygiene in der Küche achten. Putzschwämme und Lappen häufig wechseln.
- Leicht verderbliche Lebensmittel wie Fisch, Fleisch, Mayonnaise im Kühlschrank bei minus 6 Grad aufbewahren. Nach Möglichkeit an heißen Tagen auf Tiramisu, Pudding, Cremes mit rohem Ei und auf Hackfleisch (Faschiertes) verzichten.

Und so weichen Sie den Salmonellen an heißen Sommertagen am besten aus: Genießen Sie frisches Obst und rohes Gemüse, das Sie allerdings ebenfalls gut waschen.

So entgehen Sie der Gefahr von Pilzen und Bakterien

Abgesehen von den Salmonellen lauern in unserer Nahrung noch viele andere Gefahren: Pilze und Bakterien. Sie können krank machen. So kann man sich davor schützen:

- Vorsicht vor aufgewärmten oder warm gehaltenen Fleischspeisen, Cremefüllungen und vor allem vor Pudding vom Vortag. Da bilden sich jede Menge Bakterien, die Übelkeit, Erbrechen, Durchfall, Seh- und Hörstörungen hervorrufen können. Weg damit. Oder damit keine Bakterien entstehen: im Kühlschrank unter 4 Grad Celsius lagern.
- Wenn am Brot an einer einzigen Stelle etwas Schimmelpilz zu sehen ist, dann müssen Sie das ganze Brot weggeben. Es ist bereits, noch nicht sichtbar, mit Millionen von Schimmelpilz-Fäden durchzogen. Wer davon isst, kann tagelang Fieber, Magenschmerzen, Kopfschmerzen und Brechreiz bekommen.

- Wenn Sie im Konfitüre-Glas an der Oberfläche Schimmelpilz entdecken, gibt es 2 Möglichkeiten: Handelt es sich um selbst gemachte Konfitüre im Verhältnis Früchte und Zucker 1 zu 1, dann genügt es, mit einem Löffel großzügig die Stelle zu entfernen. Zucker in hoher Konzentration bekämpft Bakterien. Handelt es sich um gekaufte Konfitüre mit niedrigem Zuckergehalt oder um Light- oder Diabetiker-Produkte, dann muss die ganze Fruchtmasse weggegeben werden. Wer davon isst, kann Probleme mit Magen, Darm und Leber bekommen.
- In der Sommerhitze werden Kartoffeln oft grün. Weg damit. Die Kartoffel enthält den Giftstoff Solanin, der Kopfschmerzen, Durchfall, Krämpfe und Gastritis hervorrufen kann. Solanin wird beim Garen der Kartoffeln nicht zerstört!
- Wenn Obst eine Faulstelle aufweist, nicht mehr essen. Das Pilzgift Patulin ist bereits in der ganzen Frucht nachzuweisen. Es führt zu starker Übelkeit, zu Magen- und Darmstörungen. Besonders gefährlich: faule Orangen, Mandarinen, Zitronen.
- Gerichte aus Speise-Pilzen darf man im Sommer niemals aufwärmen. Wenn von der Mahlzeit etwas übrig bleibt: Weggeben. Die Pilze sollten unmittelbar nach dem Kaufen oder Sammeln zubereitet und gegessen werden. Tiefgekühlte Pilze niemals auftauen. Gefroren verarbeiten.
- Essen Sie keine Salate, die mit Mayonnaise angerichtet und über Nacht aufbewahrt wurden. Darin findet man Millionen von Staphylokokken. Es kommt bei Genuss zu Bauchschmerzen, Kreislaufstörungen, Erbrechen, Durchfall.
- Wurst, die sich verfärbt hat, Käse, der zarten Schimmel angesetzt hat – außer es ist Schimmel-Käse! – sollte man zur Gänze entfernen. Vorbeugend alles im Kühlschrank aufbewahren. Bald verbrauchen. Man muss grundsätzlich wissen: Die Aflatoxine im Schimmelpilz können Krebs – davon sehr oft Lebertumoren – verursachen.
- Wenn eine Konservendose – egal, ob die Verbrauchsfrist abgelaufen ist oder nicht – eine Wölbung aufweist, Hände weg davon! Eingebeulte Konserven können das Nervengift Botulin enthalten. Das kann vor allem bei Bohnen, Tomaten, Aprikosen, Birnen und Fleisch der Fall sein.

III. Teil

Neue Erkenntnisse aus der Ernährungswissenschaft

Forschungsergebnisse, die unser Essen zur »Medizin« machen

Nicht nur schwere Krankheiten, deren Linderung und Heilung regen Ärzte und Wissenschaftler in aller Welt zu Studien an. Auch auf dem Gebiet der Ernährung wird viel geforscht. Immer wieder gibt es neue Erkenntnisse. Wenn wir gesund leben und mit unserem täglichen Essen Einiges dazu beitragen wollen, dann sollten wir so rasch wie möglich von diesen Erkenntnissen erfahren. Ich möchte Ihnen hier einige der neuesten Erfahrungen, die uns nützlich sein können, weitergeben.

So besiegen Sie den Nachthunger

Zu jeder Jahreszeit wollen Menschen abnehmen und endlich von ihrem Übergewicht loskommen. Doch nur jene, die bereits eine Reihe von Abspeckversuchen hinter sich haben, wissen: Das ist nicht so einfach. Da tauchen viele Probleme auf.

Man hat tagsüber, wenn man arbeitet, Hunger. Überall lauern kalorienreiche Verlockungen. Von irgendwoher zieht der verführerische Duft einer Speise in die Nase. Oder man wird zum Essen eingeladen. Wer kann da »Nein!« sagen?
Aber es gibt standhafte Menschen. Sie halten von morgens bis abends eisern durch und essen nur ganz karg. Sie lehnen Einladungen ins Restaurant ab. Und wenn sie essen, dann nur kalorienarme Speisen. Sie ernähren sich vernünftig und gesund.
Aber am Ende des Tages war doch alles vergebens. Denn dann kommt die Nacht, und mit ihr der gefürchtete und verhängnisvolle Nacht-Hunger. Ärzte, Psychologen, Ernährungswissenschaftler und Psychotherapeuten in

Wien und Gießen haben das Problem in den letzten Monaten analysiert. Sie haben die Beobachtung gemacht, dass etwa zwei Drittel der Betroffenen Frauen und Mädchen, ein Drittel Männer sind. Sie alle werden während des Schlafes von Heißhunger-Attacken befallen, stehen auf, schleichen sich aus dem Bett zum Kühlschrank und futtern dort hemmungslos alles in sich hinein, was sie kriegen können.

Man weiß heute ganz genau, wie es dazu kommt. Wer tagsüber wenig gegessen hat, um schlank zu werden, wer viel Stress hatte, der produziert im Körper am späten Abend oder nachts das Stresshormon Cortisol in besonders großen Mengen. Genau dieses Cortisol löst dann die Heißhunger-Anfälle aus. Man sehnt sich nach Kohlenhydraten und hat einen Riesenappetit auf Süßes. Der Körper hat jetzt großen Bedarf an Kohlenhydraten, weil er damit den beruhigenden Hormonstoff Serotonin erzeugen will, um sich entspannen zu können.
Mit dem Nacht-Hunger gibt es einen verhängnisvollen Zusammenhang: Alles, was der Mensch nachts verzehrt, das wird nicht – wie das tagsüber der Fall ist – sofort »verbrannt« und verwertet. Es wird vorerst einmal »gespeichert« und erst am nächsten Morgen verarbeitet. Je später der Abend, desto schlechter verwertet der Körper eine Mahlzeit.

Und noch etwas ist beobachtet worden: Wer sich nachts schläfrig aus dem Bett erhebt und sich einer »Kühlschrank-Orgie« hingibt, der konsumiert extrem unkontrolliert. Im Grunde genommen weiß er gar nicht, wie viel er am Ende gegessen hat. Und das ist für die Gesundheit und das Körpergewicht gefährlich.

Wie kann man nun den Nacht-Hunger vermeiden? Welche Tricks muss man anwenden, um nicht zum Opfer der nächtlichen Hunger-Attacken zu werden? Sie werden sehen: Es ist im Grunde genommen gar nicht so schwer, das Problem zu lösen.

- Es ist besser, wenn Sie tagsüber keine Mahlzeit auslassen. Ideal wäre, wenn Sie 5 kleine, bescheidene Mahlzeit über den Tag verteilen. Das ist die beste Waffe gegen den Nacht-Hunger. Wer nämlich auch nur auf eine einzige Mahlzeit verzichtet, senkt den Blutzuckerspiegel. Und damit ist in der darauf folgenden Nacht der Heißhunger auf Süßes vorprogrammiert.
- Essen Sie den ganzen Tag – ganz besonders aber abends – fettarm. Fette Speisen am Tag machen nachts süchtig nach noch mehr Fett. Die Erklärung dafür: Konsumiertes Fett regt unter anderem im Oganismus die Produktion der Substanz Galanin an. Und Galanin signalisiert dem Körper, dass er noch mehr Fett braucht. Das erklärt die nächtliche Lust auf Kalorienbomben.

- Denken Sie bereits am Morgen an die Nacht. Beginnen Sie den Tag mit einem kräftigen, gesunden Frühstück. Es rächt sich, wenn Sie ohne Frühstück aus dem Haus gehen.
  Die Erfahrung zeigt: Wer mit leerem Magen in den Tag geht, fährt leistungsmäßig auf Sparflamme, drosselt den Stoffwechsel und neigt nachts zum Schlemmen. Das ideale Frühstück, das der Organismus braucht, wäre: Müsli oder Vollkornbrot, Milchprodukte, frisches Obst, rohes Gemüse.

- Setzen Sie das Abendessen nicht zu spät an. Genießen Sie Leichtes und Gesundes, wie es die Südländer tun. Genießen Sie schonend zubereitetes Gemüse, Fisch, Salate mit Olivenöl.

- Trinken Sie abends zum Essen nach Möglichkeit nur Mineralwasser. Wenn Sie Wein mögen, dann achten Sie darauf, dass es abends bei einem Glas bleibt. Studien in den USA haben ergeben: Zu viel Alkohol am Abend senkt den Blutzucker. Damit wird nachts Heißhunger ausgelöst.

- Meiden Sie am Ende des Abendessens üppige, süße Desserts. Sie machen dann im Bett noch mehr Appetit auf Süßes. Der Griff zur Schokolade oder zur übrig gebliebenen Sahnetorte wird dann zur zwanghaften Selbstverständlichkeit.

- Schlafen Sie ausreichend – etwa acht Stunden. Ganz wichtig dabei sind etwa zwei Stunden Vormitternachts-Schlaf. Wer übermüdet und unausgeschlafen ist, der versucht instinktiv, das Schlaf-Defizit durch übermäßiges Essen auszugleichen. Wenn Sie nachts nicht auf Ihr Schlaf-Soll kommen, dann versuchen Sie tagsüber, zu einem kurzen Erholungs-Schlaf zu kommen. Das kann Ihnen den nächtlichen Appetit ersparen.

- Achten Sie genau darauf, dass Sie niemals zu viele verlockende Köstlichkeiten im Kühlschrank vorrätig haben. Wer vor einem fast leeren Kühlschrank steht, kann seiner Esslust keinen freien Lauf lassen.

- Ein Rat, der sehr viel bringt: Gehen Sie nach dem Abendessen und nach dem Fernsehen nicht sofort ins Bett. Machen Sie noch einen kleinen Spaziergang.
  Oder gehen Sie zumindest ein wenig in der Wohnung umher. Sie werden dann besser schlafen und gar nicht aufwachen, um nach Essen zu suchen.

- Ein alter Trick: Genießen Sie vor dem Zubettgehen einen Apfel. Aber gut kauen. Das senkt das Risiko einer mitternächtlichen Fressorgie.

So ist Kaffee keine Gefahr für die Gesundheit

Wer belohnt sich nicht gerne am Arbeitsplatz zwischendurch mit einer Tasse Bohnenkaffee? Wer sitzt nicht gern in der Freizeit mit Freunden bei einer Tasse Kaffee beisammen? Kaffee ist für Millionen Europäer so etwas wie ein Lebenselixier. Manche brauchen ihn am Morgen, um in Schwung zu kommen. Andere wieder müssen nach dem Mittagessen ihren Kaffee haben, damit sie nicht müde werden. Wieder andere haben ihr Kaffee-Nachmittags-Ritual. Aber im Vordergrund steht die Gaumenfreude, der Genuss.

Irgendwie aber schwingt oft auch ein schlechtes Gewissen mit. Denn man liest und hört immer wieder, dass Kaffee eine gesundheitliche Belastung für den Organismus sein soll.

Lassen Sie sich von solchen Meldungen nicht verunsichern und nicht die Freude am Kaffee verderben. Es kommt – wie bei allem im Leben – nur darauf an, dass man den Kaffee mit Maß und Ziel trinkt. Und wenn man ganz bestimmte Fakten, die wissenschaftlich erforscht sind, kennt, dann kann man mit diesem köstlichen Getränk auch richtig umgehen, ohne der Gesundheit auch nur im Geringsten zu schaden.

Es beginnt schon damit, dass es unzulässig ist, beim Kaffee von einem »gesundheitsgefährdenden« Genuss zu sprechen. Viele Studien in den letzten Jahren haben ergeben: Bohnenkaffee – in Maßen getrunken – ist keine Gefahr für die Gesundheit. Außerdem muss man die positiven Seiten des Genießens für Körper und Seele mit auf die Waagschale werfen. Es ist längst bekannt: Genießen stärkt die Immunkraft, schützt vor Stressfolgen. Mancher wird nun fragen: Was heißt in Maßen? Mediziner und Ernährungsexperten meinen: Etwa 4 Tassen Kaffee am Tag sind für einen gesunden Menschen eine vertretbare Menge.

In diesen Mengen ist Kaffee sehr oft auch Patienten mit erhöhtem oder hohem Blutdruck nicht verboten. Untersuchungen in Deutschland konnten da in den letzten Jahren einen Irrtum berichtigen: Bei etwa 3 Tassen Kaffee am Tag wird ein bestehender Bluthochdruck nicht negativ beeinflusst. Es kann durch Kaffee auch keine Bluthochdruck-Krankheit ausgelöst werden. Allerdings: Kaffee hebt kurzfristig den Blutdruck an. Das müssen Risiko-Patienten wissen. Im Grunde genommen sollte jeder selbst beobachten, wie viel Kaffee er verträgt. Wer unentwegt Stress und Ärger hat, obendrein raucht und keine Bewegung macht, der sollte nicht auch noch literweise den Kaffee in sich hineinleeren.

Es gibt sogar Situationen, in denen der Arzt dem Patienten das Kaffeetrinken ans Herz legt: etwa bei zu niedrigem Blutdruck, bei Kreislauf-Problemen und bei Durchblutungsstörungen im Gehirn.

Man hört immer wieder: Bohnenkaffee fördert die Arterienverkalkung und hebt die Cholesterinwerte. Dazu gibt es eine aktuelle wissenschaftliche Studie aus Holland. Sie wurde am Institut für Ernährungswissenschaften in Utrecht durchgeführt. Die Studie hat ergeben: Es kommt darauf an, wie man den Bohnenkaffee zubereitet:

- Wer täglich 5 – 6 Tassen starken Kaffee trinkt, der mit Filter zubereitet wurde, weist nur eine minimale, nicht nennenswerte Erhöhung des Cholesterins auf, oft sogar überhaupt keine.
- Wer allerdings den Kaffee aus einer Espressomaschine trinkt, bei dem kommt es zu einer Erhöhung des Cholesterinspiegels um etwa 10 Prozent und mehr.

Die Erklärung dazu: Bohnenkaffee enthält außer Koffein noch weitere Aktiv-Substanzen. Zwei davon sind das Cafestol und das Kahweol. Die beiden Wirkstoffe verändern den Fettstoffwechsel der Leber. Dadurch steigt der schädliche Anteil des LDL-Cholesterins.

Die beiden Substanzen dringen ungehindert durch die Siebe von Kaffee- und Espresso-Maschinen. Sie bleiben aber im feinporigen Papierfilz der Kaffee-Filter zurück. Instant-Kaffees enthalten Cafestol und Kahweol in unbedeutenden Spuren.

Man muss aber betonen: All diese negativen Wirkungen bei normal zubereitetem Kaffee kommen nur zum Tragen, wenn man einfach zu viel davon trinkt. Und wenn man zu viel auf einmal trinkt. Es ist sinnvoll, den Kaffee-Genuss – jeweils eine Tasse – über den Tag zu verteilen. Allein eine Pause von 15 Minuten zwischen zwei Tassen macht den Kaffee zu einem viel bekömmlicheren Getränk.

Es gibt aber noch andere Tricks: Wenn Sie auf Kaffee nicht schlafen können, sollten Sie nachmittags die letzte Tasse trinken. Wenn Sie auf Kaffee Herzklopfen bekommen, dann geben Sie nicht Milch, sondern Sahne dazu. Erst ein bestimmter Fettgehalt »entschärft« die Wirkung des Koffeins. Oder trinken Sie koffeinfreien Kaffee.

Es gibt auch die Möglichkeit, dem Bohnenkaffee Feigen-, Malz- oder Zichorien-Kaffee beizufügen. Damit werden Magen und Nerven geschont. Aber das ist Geschmacksache.

Eines aber muss man wissen: Bohnenkaffee wirkt enorm harntreibend. Wer eine Tasse Kaffee trinkt, gibt 2 Tassen Flüssigkeit ab. Bei 1 Liter Kaffee am Tag sind das 2 Liter. Wenn man nebenher sonst nichts trinkt, kommt es zu einem Flüssigkeits-Defizit im Körper. Das kann mit der Zeit Nierenprobleme geben. Halten Sie sich daher an die uralte Wiener Kaffeehaus-Tradition: zu jeder Tasse Kaffee ein Glas Wasser.

Die Vitalstoffe sitzen in den Randschichten
des vollen Korns –
das Umsteigen auf Vollkornprodukte
gehört zu den 10 wichtigsten Fakten
der gesunden Ernährung –
lesen Sie auf Seite 16!

Mit Kräutern zu würzen
hilft Salz zu sparen.
Besonders empfehlenswert
ist das Basilikum –
mit seinen ätherischen Ölen Eugenol
und Estragol kurbelt es den Hirnstoffwechsel
so richtig an.
Lesen Sie auf Seite 18 und 47!

Alle Naturprodukte
sollen so frisch wie möglich zubereitet
und gegessen werden!
Lesen Sie auf Seite 22!

Ernährungspyramide:
Man sieht ganz deutlich,
von welchen Nahrungsmitteln man viel,
von welchen weniger
und von welchen man nur ganz wenig
essen sollte.
Lesen Sie auf Seite 20 f!

Quelle: Verein zur Förderung der gesunden Ernährung und Diätetik.

Bier gegen Nierensteine & schütteres Haar

Wenn die Temperaturen steigen, dann macht mancher gern tagsüber eine kleine Pause und erfrischt sich mit einem kühlen Bier. Und da stellt sich nun die Frage: Wie gut oder wie schlecht ist Bier eigentlich für unsere Gesundheit? In letzter Zeit haben sich Wissenschaftler, Mediziner und Ernährungsexperten mit dieser Frage befasst. Dabei sind viele positive Aspekte für das Bier zu Tage gekommen:

- Bier ist ein ganz besonders »reines« Getränk. Das hat eine Studie an der Münchner Weihenstephan-Universität ergeben: Man hat Gerste und Hopfen an einem Autobahn-Dreieck auf besonders belastetem Boden – zum Teil mit Klärschlamm – angebaut. Die Ernte war für den menschlichen Genuss nicht zumutbar, weil mit vielen Giften belastet. Davon braute man Bier. Und siehe da: Im Bier selbst gab es keinerlei Umweltschadstoffe. Sie wurden beim Gärvorgang gefiltert. Der Rückstand – Trub genannt – war voll von Giften. Was die Umweltbelastung betrifft, kann man Bier mit gutem Gewissen und ohne Angst trinken.
- Großvaters Spruch »Bier ist flüssiges Vollkornbrot!« ist nicht übertrieben. Bier enthält die Vitamine der B-Gruppe für die Nerven. Dazu kommen viele Mineralstoffe und Spurenelemente, die Hefe und der beruhigende Hopfen.
- Der ph-Wert des Bieres liegt bei 6, also nahe am Neutralpunkt. Ideal für den Organismus.
- Bier regt den Kreislauf an und fördert die Verdauung.
- Bier ist stark harntreibend, spült kräftig die Nieren durch. Viele Ärzte raten ihren Patienten, die zu Nierensand und Nierensteinen neigen: regelmäßig ein heißes Wannenbad nehmen und Bier trinken. Das weitet die Harnleiter-Gefäße und entwickelt eine Treibkraft, sodass Sand und Nierensteine abtransportiert werden können.
- An der Sporthochschule Köln hat man im Rahmen einer Studie festgestellt: Alkoholfreies Bier ist als Durstlöscher mit hochwertigen isotonischen Sportgetränken zu vergleichen, weil es nicht nur den Flüssigkeitsverlust deckt, sondern auch den Bedarf an Vitaminen, Mineralstoffen und Spurenelementen.
- Bier ist aber auch ein bekanntes Hausmittel bei Schilddrüsen-Überfunktion. Wenn der Betroffene jeden Tag ein Glas dunkles Bier trinkt, wird damit die übermäßige Funktion der Schilddrüse gedämpft.

- Wer nach durchzechter Nacht einen verdorbenen Magen hat, kann oft schon mit einem Glas Bier Ordnung im Verdauungstrakt schaffen.
- Wer abends Einschlafprobleme hat, dem hilft oft ein Glas Bier, genussvoll getrunken. Das ist allemal besser als ein starkes Schlafmittel.
- Aber auch äußerlich angewendet, kann Bier nützlich sein. Gegen schütteres Haar spült man nach dem Haarewaschen mit 1 Flasche Bier. Mancher Bier-Fan wird allerdings denken: Schade um das gute Getränk.

Über all diese positiven Seiten des beliebten Gerstensaftes hinweg darf man allerdings nicht vergessen: Bier enthält Alkohol. Im Übermaß getrunken ist es schädlich. Da belastet es den Kreislauf und die Leber. Es macht dick, weil es den Appetit anregt, und – wie wir alle wissen – ist verantwortlich für den typischen »Bierbauch«.

Geheimnisvolle Arzneien in unserer Nahrung

Essen Sie auch gern Räucherspeck oder Gepökeltes? Gesund ist es nicht. Denn beim Pökeln und Räuchern werden Nitrate eingesetzt, die im menschlichen Körper zu Nitrosaminen werden, Stoffe, die in unseren Zellen Krebs auslösen können. Aber hin und wieder muss Sündigen erlaubt sein. Mit einem Trick kann man die Gefahr von Geräuchertem und Gepökeltem reduzieren, vielleicht sogar ausschalten. Essen Sie dazu unbedingt Tomaten, Paprikaschoten oder eine Wassermelone. In den Paprikaschoten befindet sich Phenolsäure, in den Tomaten und in der Melone Lykopen, F-Kumarin und Chlorogen. All diese Substanzen – zum Teil sind es Pflanzenfarbstoffe – verhindern die Bildung von Nitrosaminen.

Dieses Beispiel beweist: In unserer täglichen Nahrung – und zwar in den Naturprodukten – befinden sich neben Vitaminen, Mineralstoffen, Spurenelementen und Enzymen außerdem Substanzen, die unsere Gesundheit schützen und als Naturarzneien wirken. Sie kommen in derart geringen Mengen vor, dass man sie vor einigen Jahren noch gar nicht erkennen konnte.
Nun aber werden von der Ernährungswissenschaft laufend neue sogenannte Bio-Aktiv-Stoffe entdeckt. Es handelt sich dabei überwiegend um Farb- und Duftstoffe – auch Bioflavonoide genannt -, aber auch um pflanzliche Hormonstoffe. Hier ein paar faszinierende Beispiele, die uns die Möglichkeit geben, die tägliche Nahrung ganz gezielt für unsere Gesundheit einzusetzen:

- Die Banane verfügt über eine Substanz mit dem Namen Katecholamin. Sie hilft uns, Stress zu bekämpfen, macht uns stark gegen Aufregungen und gibt uns in Extremsituationen die notwendige Ruhe.
- In grünen Salaten finden wir Chlorophyll, den grünen Farbstoff, den wir alle kennen. Wenn man den Salat roh isst, reinigt und repariert das Chlorophyll unsere Zellen und hilft der Leber bei der Entgiftungsarbeit.
- Im Apfel sowie in der Zwiebel kann man die Bio-Flavonoide Quercetin und Kampferol nachweisen, Stoffe, die jene Histamine blockieren, welche in unserem Organismus Allergien auslösen. Quercetin und Kampferol machen uns also stark gegen Allergien.
  Daher raten auch Wissenschaftler der amerikanischen Berkeley Universität in Kalifornien: Wer zu Allergien neigt, kann seine Situation entscheidend verbessern, wenn er regelmäßig in größeren Mengen rohe Zwiebeln oder Äpfel isst. Speziell bei der Zwiebel muss aber zuvor abgeklärt werden, ob der Betreffende nicht vielleicht gegen dieses Küchengewürz allergisch ist.
- In der Milch und im Hafer gibt es pflanzliche Hormone – Endorphine genannt -, die in unserem Körper Schmerzen bremsen können.
- In sämtlichen Vollkorn-Getreidesorten gibt es sogenannte Saponine. Sie stärken unsere Immunkraft.
- Im Knoblauch gibt es einen Schwefelstoff, der in unserem Körper das Enzym Glutathion-S-Transferase aktiviert. Dieses Enzym baut in unserem Körper Gifte ab und neutralisiert sie. Außerdem hat es auch eine gewisse Krebsschutzwirkung.
- In Trauben und im Rettich befindet sich die Ferula-Säure. Sie fördert den Gallenfluss und schützt die Galle. Das ist vermutlich die Erklärung, warum in Bayern, wo viel Rettich, und in Südtirol, wo oft Trauben gegessen werden, nur selten Gallenerkrankungen auftreten.
- Die sogenannten Karotinoide, die nicht nur in den Karotten, sondern beispielsweise auch im Spinat vorhanden sind, schützen unser Herz vor Umweltgiften und sorgen dafür, dass unsere Augen vor gewissen Erkrankungen bewahrt bleiben.
- Im Öl von Zitrusfrüchten – Orangen, Mandarinen und Grapefruits – findet man methylierte Flavonoide. Sie bekämpfen Bakterien und Viren, speziell solche, die Erkältungen auslösen.
- Das Lutein in Kohlgemüse, Salat und Spinat entgiftet Magen und Darm.
- Es gibt auch Substanzen in unserer Nahrung, welche zu hohe Cholesterinwerte oder erhöhte Cholesterinwerte bis zu einem gewissen Grad reduzieren können.

Das sind die Phytosterine, die wir in Sonnenblumenkernen, in Sesam-Samen, aber auch in Olivenöl und frischer Petersilie finden. Auch Knoblauch enthält interessante Mengen davon.

- Es gibt Stoffe in unserer Nahrung, die unsere Zellen stark machen und helfen, das Risiko für eine Krebserkrankung zu senken. Die Ellagsäure in roten Trauben bremst tumorauslösende Mechanismen. Das Genistein in der Sojabohne verwandelt bestimmte Hormone des Menschen in Anti-Krebs-Substanzen. Das Sulforaphan im Brokkoli schützt uns vor Umweltgiften, vor Magen- und Darmkrebs. Die Polyphenole im grünen Tee stärken Herz und Kreislauf und senken das Krebsrisiko.

Jeder von uns sollte täglich die Kräfte der Bio-Flavonoide in unserer Nahrung für seine Gesundheit nützen. In diesem Zusammenhang stellt sich die Frage: Wie viel Obst und Gemüse muss ich essen, damit ich reichlich von all diesen Schutz- und Heilsubstanzen aufnehme? Wissenschaftler der Harvard Universität in Boston, USA, und der Universität Gießen in Deutschland kennen da konkrete Zahlen: Jeder sollte täglich etwa 1/2 Kilo rohes Gemüse und frisches Obst verzehren. Dabei gilt die Devise: je bunter, desto besser. Man spricht auch von der »Regenbogen-Diät«.

Das heißt: Es sollten jeden Tag Obst- und Gemüse-Sorten in rot, grün, gelb und orange vertreten sein. Als Beispiel: Äpfel, Birnen, Tomaten, Wurzelgemüse und Paprikaschoten in allen Farben. Mit so einer Mischung nimmt man etwa 1, 5 Gramm von rund 5.000 bis 10.000 sekundären Pflanzenstoffen auf. Das ist ein natürlicher Schutz gegen eine Reihe von Krankheiten. Damit macht man auch das Immunsystem stark, erhält sich länger jung und vital, und auch die Verdauung funktioniert besser.

15 Jahre jünger mit Knoblauch

Knoblauch ist nicht nur die populärste, sondern auch die bisher am meisten erforschte Heilpflanze. Und er ist ein überaus beliebtes Küchengewürz. Es wird schon seit Jahren behauptet: Knoblauch – über lange Zeit täglich angewendet – fördert die Durchblutung, wirkt vorbeugend gegen Arterienverkalkung und beeinflusst positiv Herz und Kreislauf. Das hat einen namhaften deutschen Wissenschaftler neugierig gemacht. Er hat die bisher spektakulärste Studie mit Knoblauch durchgeführt. Und er hat nun bewiesen: Wer regelmäßig Knoblauch nimmt, der ist um 15 Jahre jünger als Menschen, die ohne Knoblauch leben. Die Erkenntnis stammt von Prof. Dr. Gustav G. Belz, dem Leiter des Instituts für Herz-Kreislauf-Forschung in Mainz. Er hat für seine Studie 200 gesunde Menschen im Alter von 50 bis 80 Jahren ausgesucht. 100 davon hatten die letzten 3 Jahre regelmäßig Kwai-Knoblauch-Pulver-Dragees (Apotheke) genommen, die anderen verbrachten ihr Leben Knoblauch-los. Und nun stellte sich bei den Messungen heraus: Jene, die Knoblauch konsumierten, hatten viel elastischere Gefäße.

Dazu meint Prof. Dr. Belz: »Die Blutgefäße des Menschen sind beim Kind super-elastisch. Schon in jungen Jahren lässt diese Elastizität nach. Besonders rasant schreitet diese Entwicklung zwischen dem 40. und dem 50. Lebensjahr voran. Von da an werden die Gefäße immer steifer. Dadurch kommt es in den Gefäßen zu einem Bluthochdruck, zu einer verstärkten Arterienverkalkung und schließlich zu einer Belastung von Herz und Kreislauf, was im Endeffekt zu Herzinfarkt und Schlaganfall führen kann.«

Am Institut für Herz- und Kreislauf-Forschung kann man die Elastizität der Gefäße genau messen. Und zwar kontrolliert man die Pulswellengeschwindigkeit, die das Blut in der Aorta am Hals sowie in der Leiste nach jedem Herzschlag aufweist. Sie ist bei einer versteiften Aorta hoch, bei einem dehnbaren Gefäß niedrig.

Dazu Prof. Dr. Belz: »Wir konnten damit zum ersten Mal in der Wissenschaft messbar nachweisen, dass die Gefäße durch Knoblauch-Einwirkung um etwa 15 Jahre jünger bleiben und dass Knoblauch einer fortschreitenden Arterienverkalkung massiv entgegenwirken kann.«

Eine weitere Kwai-Studie soll nun Auskunft darüber geben, ob der Einfluss des Knoblauch-Wirkstoffes Allicin vorhandene arteriosklerotische Versteifungen der Gefäße bis zu einem gewissen Teil wieder rückgängig machen kann. Allem Anschein nach funktioniert das.

Interessant ist in diesem Zusammenhang, warum alle bisherigen wissenschaftlichen Studien immer mit Knoblauch-Präparaten und niemals mit frischem Knoblauch durchgeführt wurden. Auch dazu hat Prof. Dr. Belz eine Erklärung: »Knoblauch in frischer Form enthält – je nach Boden und Sonneneinstrahlung – immer verschiedene Mengen an Wirkstoffen, mitunter sehr viel, mitunter fast nichts. Das ist für eine Studie unbrauchbar. In den standardisierten Knoblauch-Präparaten aus der Apotheke steht immer das Allicin in gleicher Quantität und Qualität zur Verfügung. Damit kann man die Wirkung messen.«

Die Konsequenzen, die wir alle aus der Studie von Prof. Dr. Belz ziehen können: Es macht Sinn, so oft wie möglich, Knoblauch roh zu essen, in Speisen zu verarbeiten und auch Knoblauch-Präparate einzunehmen. Alle, die Knoblauch lieben, haben damit für ihre Leidenschaft ein wissenschaftliche Bestätigung.

Die heilende Kraft in der Grapefruit

Das ganze Jahr über ist die Grapefruit – auch Pampelmuse genannt – bei uns ein sehr beliebtes Obst. Sie liefert reichlich Vitamin C. Ihr bitter-süßer Geschmack löscht wunderbar den Durst. Diese Zitrusfrucht stammt aus den subtropischen Ländern Mittelamerikas und wird heute in Israel, Griechenland, Spanien und Südafrika geerntet.

Der hohe Gehalt an Vitaminen, Mineralstoffen, Spurenelementen, Pflanzenfarbstoffen und Enzymen macht die Grapefruit zu einem besonders gesundheitsfördernden Obst:

- Grapefruits sind die ideale Begleitnahrung beim Abnehmen. Der Saft – reich an Enzymen – fördert den Abbau von Fettzellen im Körper.
- Grapefruits helfen, das Immunsystem zu stärken.
- Man kann sich damit vor Sommer-Erkältungen schützen.
- Grapefruits entgiften den Darm und schützen die Darmflora.

Vorsichtig im Umgang mit Grapefruits und Grapefruit-Saft müssen all jene sein, die zu Nierensteinen, Sodbrennen und saurem Aufstoßen neigen.

Nunmehr aber hat die Naturmedizin etwas von der Grapefruit entdeckt, dem man bisher keinerlei Beachtung schenkte. Es handelt sich um die Kerne der Frucht. Entdeckt wurden die gesundheitsfördernden Kräfte der Grapefruitkerne von dem amerikanischen Wissenschaftler Prof. Dr. Jacob Harich. Er machte eine interessante Beobachtung: In einem Berg aus Biomüll verrottete alles. Nicht aber die Grapefruit-Kerne.

Er untersuchte die Kerne und fand darin Substanzen, die das Wachstum von Bakterien und Pilzen hemmen: Glykoside und Polyphenole. Und er fand Bioflavonoide, welche Entzündungen bekämpfen.

Die Folge dieser Entdeckung: Dr. Harich gewann aus den Grapefruit-Kernen ein Extrakt, das schon sehr bald als natürliches Konservierungsmittel für Lebensmittel eingesetzt wurde.

Inzwischen aber wird das Grapefruitkern-Extrakt bereits gezielt in der Naturmedizin angewendet. Es liegen interessante Erfahrungen vor:

- Es wirkt rasch gegen Zahnfleisch-Entzündungen. Man gibt 10 Tropfen in ein 1/4 Liter lauwarmes Wasser und gurgelt damit.
- Mit demselben Rezept kann man Halsschmerzen lindern.
- Bei einer Darminfektion verrührt man 3-mal täglich 7 Tropfen Grapefruitkern-Extrakt in einem Glas Wasser und trinkt die Mischung in kleinen Schlucken.

- Wer starken, üblen Körpergeruch verbreitet, sollte täglich nach dem Duschen die Achselhöhlen, Nacken und Rücken mit einem Gemisch aus 20 Tropfen Grapefruitkern-Extrakt und 1/2 Liter Wasser einreiben.

Vorsicht: Unverdünnt kann das Extrakt, das man in der Apotheke und in Reformhäusern bekommt, in den Augen Bindehautreizungen hervorrufen. Es ist in größeren Mengen giftig.

Plaudern und Naschen – eine Super-Medizin

Einer der größten Feinde unserer Gesundheit ist der Stress am Arbeitsplatz und im Privatleben. Er gefährdet Herz und Kreislauf, fördert den Bluthochdruck, die vorzeitige Arterienverkalkung, kann die Ursache für Kopfschmerzen, Migräne und schwerste Verdauungsprobleme sein.

Seit Jahren bemühen sich Mediziner und Wissenschaftler, Wege zu finden, wie man dem Stress vorbeugen und ihn rasch und gezielt bekämpfen kann. Man weiß inzwischen, dass die Aufnahme von Vitamin C und des Anti-Stress- Mineralstoffes Magnesium sinnvoll ist.

Nun aber hat ein britisches Wissenschaftler-Team unter der Leitung des Londoner Psycho-Pharmakologen Prof. Dr. Davis Wartburton eine ebenso kuriose wie unerwartete Behandlungsmöglichkeit gefunden. Sie lautet: Plaudern und Naschen.

Das ist das Ergebnis einer groß angelegten Studie an 5.300 Büroangestellten in 16 europäischen Ländern. Beobachtungen, Messungen und Aussagen belegen es: Private Gespräche mit Kollegen, eine Kaffee- oder Tee-Pause, ein Stück Schokolade oder ein duftender Kuchen können enorm viel dazu beitragen, dass Stress und all die bedrohlichen Stressbelastungen abgebaut werden können.

Wenn Büroangestellte nach einem stressreichen, anstrengenden Vormittag erhöhte Blutdruckwerte und verstärkte Adrenalin-Ausschüttungen aufwiesen, so war das alles nach einer Gesprächs- und Nasch-Pause wie weggezaubert. Die Probanden konnten wieder ohne gesundheitliche Belastungen an die Arbeit gehen.

Prof. Dr. Wartburton hat auch eine exakte Erklärung dafür: »Genuss kann einen positiven Beitrag zur Stressabwehr und Stressbekämpfung leisten! Nur dort, wo man sich Zeit für Genuss-Pausen zwischen hektischer Arbeit nimmt, reduziert man die gesundheitlichen Belastungen auf ein Minimum.

Jede Firmenleitung, die solche Pausen nicht gern sieht, fördert bei den Angestellten und Arbeitern Befindlichkeitsstörungen und die Entstehung einer Reihe von ernsthaften Krankheiten.«

In die Praxis umgesetzt bedeutet das: Sobald man am Arbeitsplatz oder im Privatleben Attacken auf das vegetative Nervensystem verspürt, sich überfordert fühlt und Nackenverspannungen bekommt, dann sollte man aussteigen, und so eine Genuss-Pause mit Tratsch, Kuchen und Kaffee einlegen.

In diesem Zusammenhang warnt der Bonner Psychologe Prof. Dr. Reinhold Bergler: Wer der gesunden Ernährung oder der schlanken Linie wegen ein schlechtes Gewissen in Bezug auf solche Genuss-Pausen in sich aufbaut, der löst damit einen zusätzlichen Stress aus und schadet ebenfalls der Gesundheit.

Das britische Ärzte-Team kam zu dem Schluss: Wer viel leistet, viel Stress hat und daher gesundheitlich gefährdet ist, hat ein Recht auf mindestens zwei Genuss-Pausen zwischendurch am Tag. Das ist immer noch besser als ein Medikament mit Nebenwirkungen – und erzielt in vielen Fällen den gleichen Effekt.

Nerven wie Drahtseile durch biologischen Vollkornweizen

Wir sind heutzutage von morgens bis abends großen Belastungen ausgesetzt: am Arbeitsplatz, auf der Straße, in der Familie. Der Lebenskampf ist härter geworden. Wir brauchen Nerven wie Drahtseile, wenn wir da bestehen wollen. Das müssen wir nicht dem Zufall überlassen. Neueste wissenschaftliche Forschungen haben ergeben: Wir können unsere Nerven mit natürlichen Kräften stark machen.

Dazu muss man wissen: Unsere Nerven brauchen nicht nur Ruhe. Sie müssen auch ständig mit einem breiten Spektrum an Nerven-Nährstoffen versorgt werden.
Da genügen nicht Gaben von einzelnen Vitaminen, Mineral-Stoffen und Spurenelementen. Da muss – wie es in der Natur üblich ist – eine Harmonie an Wirkstoffen angeboten werden.

Österreichische Forscher haben die Lösung gefunden: Nerven-Nährstoffe aus dem biologischen Vollkornweizen:

- Aus streng kontrolliertem, biologisch gezogenem Vollkorn-Weizen werden innerhalb weniger Tage durch schonende Keimung hochwertige Weizensprossen.
- Bei diesem Keimungsprozess spielen ausschließlich drei natürliche Komponenten mit: Sonnenenergie, saubere Luft und frisches Gebirgsquellwasser mit vielen Spurenelementen.
- Keine Frage: Diese Weizensprossen entsprechen in Bezug auf Nährstoffdichte und Komplexibilität den höchsten Ansprüchen eines biologisch hochwertigen Lebensmittels.
- Und darin stecken lebenswichtige Substanzen in konzentrierter Form. Man muss sich das so vorstellen: Wenn so ein kleines Vollweizenkorn zu keimen beginnt, dann bereitet es sich auf die Entstehung von neuem Leben vor, auf eine neue Pflanze. Daher produziert es Nähr- und Vitalstoffe in höchster Quantität und Qualität. Und das machen wir uns zunutze.
- Da bei dieser Keimung panmolekulare Multivitamin-Mineral-Komplexe frei werden, spricht man vom Panmol-Verfahren, das einzigartig in der Welt ist. Während des Reifungsprozesses entstehen in den Weizenkeimen zahllose lebenswichtige Nährstoffe für unseren Körper.
- Vitamin B1, das entscheidend den Energie-Stoffwechsel mitbestimmt und an der Reizleitung der Nerven beteiligt ist.
- Vitamin B2, das wichtig für den Abbau von Fett, Eiweiß und Kohlenhydraten ist.
- Vitamin B6 ist ein Co-Enzym für rund 100 Enzyme und wesentlich für den Eiweißstoffwechsel.
- Vitamin B12, das die Bildung der roten Blutkörperchen fördert.
- Niacin, das für Haut und Nervensystem unentbehrlich ist.
- Pantothensäure, ein wichtiger Faktor für den Energie-Stoffwechsel und die Haut.
- Biotin, das einen Einfluss auf Wachstum und Erhaltung des Hautgewebes ausübt.
- Folsäure, die an der Neubildung von Zellen beteiligt ist.

Weiters sind in den Weizenkeimen Vitamin A, Karotinoide, Vitamin E, Vitamin C, Phosphor, Kalium, Magnesium, Zink, Eisen, Mangan, Strontium, Lithium, Kupfer, Kobalt, Molybdän, 9 Aminosäuren, Fettsäuren und Phospholipide enthalten.

Angereichert mit Lezithin werden diese wertvollen, gereiften Weizensprossen nach viertägiger Keimung im Zuge des Panmol-Verfahrens schonend vermahlen und zu Kautabletten verarbeitet.
Eine Tablette am Tag (Apotheke) versorgt den Organismus mit allen nötigen Nerven-Nährstoffen.

Füttern Sie Ihr Gehirn: Essen Sie sich klug!

Es gibt Tage, da fallen einem keine Namen, keine Adressen und keine Telefonnummern ein. Man ist gedanklich völlig blockiert. Das ist keine Alterserscheinung. Das passiert auch schon ganz jungen Menschen. Im Grunde genommen sind wir selbst schuld. Wir trainieren unser Gehirn zu wenig. Wir vernachlässigen es.

- Rechnen Sie wieder im Kopf. Benützen Sie nicht unentwegt den Taschenrechner.
- Lösen Sie Kreuzworträtsel.
- Lernen Sie wieder ein Gedicht.
- Gehen Sie viel an die frische Luft, machen Sie dort Atemübungen. Das Gehirn braucht Sauerstoff.
- Setzen Sie das Gehirn richtig und rationell ein. Sie müssen wissen, wann Sie es wofür aktivieren. Wenn Sie bloß vorübergehend etwas für eine Prüfung lernen, dann am Morgen. Das ist bald wieder vergessen. Wenn Sie etwas lange behalten wollen, dann müssen Sie am Nachmittag lernen. Das ist die beste Zeit für das Langzeit-Gedächtnis.

Das alles allein genügt noch immer nicht. Unser Gehirn ist unersättlich. Es beträgt nur 2 Prozent unseres Körpergewichtes, verbraucht aber 20 Prozent unserer aufgenommenen Energie und 40 Prozent des eingeatmeten Sauerstoffs.

Daher betonen Ärzte und Ernährungswissenschaftler der Universität von New York: Wir alle müssen unserem Gehirn, damit es aktiv bleibt und optimal arbeitet, jeden Tag ganz bestimmte Substanzen zuführen. Und die finden wir in unserer Nahrung in speziellen Naturprodukten.

- Unser Gehirn braucht für das Lernen und Speichern von Wissen den Fettstoff Lezithin. Den nehmen wir mit Milchprodukten, Eiern, Makrele, Hering, Haferflocken und Distelöl auf.

- Unser Gehirn braucht Sauerstoff und muss ihn eine Zeit lang speichern können. Dabei helfen Blattgemüse, vor allem Kopfsalat und Spinat, frische Kräuter.
- Unser Gehirn braucht das Spurenelement Zink: Essen Sie Tomaten, Avocados, Karotten.
- Unser Gehirn braucht auch die Spurenelemente Kupfer und Phosphor. Sie sind in Trockenfrüchten, z. B. Datteln, Feigen, Aprikosen, Rosinen, Pflaumen und getrockneten Apfelringen.
- Zu absoluten Spitzenleistungen bringen das Gehirn die ätherischen Öle Eugenol und Estragol. Sie sind im frischen Basilikum enthalten. Daher eine ideale Gaumenfreude fürs Denken: Mozarella, Tomaten und Basilikum-Blätter. Damit wird der Hirnstoffwechsel rasch angekurbelt.

Wer beim Essen sündigt, lebt länger und gesünder

In der kalten Jahreszeit verbraucht unser Organismus – bedingt durch die tiefen Außentemperaturen – mehr Kalorien. Daher haben wir alle instinktiv den Drang dazu, mehr als gewöhnlich zu essen. Vermutlich greifen wir deshalb gerade im Winter besonders gern zu kalorienreichen und deftigen Speisen.
Ganz besonders zu den Weihnachts- und Neujahrs-Feiertagen. Mancher von uns hat ein schlechtes Gewissen, wenn er sich zu den Mahlzeiten mit Genüssen verwöhnt, die nicht unbedingt der gesunden Ernährung zuzuordnen sind.

Grundsätzlich wäre dazu zu sagen: Wer vom Frühling bis zum Herbst überwiegend ausgewogene Nahrung zu sich nimmt, kann durchaus an kalten Wintertagen ein wenig sündigen.
In diesem Zusammenhang hat – zur Erleichterung unseres Gewissens – der britische Pharmakologe Prof. Dr. John Wartburton aus London eine Studie abgeschlossen, aus der eindeutig hervorgeht: Wer beim Essen manchmal sündigt, der lebt länger!

Das ist eine starke Aussage. Prof. Dr. Wartburton belegt sie mit ganz klaren Beobachtungen an über 4.000 Menschen zwischen 20 und 70 Jahren. Zusätzlich hat er auch noch Gespräche mit 300 Senioren geführt. Und dabei hat er herausgefunden:

- Wer tagaus tagein nur Vollkornprodukte isst, jeden Morgen mit Müsli beginnt, immer nur Mineralwasser trinkt, der weist schlechtere gesundheitliche Werte auf, als jene, die zwar grundsätzlich gesund leben, zwischendurch aber so richtig genießen und auch Nahrungsmittel essen, die nicht gerade zu den gesündesten gehören.
- Prof. Dr. Wartburton hat auch eine Erklärung dafür: Wer sich neben seiner strengen gesunden Kost absolut nichts gönnt, wer zwar mit Sehnsucht an ein Stück Schokolade denkt, aber dann doch darauf verzichtet, der baut in sich Verspannungen und Frust auf. Menschen, die sich nicht getrauen, eine gebratene Gans zu essen, entwickeln im Unterbewusstsein Schuldgefühle und werden depressiv. Das aber wieder schwächt das Immunsystem. Die Folge: eine verstärkte Anfälligkeit für eine Reihe von Krankheiten.
- Parallel dazu hat das Londoner Kings College die Essgewohnheiten von 200 Kindern untersucht. Auch dabei hat sich herausgestellt: All jene, die aus Angst vor gesundheitlichen Schäden – zum Teil unter dem Druck der Eltern – niemals Süßigkeiten naschen durften, hatten mehr gesundheitliche Probleme als jene Kinder, die dann doch hin und wieder Süßigkeiten genießen konnten.

Prof. Dr. Wartburton meint dazu: »Jeder sollte bemüht sein, sich generell gesund zu ernähren. Doch auch das Verbotene, die Ess-Sünde, ist wichtig. Das verschafft Glücksmomente, in denen sich Körper und Geist total entspannen und ein Wohlgefühl vermitteln!«

Daher: Treffen Sie Ihre Ernährungsentscheidungen für so manchen kalten Wintertag, fürs Wochenende oder für ein Familienfest mit bestem Gewissen. Gönnen Sie sich auch »Sünden«. Denken Sie immer an die Botschaft von Prof. Dr. Wartburton: Wer beim Essen immer wieder einmal über die Stränge schlägt, ist glücklicher, lebt im Endeffekt gesünder und damit auch länger!

Neue Studie: Kauen Sie sich schlank & gesund!

Viele Menschen wollen abnehmen, Übergewicht abbauen. Die meisten aber haben weder Zeit, noch Geld und Lust, aufwendige Diäten in einem Kurzentrum durchzuführen. Und vor unkontrollierten, einseitigen Radikal-Diäten zu Hause muss eindringlich gewarnt werden. Sie sind sehr oft gesundheitsschädlich und bringen in vielen Fällen keinen Erfolg.

Im Gegenteil: Sehr oft nimmt man dann nach der Diät sogar noch zu.

»Vergessen Sie all diese Diät-Experimente!«, rät der Wiener Ernährungswissenschaftler Wolfgang M. Bereuter und propagiert eine Philosophie, die er nun drei Jahre lang mit Erfolg getestet und analysiert hat: »Kauen Sie sich schlank und gesund!«

Man braucht zu dieser neuen, ungefährlichen Abspeck-Methode nichts anderes einzubringen als eine vollkommen neue Einstellung zur Nahrungsaufnahme.

Das sind die Geheimnisse der Methode:

- Sagen Sie sich jeden Tag mehrmals: Ich werde mein Wunschgewicht ganz automatisch erreichen, weil ich alles, was ich esse, intensiv für meinen Körper erschließen möchte.
- Sie müssen lernen, das Kauen als erste Stufe des Genießens zu sehen. Dann werden Sie auch Kraft und schließlich Lust finden, sich dafür Zeit zu nehmen. Man muss aber ehrlich sagen: Die praktische Anwendung für Wolfgang M. Bereuters Studie hat ergeben, dass man dazu oft bis zu einem Jahr braucht.
- Wenn Sie sich eine Mahlzeit vorbereiten, dann wählen Sie eine kleine Portion, die Hälfte oder zwei Drittel von dem, was Sie bisher verzehrt haben. Ein praktisches Beispiel: Wer gewohnt war, sich für einen Fernsehabend 4 Wurstbrote oder 4 Stück Kuchen vorzubereiten, der darf jetzt nur 1 Brot oder 1 Kuchenstück nehmen.
- Nächstes Gebot: Gehen Sie damit weit weg vom Kühlschrank, damit Sie nicht in Versuchung kommen, ihn zu plündern.
- Und nun das Wichtigste: Es muss Ihnen gelingen, dass Sie für das Essen dieses Wurstbrotes genauso viel Zeit benötigen, wie Sie früher für die 4 Stück brauchten. Das bedeutet: Jeden Bissen oftmals kauen. Zuerst 25-mal, später 50- bis 60-mal.

Das Wunderbare ist: Sie brauchen keine spezielle Auswahl an Nahrungsmitteln treffen. Es kommt nicht darauf an, was Sie essen, sondern wie Sie es essen. Allerdings führt die Kau-Therapie automatisch mit der Zeit zur gesünderen Ernährung mit hochwertigen Produkten.

Wer nämlich Gepökeltes, billige Wurst und Produkte mit Konservierungsmitteln, Farbstoffen und zu viel Salz so oft kaut, wird entdecken, wie grauenhaft sie schmecken. Und Sie werden erleben, welche Geschmackserlebnisse ein Stück Vollkornbrot, rohes Gemüse und harter Käse bieten.

Die Wiener Studie von Wolfgang M. Bereuter hat auch gezeigt, welchen Erfolg man erzielt, wenn man vom Schlinger zum Kauer wird: Man nimmt im Laufe eines Jahres bis zu 8 Kilogramm ab und belastet dabei nicht den Organismus. Da durch das Kauen im Mund bereits eine wertvolle Vorverdauung geleistet wird, werden Verdauung und Stoffwechsel positiv beeinflusst.

Zu hohe Harnsäure-Werte: Der grüne Hafertee hilft

Viele von uns trinken reichlich Alkohol, essen zu viel Fleisch und zu viel Süßes. Und sie machen viel zu wenig Bewegung. Die Folge: Es kommt zu Gichtanfällen. Eine Untersuchung beim Arzt ergibt sehr oft zu hohe Harnsäure-Werte im Organismus. Diese Harnsäure-Mengen können nicht mehr von selbst abgebaut werden und setzen sich in Form von Kristallen in den Gelenken ab.

Es gibt eine hervorragende Naturarznei, die man gegen zu hohe Harnsäurewerte einsetzen kann. Es ist der grüne Hafertee, der in Apotheken, Drogerien und Reformhäusern angeboten wird. Erstmals erprobte diesen Kräutertee der Pflanzenforscher und Schäfer Karl Vollmer auf der Schwäbischen Alp.

Er erntete das grüne Haferkraut zur Zeit der Haferblüte, trocknete es schonend und vermischte es dann zusätzlich mit Brennnesselkraut, Johanniskraut und Bergfrauenmantel. Wichtig war ihm, dass der Hafer kurz vor Sonnenaufgang geerntet wurde. Auch jetzt noch wird der klassische grüne Hafertee genau so hergestellt.

Heute ist diese uralte Tradition durch eine wissenschaftliche Studie voll bestätigt. Dr. Peter Drisch, Chefarzt der Kliniken in Alpenpark Wiessee, hat nachgewiesen: Der grüne Hafertee ist ein hervorragendes und nebenwirkungsfreies Naturmittel zur Senkung eines zu hohen Harnsäurespiegels.

Der grüne Hafertee senkt aber nicht nur zu hohe Harnsäurewerte. Er regt den gesamten Stoffwechsel an, aktiviert die Entwässerung, fördert das Ausscheiden von Abbauprodukten und Giften aus dem Organismus.

Diese vielfältige Wirkung, die unsere oft nicht sehr gesunde Ernährung »entschärfen« hilft, ist auf die wertvollen Inhaltsstoffe des jungen Hafers zurückzuführen: Saponine, Alkaloide, Flavonoide, Vitamine der Gruppe B, die Mineralstoffe und Spurenelemente Magnesium, Kalzium, Zink, Eisen, Kieselsäure und Kupfer. Vor allem wirkt der grüne Hafertee auch beruhigend und kräftigend.

Viele Hausärzte raten heute auf Grund der überzeugenden wissenschaftlichen Ergebnisse vorbeugend bei nicht ausgewogener Ernährung zu einer Kur mit dem Haferkraut. So wird sie zu Hause durchgeführt: 1 Esslöffel grüner Hafertee wird in einen Topf mit 2 Tassen siedendem Wasser eingerührt. Zugedeckt muss man das Ganze nun 20 Minuten leicht sieden lassen. Dann durchseihen und ungesüßt lauwarm täglich 4 bis 6 Tassen trinken. Für Eilige gibt es den grünen Hafertee auch in praktischen Filterbeuteln. Da muss der Tee nur 10 Minuten ziehen.

Die heilenden Kräfte im grünen Tee

Sie kennen sicher alle die viel gebrauchte Redensart »Abwarten und Tee trinken«. Dahinter steckt eine große Lebensweisheit. Und sie erinnert uns an die uralte Tradition des Teegenusses. Schon im alten China wusste man: Bei einer Tasse Tee kann man innere Ruhe finden, die Aufregungen des Alltags vergessen und hat wieder Kraft. Während man Kaffee oft in aller Eile hinunterleert, so ist das Teetrinken eine Zeremonie der Entspannung, bei der man leibliche und seelische Verkrampfungen lösen kann. Das gilt im Grunde genommen für jeden Tee.

Schauen wir uns doch nur die vielen Heilkräutertees an, die der Apotheker für uns aus kontrolliertem Anbau streng geprüft bereithält!

Hier die wichtigsten Heilkräutertees und ihre Wirkung: Brennnesseltee hilft beim Entschlacken. Mit Fencheltee kann man Blähungen und Husten bekämpfen. Der Hagebuttentee mit seinem hohen Gehalt an Vitamin C stärkt uns gegen Erkältungen, der Holunderblütentee sowie der Lindenblütentee wirken schweißtreibend bei Erkältungen. Johanniskrauttee wirkt stimmungsaufhellend, Kamillentee beruhigt den Magen, Melissentee die Nerven. Pfefferminzetee zaubert ein unangenehmes Völlegefühl weg, Salbei eignet sich ideal zum Gurgeln bei Halsbeschwerden, Weißdorntee stärkt das Herz.

Es gibt eine Reihe von Alltagsbeschwerden, bei denen Arzt und Apotheker zu speziellen Kräuterteemischungen raten. Da gibt es Hustentees, Erkältungstees, Leber-Galletees, Nerventees, Schlaftees, Nieren- und Blasentees.

Aber wieder zurück zur chinesischen Tee-Zeremonie. Gerade, wenn es um die gesundheitsfördernde Wirkung von Tee geht, wird in jüngster Zeit sehr viel vom grünen Tee gesprochen. Mancher von uns hat davon gehört, aber selbst bisher keinen getrunken. Die meisten von uns kennen nur Schwarztee. Daraus ergibt sich die berechtigte Frage: Was ist denn nun wirklich vom grünen Tee zu halten?

Japanische Wissenschaftler haben herausgefunden: In Gegenden, wo viel grüner Tee getrunken wird, treten nur ganz selten Haut- und Magenkrebs auf. Genaue Analysen haben ergeben: Grüner Tee enthält Polyphenole. Sie senken das Krebsrisiko. Das hat im Sommer 1997 eine Studie von Prof. Dr. Jankun von der Medizinischen Hochschule von Ohio ergeben. Polyphenole sind Antioxidantien oder Radikalfänger.

Das bedeutet: Sie stärken unsere Körperzellen gegen hochaggressive Umwelt- und Stoffwechselgifte, die uns früher altern lassen und unsere Immunkraft schwächen.

In vielen wissenschaftlichen Arbeiten wird betont: Wer regelmäßig grünen Tee trinkt, bringt die besten Voraussetzungen für ein hohes Alter mit. In diesem Zusammenhang wird immer gefragt: Warum hat der Schwarztee diese Wirkung nicht?

Schwarztee enthält nur einen ganz geringen Anteil an Polyphenolen, obgleich er aus den gleichen Blättern gewonnen wird wie der grüne Tee. Die Polyphenole werden beim Fermentieren, beim Zerreißen und Quetschen der Teeblätter zu einem Teil vernichtet. Schwarztee hat viele positive Eigenschaften, doch nicht so konkret gesundheitsfördernde, wie man sie beim grünen Tee beobachtet hat.

Jüngste japanische und amerikanische Forschungen haben ergeben: Grüner Tee beeinflusst die Schwangerschaft der Frau positiv, weil er dem Organismus das Spurenelement Zink reichlich zuführt. Frauen, die lange Zeit grünen Tee trinken, bekommen Kinder mit besonders gut funktionierender Immunkraft.

Und an der Universität für Medizin und Zahnheilkunde in Tokio hat man nachgewiesen: Das Trinken einer Tasse grünen Tee täglich kann die Anfälligkeit für Karies bei Schulkindern um 50 Prozent verringern. Allein schon das Ausspülen des Mundes mit dem Tee nach einer Mahlzeit ist eine wirksame Methode gegen die verbreitete Zahnfäule. Die Erklärung dafür ist der hohe Gehalt am Spurenelement Fluor im grünen Tee.

Amerikanische Forscher behaupten außerdem: Der regelmäßige Genuss von grünem Tee beugt Arterienverkalkung und Bluthochdruck vor.

Allerdings kommen die Vorzüge des grünen Tees nur zur Wirkung, wenn er richtig zubereitet wird. Das Wasser muss – wie für jeden anderen Tee – zuerst aufgekocht werden und dann wieder auf 60 bis 70 Grad Celsius abkühlen. Erst jetzt werden die Teeblätter, die sich in einer Keramik- oder Pozellan-Kanne befinden sollten, aufgegossen. Der Tee sollte nur drei Minuten ziehen. Grüner Tee sollte mit weichem, kalkarmem Wasser zubereitet werden. Man kann den Aufguss 2- bis 3-mal mit den gleichen Blättern wiederholen. Man sollte ihn ohne Milch und ohne Zucker trinken.

Gesund & fit mit der »Neandertaler-Diät«

Wenn man sich so umblickt: Viele Menschen leiden an Kopfschmerzen, Migräne, an Stimmungsschwankungen, Blähungen, Müdigkeit und Unlust. Viele sind anfällig für Erkältungen und holen sich allzu leicht eine Pilzinfektion.

Der amerikanische Arzt und Ernährungswissenschaftler Prof. Dr. William Crook weiß, was man gegen all diese Befindlichkeitsstörungen und gesundheitlichen Probleme tun kann. Er rät zu einer strengen Diät, die uns schnell wieder gesund, fit und vital machen und unsere Abwehrkräfte wieder aufbauen kann. Es ist die Neandertaler-Diät, die im Jahr 1996 in amerikanischen Zeitungen Schlagzeilen machte.

Den Namen hat die Diät nach dem Urmenschen, dem Neandertaler. Er musste sich von dem ernähren, was ihm zur Verfügung stand. Und das waren naturnahe, unveränderte Produkte: einfach und vitalstoffreich. In seinen Studien ist Prof. Dr. Crook zu dem Schluss gekommen: Mit diesen Produkten kann man in kürzester Zeit den Körper von den Folgen vieler Ernährungssünden befreien, kann Gifte und Stoffwechselschlacken abtransportieren und das Ausbreiten von Pilzen im Körper bekämpfen. Obendrein nimmt man dabei auf gesunde Weise ab.

Die Neandertaler-Diät dauert drei Wochen. In dieser Zeit muss man sich zucker- und hefefrei ernähren. Man darf nur frisches Gemüse, möglichst oft roh, essen. Keine Pilze. Fleisch in Maßen, reichlich Fisch, Naturreis, Buchweizen, wenig Obst. Der Durst darf ausschließlich mit Wasser gelöscht werden. Das bedeutet: 3 Wochen lang kein Kaffee, kein Tee, kein Alkohol, auch keine Fruchtsäfte, keine Milch. Gewürzt wird ausschließlich mit wenig Salz, Kräutern und Zitronensaft. Als Fett sind nur kaltgepresste Pflanzenöle zugelassen. Vergorenes, Konserviertes, Gepökeltes, Geräuchertes sind verboten.

Rezeptbeispiele für einen Tag:

- Morgens: gekochter Naturreis oder Buchweizen, 1 Ei, etwas Butter, rohes Gemüse.
- Mittags und abends: Fleisch oder Fisch gegrillt oder gekocht. Naturreis, Gemüse als Salat oder gedünstet. Gewürzt wird mit Salz und frischen Kräutern. Man darf diese Diät bei Hunger ergänzen mit Jogurt, Sauermilch, Bohnen, Kartoffeln, Nüssen. Brote dürfen nur aus Fladen- oder Sauerteig, niemals aus Hefeteig sein.

Nach den 3 Wochen muss man dann weitere 3 Wochen Aufbauarbeit leisten: Jetzt darf man zusätzlich Bananen, Äpfel, Käse, Knoblauch und frisch gepresste Obst- und Gemüsesäfte konsumieren.

Wichtig: Während der Neandertaler-Diät sollte man viel Zeit im Freien in sauerstoffreicher Luft verbringen. Weiters: etwas Sonne tanken, Atemübungen machen.

Probieren Sie es doch aus: Werden Sie für 3 Wochen ein Neandertaler! Sie werden sich nach diesem Programm pudelwohl und gesünder fühlen.

Gesund und fit – ohne Fleisch

Laut einer Umfrage im Rahmen der Europäischen Union nimmt die Zahl der Menschen, die kein Fleisch essen, ständig zu. Allein in England ist der Anteil der Vegetarier von 1984 bis 1996 von 2 auf 7 Prozent angestiegen. In Österreich gibt es derzeit 1 Prozent Vegetarier, in Deutschland 5 Prozent.

Es gibt drei Formen der vegetarischen Ernährung:

- Die Ovo-Lacto-Vegetarier essen kein Fleisch, aber Milch, Käse und Eier.
- Die Lacto-Vegetarier essen auch Milch und Käse, aber keine Eier.
- Die Veganer hingegen essen keinerlei Speisen, die vom Tier kommen.

Der ansteigende Trend, sich fleischlos zu ernähren, ist zu einem Teil auch auf die Fleisch-Skandale zurückzuführen. Rinderwahnsinn, Medikamentenrückstände in Geflügel und Schweinefleisch, Hormone im Fleisch haben die Konsumenten verunsichert und ihnen Angst gemacht.

Nicht jeder hat einen Fleischermeister seines Vertrauens, bei dem er erstklassiges, unbelastetes Fleisch mit bekannter Herkunft kaufen kann.

Viele, die mit dem Gedanken spielen, sich – zumindest zeitweise – vegetarisch zu ernähren, wollen wissen, ob sie ohne Fleisch genügend lebenswichtige Stoffe aufnehmen.

Hier die Ergebnisse jüngster Untersuchungen:

- Fleisch ist eine gute Eiweißquelle, aber nicht die einzige. Man kann bedenkenlos den Eiweißbedarf aus Milch, Käse und Eiern decken. Man sollte aber auch da nicht zu viel konsumieren.
- Mit dem Weglassen von Fleisch und Wurst reduziert man die tägliche Aufnahme von schädlichen Fetten, welche die Cholesterinwerte hochtreiben.
- Wer kein Fleisch isst, der muss reichlich Gemüse, Salat, Obst und Vollkornteigwaren, Naturreis, Mais, Vollkornbrot, Kartoffeln und kaltgepresste Öle konsumieren.
- Eiweiß ist auch in bestimmten Pflanzen zu finden. Wer kein Fleisch isst, der muss regelmäßig Sojaprodukte und andere Hülsenfrüchte, Sesamsamen, Sonnenblumenkerne, Nüsse und Kürbiskerne in den Speiseplan einbauen.
- Veganer müssen Obacht geben, dass sie keinen Mangel an den Vitaminen B12 und D erleiden. Vitamin B12, das wir alle hauptsächlich aus Eiern, Fleisch und Fisch aufnehmen, müssen Veganer z. B. aus Sauerkraut tanken. Vitamin D erzeugt der Körper, wenn Sonne auf die Haut auftrifft. Daher müssen Veganer regelmäßig Sonne tanken und Pilze essen, denn Pilze liefern Vitamin D.
- Vegetarier müssen auch darauf achten, dass Sie keinen Eisenmangel erleiden. Sie müssen das Eisen aus Sojaprodukten, Naturreis, Schnittlauch, Buchweizen, Pistazienkernen und Petersilie aufnehmen. Pflanzliches Eisen ist für den Körper schlechter verwertbar als tierisches. Bei bedenklichem Eisenmangel müssen in Absprache mit dem Arzt natürliche Eisen-Präparate eingenommen werden. Veganer können auch in Gefahr sein, einen Kalziummangel zu erleiden. Dieses Risiko fällt weg, wenn man Milch und Milchprodukte isst.

Wenn schwangere Frauen, stillende Mütter, Kinder und Jugendliche den Wunsch haben, sich fleischlos zu ernähren, dann sollten sie das allerdings vorher mit dem Arzt besprechen.

Interessant sind drei große Studien, die an der Universität Gießen, am Krebsforschungs-Institut Heidelberg und am Bundesgesundheitsamt Berlin durchgeführt wurden. In allen drei Fällen hat man die Vorteile und Nachteile vegetarischer Lebensweisen untersucht. Das Ergebnis: Vegetarier weisen günstigere Blutdruck- und Cholesterinwerte auf, haben weniger Gewichtsprobleme und sind weniger infektanfällig. Sie haben sehr oft eine längere Lebenserwartung und ein herabgesetztes Krebsrisiko.

Interessant ist, dass fast alle, die sich für eine vegetarische Lebensweise entscheiden, mit dem Rauchen aufhören und wenig Alkohol trinken.

IV. Teil:

Das sollten Sie wissen: Spezielle Tricks für Ihre Küche

Prof. Bankhofers persönliche Anregungen für eine gesunde Ernährung

Wer sich gesund ernähren möchte, der muss sich die wichtigsten Grundkenntnisse aneignen. Er muss aber auch immer wieder neue Erfahrungen sammeln. Es gibt so viele Fakten in der ausgewogenen Vollwert-Ernährung, die ganz selbstverständlich sind, an die man aber nicht immer denkt.
Und es wird laufend von Experten grundsätzliches Wissen auf den neuesten Stand gebracht. Ich möchte Ihnen auf Ihrem Weg in die gesündere Ernährung dazu ein paar Anregungen und Informationen geben und Ihnen einiges in Erinnerung rufen.

So hilft »Doktor Gewürz« unserer Gesundheit

Wenn es um das Würzen unserer täglichen Speisen geht, kennen die meisten von uns oft nur Salz und Pfeffer. Beides ist sinnvoll. Pfeffer regt die Magenschleimhaut an, Salz steuert den Wasserhaushalt des Organismus. Das Problem: Vor allem vom Salz verwenden wir zu viel. Maximal 5 Gramm am Tag wären richtig. Doch es sind meist 15 Gramm und mehr. Das ist gesundheitsschädlich. Mitunter konsumieren wir allein mit einem Frühstücksei die ganze Tagesration an Salz.

Die notwendige Schlussfolgerung daraus: Wir sollten viel mehr Phantasie in die Küche bringen und anstelle von Salz und Pfeffer andere Gewürze einsetzen. Und das nicht allein im Interesse des Gaumens. Viele Gewürze können nämlich nicht nur ganz hervorragend den Geschmack einer Speise verbessern. Sie wirken auch gesundheitsfördernd. Bei manchen kann man ohne Übertreibung von »Doktor Gewürz« sprechen.

- Frische Kresse in Salaten und auf dem Brot hilft bestens beim Abspecken. Sie enthält das Spurenelement Chrom, und das bremst den Heißhunger und Appetit. Außerdem ist die Kresse ein idealer Lieferant für das Spurenelement Jod. Das stärkt die Schilddrüse und hilft, dem Kropf vorzubeugen.
- Wer zunehmen möchte und den Appetit fördern will, sollte die Speisen mit Rosmarin und geriebener Muskatnuss würzen. Muskat schmeckt besonders gut auf gedünstetem Blumenkohl.
- Wer in die Speisen frisch gehackte Petersilie gibt, der tankt nicht nur reichlich Vitamin C, sondern kann damit auch erhöhte Cholesterinwerte positiv beeinflussen.
- Wer sich einen Schnupfen eingehandelt hat, kann ihn mit frischem, klein gehacktem Schnittlauch – auf dem Brot, in der Suppe oder im Salat – schnell wieder loswerden.
- Wer zu Blähungen neigt und nervös ist, der sollte reichlich Dillspitzen – frisch oder getrocknet – als Gewürz für Soßen und Salate verwenden. Die hilfreiche Substanz in der Dille ist das Anethol. Gegen Blähungen kann man aber auch sehr wirkungsvoll Anis, Fenchel und Kümmel einsetzen. Ein Beispiel: Der knusprige Braten wird mit Kümmel etwas besser verdaulich und liegt nicht so schwer im Magen.
- Wer die rauhen, haarigen Borretschblätter zum Würzen von Salaten und Soßen verwendet, kann damit depressive Stimmungen bekämpfen. Das macht die Gamma-Linolensäure.
- Wenn Sie Ihre Speisen mit Pfefferminze oder Zitronenmelisse würzen, können Sie damit Kopfschmerzen und Migräne wegbekommen.
- Kren (Meerrettich) – fein gerieben – hat einen hohen Gehalt an Vitamin C und Senföl. Diese Kombination wirkt hervorragend gegen Husten, Schnupfen und andere Erkältungen. Man spricht auch vom »Penizillin aus den Küchengarten«. Schmeckt köstlich zu gekochtem Schinken.
- Senf enthält das Glykosid Sinigrin und das Alkaloid Sinaphrin sowie andere ätherische Öle. Sie verbessern die Durchblutung und stärken Galle und Leber. Geheimtipp: Brot mit Senf stärkt den Kreislauf.
- Paprikaschoten, Cayennepfefferschoten, aber auch Paprikapulver sollte man zum Würzen von schweren, fetten Speisen einsetzen. Sie alle enthalten den Wirkstoff Capsaicin. Er verstärkt die Herzleistung, verhindert die Bildung von Blutplättchen, deren Verklumpung und beugt so einer Thrombose vor. Das bedeutet: Schutz vor Infarkten.

- Wer Atemwegsprobleme hat, sollte mit Thymian würzen. Der Hauptwirkstoff Thymol bekämpft Entzündungen und aktiviert Selbstheilungskräfte in den Bronchien. Salat schmeckt beispielsweise mit Thymian köstlich, wenn es auch für viele ungewöhnlich ist.
- Wer viel Fleisch isst, der muss wissen, dass in seinem Darm viele Gärungsstoffe aktiv werden. Das kann man verhindern oder zumindest reduzieren, wenn man die Speisen mit Majoran oder Bohnenkraut würzt.
- Ein Gewürz, das man vielfach in der Küche als Arznei einsetzen kann, ist zweifelsohne der Knoblauch. Man weiß heute aus zahllosen wissenschaftlichen Studien, dass der Wirkungsbereich des Knoblauch-Wirkstoffes Allicin sehr breit ist: Wer seine Speisen regelmäßig mit Knoblauch würzt, kann damit einer frühzeitigen Arterienverkalkung vorbeugen. Man kann damit aber auch kalte Füße und andere Durchblutungsstörungen bekämpfen. Und schließlich kann man sich mit Knoblauch auch gegen Infektionen stark machen.
- Wer seiner Galle etwas Gutes tun und ihre Verdauungsarbeit unterstützen möchte, der sollte mit Oregano, Pfefferminze oder mit Anis würzen.
- Wer an einem nervösen Magen leidet und zu Gastritis und Magengeschwüren neigt, sollte oft Nelken-Gewürz verwenden.
- Wer einen trägen Magen hat, kann mit Ingwer, Galgat und Muskat nachhelfen. Dadurch werden wertvolle Verdauungs-Enzyme aktiviert. Sie regen die natürlichen Darmbewegungen an.
- Speziell ältere Menschen neigen oft zu Wasseransammlungen im Körper. Dagegen helfen die Gewürze Liebstöckel, Majoran und Sellerie.
- Wenn Frauen und Mädchen während ihrer monatlichen Tage gesundheitliche Problem haben, an starken Krämpfen und Schmerzen leiden, so können sie mit einem Gewürz ein wenig dagegen ankämpfen – und zwar mit Zimt. Es ist sehr sinnvoll, eine Woche vor Beginn der Blutung reichlich Zimt zu genießen: etwa in Form von Zimtkuchen oder Bratäpfeln mit Zimt.
- Safran macht Reisgerichte, Suppen und Hühnerfleisch besonders schmackhaft. Aber man weiß inzwischen auch, dass der Wirkstoff Crocetin-Ester die Zeugungsfähigkeit des Mannes verbessert. Dazu sind nur kleinste Mengen an Safran notwendig. Wenn man das Gewürz pur nimmt, so ist es für den Organismus schädlich und giftig. Auch hier gilt die Regel: Die Dosis macht's!

Sie sehen: Gewürze sind viel mehr als der »Tupfen auf dem i« von vielen Speisen. Sie sind auch natürliche Arzneien, die allerdings immer nur vorbeugend und unterstützend wirken und niemals den Arzt ersetzen können.

Eiweiß, das aus der Blume kommt

Im Jahr 1995 wurde Lopino in Deutschland zum neuen Bioprodukt des Jahres ernannt. Lopino ist die neue Alternative im Rahmen der gesunden Ernährung für Vegetarier und Allergiker, die tierische Produkte meiden wollen, und eine starke Konkurrenz zur Sojapflanze. Viele werden jetzt fragen: Was ist denn nun Lopino?

Es hat die Form und Konsistenz von Quark (Topfen), die Farbe von Vanille, schmeckt etwas nach Nuss, ist besonders leicht verdaulich und verursacht keine Blähungen. Gewonnen wird Lopino aus dem Samen einer Blume. Es handelt sich dabei um die gelb blühende Süßlupine, eine Verwandte der Gartenlupine, die seit Jahrtausenden in Bolivien angebaut wird.

Das Besondere am Lupine-Samen: Er hat einen höheren Eiweißgehalt als die meisten anderen tierischen und pflanzlichen Nahrungsmittel. Zum Vergleich: 200 Gramm Lopino-Quark haben so viel Eiweiß wie 330 Gramm Fleisch und 400 Gramm Tofu.

Und so wurde diese »Blumennahrung« wieder entdeckt: Der deutsche Ernährungsberater Paul Bremer aus Bremerhaven erzeugte Tofu aus der Sojabohne. Solange die Sojabohne ausschließlich biologisch angebaut wurde, war das für ihn in Ordnung. Als dann aber in den USA das erste Gen-Soja angeboten wurde, wollte er vom amerikanischen Markt unabhängig sein und suchte nach einer Alternative zum Soja. In alten Schriften stieß er auf die Lupine, deren Samen bereits in der Bronzezeit als Nahrung eingesetzt wurden.

Im Rahmen eines großen Forschungsprojektes in Bolivien, initiiert von der deutschen Bundesregierung, wurden dann Anbau und Verwertung des Lupinen-Samens erkundet.

Seither wird das Eiweiß aus den erbsengroßen Lupine-Samen in einem sorgfältigen Verfahren gewonnen. Die Samen aus kontrolliert-ökologischem Landbau quellen über Nacht in riesigen Wasserbottichen. Dann werden sie zermahlen und mit Wasser verrührt. Es entsteht eine cremefarbene Milch, in der durch Erhitzen die gelösten Eiweiß-Anteile gerinnen. Dieser Lopino-Quark (Topfen) kann problemlos zu Brotaufstrichen, fleischlosen Brätlingen und zu anderen hervorragend schmeckenden Naturprodukten verarbeitet werden. Man kann Lopino braten, backen, rösten und grillen.

Nahrung aus den Lupine-Samen hat viele Vorteile: Sie wird von Allergikern ausgezeichnet vertragen. Lopino ist der einzige Eiweißträger, der frei von

Harnsäure bildenden Purinen ist. Es enthält keine blähenden Stoffe, dafür aber alle lebenswichtigen Aminosäuren. Besonders reich ist es an Lysin, Methionin und Cystein. Durch den hohen Gehalt an Lysin ist Lopino eine sehr gute Ergänzung zu Getreide. In den Getreidesorten kommt es nur in geringen Mengen vor. Lopino ist außerdem reich am Vitamin B12, Kalzium, Magnesium und Phosphor, liefert kein Cholesterin. Und es hat wenig Kalorien.

Für Bio-Bauern ist der Lupine-Samen auch eine wichtige und wertvolle Futter- und Düngepflanze. Die Lupine verbessert den Boden, auf dem sie angebaut wird. Die Blume hat Knöllchenbakterien an ihren Wurzeln und bindet damit Stickstoff aus der Luft und führt ihn in die Erde. Auf diese Weise werden saure Böden von der Lupine neutralisiert. Die Erde wird durch die intensive Wurzelbildung gelockert.

Lupine-Samen, Quark (Topfen), Milch und Jogurt aus dem Lupine-Samen gibt es – mit Rezepten für die Zubereitung von Speisen – in Naturkostfachgeschäften und Reformhäusern.

Kamut, der Kornschatz der Pharaonen

Wissenschaftler aus den USA, Kanada, Italien, Israel und Russland haben eine uralte Getreidesorte wieder entdeckt, die sich ideal für den biologischen Landbau eignet. Ohne Kunstdünger und Pestizide kann man damit hohe Erträge erzielen.

Dazu muss man wissen: Um 4000 vor Christi Geburt bauten die Ägypter den ersten Weizen an – den sogenannten Urweizen. Sie gaben ihm den Namen Kamut, was so viel wie »die Seele der Erde« bedeutet. Das Brotgetreide Kamut wurde als heilig verehrt und für Notzeiten in großen Speichern gehortet.

Im Laufe der Jahrtausende entstanden – aus Wildgräsern gezüchtet – neue Weizensorten, die immer wieder gekreuzt wurden und dadurch natürlich an Nährwert und Geschmack verloren. Kamut geriet in Vergessenheit.

Nach dem Zweiten Weltkrieg im Jahr 1948 nahm ein Pilot der amerikanischen Luftwaffe eine Hand voll uraltes Getreide aus einer Steinkiste aus Ägypten mit, die er in einer Grabstätte bei Dashare gefunden hatte. Er gab 36 Körner einem Freund, der sie an seinen Vater – einen Farmer in Montana – schickte. Der säte die Riesenkörner aus und hatte eine sensationelle Weizenernte. Damit war der Kamut-Weizen aus dem alten Ägypten

Kamutbrot mit Hafer und Hirse

2 Brote à 800 g

850 g Kamutvollkornmehl, fein gemahlen; 150 g Hafervollkornmehl, mittelgrob gemahlen; 100 g Hirse, frisch gemahlen; ca. 600 g Wasser, 30 g Salz, 40 g Hefe, 50 g Sauerteig; Brotgewürz nach Geschmack

ca. 1.820 g Gesamtteig

Salz und Hefe in Wasser auflösen und mit den restlichen Zutaten zu einem eher weichen Teig verarbeiten. 45 Minuten ruhen lassen. Danach den Teig in zwei gleich große Stücke teilen. Zuerst rundwirken und dann zu Wecken formen. In Hafermehl oder Haferkleie wälzen und beide Teigstücke in Brotbackformen geben. Teigruhe abermals 45 Minuten.

Den Ofen auf 260 °C vorheizen, ein Gefäß mit Wasser dazustellen. Brote hineingeben und nach drei Minuten auf 180 °C zurückdrehen. Die Backzeit beträgt ca. 60 – 65 Minuten. Das Brot vor dem Anschneiden gut auskühlen lassen.

Kamutbrot mit Hafer und Hirse zeichnet sich besonders durch gute Haltbarkeit aus.

Aus: Dinkel & Co., Kneipp-Verlag.

wieder belebt. Im Jahr 1977 trat diese klassische Getreidesorte seinen Siegeszug um die Welt an. Seit 1989 wird Kamut wieder weltweit als Mehl und als Brot in zahlreichen Bäckereien in Deutschland, in den Niederlanden, Belgien, Frankreich und Italien und seit 1997 auch in Österreich angeboten. In all diesen Ländern wird Kamut auch angebaut und geerntet.

Kamut ist ein Verwandter des Hartweizens. Im Gegensatz zu modernen Weizensorten wurde Kamut niemals mit anderen Sorten gekreuzt. Es hat auch heute noch dieselben Eigenschaften wie vor 6000 Jahren. Und das sind die Vorzüge dieser historischen Weizenart:

- Kamut hat einen sehr hohen Nährwert.
- Dieser Urweizen aus dem alten Ägypten wird 100 Prozent biologisch angebaut.
- Kamut enthält 40 Prozent mehr Proteine und weitaus mehr ungesättigte Fettsäuren als moderne Weizensorten.
- Kamut liefert dem menschlichen Organismus etwa 30 Prozent Magnesium und Zink mehr als andere Vollkornarten. Nach neuesten Prüfungen am Institut für Bio- und Lebensmittelchemie der Technischen Universität Graz verfügt diese Getreidesorte über einen besonders

hohen Gehalt an Selen, das als Krebsschutz und zur Festigung der allgemeinen Immunkraft wichtig ist. Schon beim Verzehr von 200 Gramm Brot aus Kamut-Mehl ist der Tagesbedarf an Selen gedeckt. Damit ist der Ur-Weizen ein besonders hochwertiges Getreide.

- Kamut-Getreide enthält besonders viel Vitamin B1, B2, Niacin, Pantothensäure, Folsäure, B6 und Vitamin E.
- Kamut ist gut verträglich. Dieser Weizen ist für viele Weizen-Allergiker eine ideale Alternative. Eine Studie der International Food Allergy Association (IFAA) in den USA hat ergeben: 70 Prozent der getesteten Weizen-Allergiker zeigten keine oder nur verzögerte allergische Reaktionen.
- Mit seinem milden, leicht nussigen Geschmack ist das Kamut-Getreide ein ideales Naturprodukt fürs Brot- oder Kuchenbacken.
- Wer Brot oder andere Backwaren aus dem Ur-Weizen genießt, kann es selbst beobachten: Es sättigt optimal. Man hat danach lange keinen Hunger und tankt enorme Mengen an Vitalstoffen. Daher eignet sich Brot aus diesem Getreide speziell auch für Schulkinder zum Frühstück.

Keine Angst vor BSE: Gelatine aus Algen

Die Meldungen von Wissenschaftlern im Jahr 1997, dass eine BSE-Gefahr nach jüngsten Untersuchungen bei Gelatine nun doch nicht auszuschließen ist, hat bei vielen Menschen wieder Angst ausgelöst. Gelatine, die in der Nahrungsmittelindustrie und in der Pharmazie Verwendung findet, wird aus Rinderknochen und Knorpeln hergestellt.

Gelatine wird in so vielen Situationen unseres Lebens eingesetzt: bei Konfitüren, Gemüse, Fisch und Fleisch in Aspik, bei Obst-Torten. Man muss aber trotz BSE-Gefahr nicht darauf verzichten.

Es gibt eine hervorragende Alternative, die nur wenige kennen, die aber von Anhängern der gesunden Ernährung schon seit Jahren geschätzt wird. Es handelt sich dabei um Agar-Agar, auch unter anderen Namen wie Ceylon-Tang, Ceylon-Moos, Ager, Jaffna-Moos oder Taffca-Moos bekannt, ein wertvolles Gelier- und Dickungsmittel, das nicht aus Tierbestandteilen, sondern in Japan und Kalifornien aus Rot-Algen hergestellt wird.

Die Gewinnung ist einfach und nicht so kompliziert wie die Produktion von Rinder-Gelatine. In den Zellwänden der Rot-Algen ist Apfelpektin eingelagert.

Es wird durch Wasserentzug, durch Pressen und Trocknen herausgelöst. Der Pflanzenschleimstoff Agar-Agar gelangt in verschiedenen Formen getrocknet in den Handel: in 20 bis 50 Zentimeter langen Strängen, in Form von kantigen Stäben in blättriger Konsistenz und als Pulver.

Es ist auch ganz einfach, aus dem trockenen Material Gelatine herzustellen. Agar-Agar wird in kaltem Wasser aufgequollen und dann durch Aufkochen – nur 2 Minuten! – völlig gelöst.

Beim Erkalten entsteht eine feste Geliermasse ohne jeden chemischen Zusatz. Es handelt sich dabei um ein reines Naturprodukt. Agar-Agar wird nicht gebleicht. Aus diesem Grund hat die Gelier-Grundlage jedesmal eine etwas andere Farbe, je nach der Algenernte.

Agar-Agar gilt in der gesunden Ernährung als hochwertiges Produkt. Es besteht aus fast 4 Prozent Mineralstoffen und Spurenelementen.

Es gibt verschiedene Möglichkeiten, Agar-Agar anstelle von Tier-Gelatine in der Küche einzusetzen:

- Für Obst in Gelatine auf Kuchen vermischt man 1/2 Liter Wasser oder Fruchtsaft mit 1 gehäuften Teelöffel Agar-Agar.
- Wenn man Gemüsebrühe oder Soßen geliert, dann rührt man in 1 Liter dieser Flüssigkeit etwa 10 Gramm Algen-Pektin.
- Beim Zubereiten von Konfitüren kann man durch den Einsatz von Agar Agar Zucker sparen, die Kochzeit verkürzen und damit das Obst schonender verarbeiten. Normalerweise benötigt man zur Herstellung von Konfitüre Obst und Zucker zu gleichen Teilen. Das ist bei Agar-Agar nicht notwendig. Man kann anstelle von Zucker aber auch Honig, Apfel- oder Birnendicksaft verwenden. Auf 500 Gramm Früchte braucht man 1 Teelöffel Algen-Geliermasse. Man gibt diese vor Beginn des Kochens bei. Dann muss die Fruchtmasse zum Sieden gebracht werden und 1 bis 2 Minuten kochen. Etwas Zitronensaft beigeben. Nicht erschrecken: Zunächst ist die Konfitüre sehr flüssig. Sie wird erst beim Abkühlen fest.

Zum Abnehmen braucht man auch Fett!

Die Aussage »Fett macht dick!« stimmt nicht ganz. Es müsste vielmehr heißen: »Zu viel Fett macht dick!« oder »Das falsche Fett macht dick!«

Unser Organismus braucht nämlich ein wenig Fett, um gesund zu sein.

Fette sind wichtig für den harmonischen Ablauf des Verdauungsvorganges, für den Zellstoffwechsel und – so unglaublich es klingt – für die Regulierung des Fetthaushaltes, für den Abbau von überschüssigen Fettdepots.

Zugegeben: Dafür braucht unser Körper nicht viel Fett. Und es genügt auch nicht irgendein Fett.

Unser Körper braucht gesunde Fette in kleinen Mengen. Das sind allerdings gerade jene, die bei den meisten Menschen selten auf dem Speiseplan stehen.

Daher müssen wir wissen: Fett ist nicht gleich Fett.

Fette mit gesättigten Fettsäuren belasten den Organismus, legen den Grundstein zum Übergewicht, aber auch zu einer Reihe von Krankheiten. Besonders gefährlich ist es, sie als sogenannte versteckte Fette unkontrolliert aufzunehmen: in Wurstwaren, Aufstrichen und fetten Käsesorten.

Die Fette, die wir für unsere Gesundheit brauchen, enthalten ungesättigte oder mehrfach ungesättigte Fettsäuren. Dabei handelt es sich ausschließlich um pflanzliche Öle, die schonend hergestellt werden. Sie sind für unseren Stoffwechsel geradezu unentbehrlich.

Das Faszinierende daran: Die in den ungesättigten Fettsäuren enthaltenen Linolsäuren helfen sogar mit, vorhandene überflüssige Fettablagerungen im Gewebe zu regulieren und abzubauen.

Und das sind die gesundheitsfördernden Öle, die wir regelmäßig in Maßen konsumieren sollten:

- Olivenöl, das traditionelle Öl der Länder rund ums Mittelmeer. Damit schützen wir Herz und Kreislauf und erhalten unsere Gefäße jung.
- Weizenkeimöl ist der klassische Lieferant für Vitamin E, bremst die Arterienverkalkung und kann rheumatische Beschwerden lindern.
- Sojaöl stärkt durch seinen hohen Gehalt an Lezithin das Gedächtnis und die Nerven. Außerdem hat eine Studie in Singapur nachgewiesen: Frauen, die regelmäßig Sojaöl konsumieren, senken damit ihr Risiko für Brustkrebs. Denn die Soja-Proteine enthalten pflanzliche Hormonstoffe, und diese werden im Körper des Menschen zu Anti-Krebs-Substanzen.
- Kürbiskernöl stärkt die Blase von Mann und Frau und beugt der Prostatavergrößerung beim Mann vor.
- Das Sonnenblumenöl enthält antibakterizide und immunstärkende Substanzen.

Gesund und schlank durch Sonnenenergie

Wenn heute die Rede von der Sonne ist, dann denkt fast jeder ausschließlich an Sonnenbäder und an Sonnenbestrahlung. Und gerade damit müssen wir ja in Hinblick auf die dünner werdende Ozonschicht hoch über uns vorsichtig umgehen. In gewisser Hinsicht ist Sonnenbestrahlung aber auch gesundheitsfördernd. Das wird niemand bestreiten. Wer übertreibt, setzt sich großen Gefahren aus. Aber hätten Sie gedacht, dass man Sonnenenergie essen und damit sogar Übergewicht abbauen kann? Das ist nach neuesten ernährungswissenschaftlichen Forschungen durchaus möglich.

Das bedeutet in der Praxis: Wir sollten die Sonnenenergie ganz anders für uns nützen. Denken wir doch nur an die umweltfreundlichen Sonnen-Kollektoren. Sie speichern Sonne und wandeln sie in Energie um. Das können die Blätter der Pflanzen, Gemüse- und Obstsorten, aber auch Getreidekörner. Mit Hilfe des Mineralstoffes Magnesium können Sie Sonnen-Energie in sich speichern.

Diese Energie können wir uns zunutze machen. Der Schweizer Ernährungsforscher und Arzt Dr. Maximilian Bircher-Benner, der Erfinder des Bircher-Müslis, hat sich bereits 1903 mit dem Thema befasst. Er betonte: »Pflanzliche Nahrungsmittel, die der Sonnenbestrahlung ausgesetzt wurden, sollte man unmittelbar nach der Ernte verzehren, und zwar als Ganzes, also auch mit der Schale und mit dem Gehäuse! Dann nimmt man die Kraft der Sonne auf und tankt damit viel mehr Vitalität!«

Was aber machen wir heute? Wir schälen die Äpfel und das übrige Obst. Und vom Getreidekorn konsumieren wir meist nur den inneren Kern, nicht aber die wertvollen Randschichten. Schuld daran sind moderne Dünge-, Spritz- und Verarbeitungsmethoden. Daher ist die Rückkehr zu biologischen Produkten so wichtig.

Man weiß heute aus Messungen in den USA: Obst, Gemüse und Getreide, das intensiver Sonnenbestrahlung ausgesetzt war, liefert dem menschlichen Organismus viel mehr lebenswichtige Substanzen. Die Sonne hat mehr Vitamine, Mineralstoffe, Spurenelemente und Enzyme darin aktiviert. Daher ist es sinnvoll, geerntetes Obst und Gemüse aus unserer Region nicht nach der Ernte in den Kühlraum zu bringen oder in den Kühlschrank zu geben, sondern »sonnenwarm« zu genießen. Beim Getreide ist das nicht so wichtig.
Es kann die Sonnen- und Lichtenergie aus der Natur bei guter Lagerung lang speichern.

Man hat am United State Department für gesunde Ernährung in Boston herausgefunden: Sonnen- und Lichtenergie in der Nahrung gibt eine spezielle Information an unsere Körperzellen weiter. Daher schließt unser Organismus diese Nahrung besser und schneller auf. Wichtig ist dabei, dass wir das Obst und Gemüse in der Erntezeit überwiegend im rohen, unveränderten Zustand zu uns nehmen. Sonnenenergie in Obst und Gemüse garantiert einen hohen Ballaststoffgehalt, mehr lebenswichtige Substanzen, schnelleres Sattwerden beim Essen. Daher ist es auch ein Trick zum Schlankbleiben und Schlankwerden.
Nützen wir also die Zeit der heimischen Freilandernte, ehe wir wieder aus dem Glashaus oder mit Importware von weit her versorgt werden müssen.

Das »Kombucha«-Getränk – ideal zum Entschlacken

Von Zeit zu Zeit ist ein »Großreinemachen« für unseren Organismus sehr sinnvoll und für die Vorbeugung von Kankheiten anzuraten. Umweltgifte, die sich im Körper angesammelt haben, müssen abtransportiert werden. Außerdem wollen viele parallel dazu auch abnehmen. Das ist aber nur dann möglich, wenn man weniger isst und reichlich Flüssigkeit aufnimmt. Hier bewährt sich ein uraltes, geheimnisvolles Getränk, das bereits Rasputin den Mitgliedern der Zarenfamilie im alten Russland empfohlen hat: Kombucha.

Die einen nennen es »Gärgetränk«. Die anderen sprechen auch heute noch von einem »Wundertrank«. Gemeint ist der sogenannte Kombuchatee, ein Gebräu aus Schwarztee und Zucker, vergoren durch eine schwabbelige Flechte mit dem Namen Kombucha. Man kannte dieses Getränk schon vor rund 2000 Jahren in China. Schon damals wurde es als Naturheilmittel verwendet.

Viel später – nämlich 1913 – gelangte der Kombuchatee über Russland nach Europa. Er geriet dann in Vergessenheit und wurde nach dem Zweiten Weltkrieg wieder entdeckt. Und zwar von dem Arzt Dr. Rudolf Sklenar aus Oberhessen. Er sammelte im Zweiten Weltkrieg bei russischen Bauern Erfahrungen. Wieder nach Hause zurückgekehrt, setzte Dr. Sklenar das Getränk zur ärztlichen Behandlung ein. Er empfahl Kombuchatee vorwiegend gegen Stoffwechselkrankheiten, Rheuma, Gicht, Magen-Darm-Leiden, Bluthochdruck, erhöhte Cholesterinwerte und Diabetes. Dr. Rudolf Sklenar betonte immer wieder: »Kombucha bewirkt eine eminente Entgiftung und Entschlackung des Organismus. Stoffwechsel und Drüsenaktivität werden gefördert. Der Fettstoffwechsel wird positiv beeinflusst.«

Bei der Kombucha-Flechte – auch Teeschwamm genannt – handelt es sich um eine quallenartige, gallertige Lebensgemeinschaft von Essigsäure-Bakterien und Hefe-Pilzen, die gezuckerten Tee innerhalb weniger Tage – durch Vergären – zu einem moussierenden, erfrischenden Getränk werden lassen. Zuerst wandelt die Hefe einen Teil des gelösten Zuckers in Alkohol und Kohlendioxid um. Der andere Teil des Zuckers wird in Zellulose verwandelt. Dadurch wächst der Tee-Pilz. Die Bakterien vergären den Alkohol zu Essigsäure. Das fertige Getränk hat einen Alkoholgehalt von 1,2 %.

Vorerst bestand nur die Möglichkeit, dieses Gebräu unter strengsten hygienischen Maßnahmen zu Hause selbst anzusetzen. Seit vielen Jahren gibt es das Kombucha-Getränk auch fertig in Apotheken, Reformhäusern und Drogerien.

Jüngste Studien und Untersuchungen haben das traditionelle Wissen über Kombucha bestätigt: Dr. Erich Rebholz, Leiter des Naturheil-Zentrums Gaggenau, konnte die Wirkung des Getränks auf den gesamten Verdauungstrakt sowie den Entschlackungs-Effekt nachweisen. In der Sportschule der Bundeswehr in Warendorf hat man unter der Leitung von Prof. Dr. Simon gemessen, dass Kombucha bei Sportlern leistungssteigernd wirkt und das allgemeine Wohlbefinden deutlich verbessert.

Eine Entschlackungs-Kur mit dem Kombucha-Getränk dauert 4 Wochen. Dr. Erich Rebholz rät: jeden Tag 3-mal 1/4 Liter in kleinen Schlucken. In dieser Zeit sollte man überwiegend Obst, Gemüse und Fisch essen, den Konsum von Fleisch, tierischen Fetten und Zucker reduzieren.

Die 7 Fehler bei der gesunden Ernährung

Vielleicht haben Sie das auch schon beobachtet: Viele von uns steigen mit den besten Vorsätzen auf eine neue, gesündere Ernährung um und haben dann leider Probleme damit: Blähungen, ein unangenehmes Völlegefühl, Übelkeit. Die Folgen: Sie hören sofort wieder auf damit. Und sie argumentieren: »Gesund essen tut mir nicht gut!«
Die wirkliche Ursache: Die Betroffenen haben beim Einstieg in die gesunde Ernährung einige kleine Fehler gemacht. Diese Fehler, die unweigerlich zu Pannen im Rahmen der Verdauung führen, lassen sich allerdings leicht vermeiden. Man muss die Einstiegsprobleme nur kennen.

Hirse:
ein guter Einstieg in die Vollwertkost

200 g Hirse, 1/2 l Wasser, 50 g Weizen-Vollkornmehl
100 g Hafer-Vollkornflocken, 200 g Porree
15 Sauerampferblätter oder andere Kräuter
5 Eier, Salz, Pfeffer, Knoblauch, vegetabile Suppenwürze

Die Hirse in ein Sieb geben und mit kochend heißem Wasser abbrühen. Aus Wasser und vegetabiler Suppenwürze einen Fond herstellen, die Hirse darin kochen und ausquellen lassen. Fein geschnittenen Porree, gehackte Kräuter, Eier, Weizenvollkornmehl und Gewürze vermischen und 20 Minuten ruhen lassen. Laibchen formen und langsam braten. Als Beilagen eignen sich jedes Gemüse und Salat.

Aus: Wildgemüse, schmackhaft und gesund; Kneipp-Verlag.

Vegetarier weisen günstigere Blutdruck- und Cholesterinwerte auf, haben weniger Gewichtsprobleme und sind weniger infektanfällig.
Lesen Sie auf Seite 54f!

Kamut,
das Getreide der Pharaonen
hat besondere Vorzüge.
Lesen Sie auf Seite 61 f.

Wir sollten das Obst unmittelbar
nach der Ernte,
wenn möglich noch Sonnen-warm essen,
dann tankt man am meisten Vitalität.
Lesen Sie auf Seite 66!

1. Fehler:

Eine der wesentlichen Grundlagen der ausgewogenen, gesunden Ernährung sind Vollkornspeisen. Überfordern Sie Magen und Darm nicht, wenn Sie jahrelang nur Produkte aus weißem Mehl verzehrt haben. Greifen Sie nicht gleich zu ganzen oder geschroteten Körnern.

Verarbeiten Sie – etwa beim Müsli – Vollkornflocken: Hafer-, Gerste-, Weizen-, Roggen- und Hirse-Flocken. Sie sind leichter verdaulich und enthalten dennoch alle Wirkstoffe des vollen Korns.

Bauen Sie nicht gleich von Anfang an schwer verdauliches Korn in den Speiseplan ein, wie etwa Roggen. Beginnen Sie mit Mahlzeiten aus Hirse. Sie wird vom Verdauungsapparat am besten vertragen.

Gedünstete Hirse ist, wie Reis, eine herrliche Beilage. Köstlich sind auch Hirseflocken in der Suppe, Hirselaibchen, Hirse-Auflauf oder der gute, alte Hirsebrei.

2. Fehler:

Sie essen Vollkornprodukte und trinken zu wenig. Das führt zu einer argen Verstopfung. Die enthaltenen Ballaststoffe brauchen Flüssigkeit, damit sie im Darm quellen und ihre gesundheitsfördernde Wirkung entfalten können.

3. Fehler:

Wer auf Vollkornprodukte umsteigt, der muss seinen Zuckerkonsum entweder ganz streichen oder auf ein Mindestmaß reduzieren. Vollkorn und Zucker: Das verträgt sich nicht.
Es kommt dabei zu enormen Gärungen im Darm. Und die wieder führen zu schmerzhaften Blähungen.

4. Fehler:

Viele denken, Honig ist gesund. Den kann man bedenkenlos genießen. Falsch. Man muss sparsam damit umgehen. Zu viel schadet ebenfalls dem gesamten Organismus.
Außerdem kann man auch vom Honig Karies bekommen, und daher sollte man nach dem Honig-Naschen die Zähne gründlich reinigen.

5. Fehler:

Viele denken, bei der gesunden Ernährung ist Fleisch strikt verboten. Unsinn! Der Mensch ist ein Mischkost-Esser.
Eine ausgewogene Ernährung erfordert nur weniger Fleisch: also 2- bis 3-mal die Woche. Genießen Sie als Alternative öfter Fisch.

6. Fehler:

Es ist nicht gesund, immerzu rohes Gemüse oder Salate zu essen. Nach 19 Uhr reduziert der Verdauungsapparat seine Leistung. Das Gemüse bleibt bis in den Morgen im Darm liegen, wird dann erst fertig verdaut. Inzwischen gärt es. Dabei entstehen Alkohole, die die Leber belasten. Es kommt zu Blähungen und einem unangenehmen Bauchhochstand.

7. Fehler:

Man kann Kräutertee nicht unbedenklich immer trinken. Von einer Kräuterteesorte darf man nur 3 Wochen trinken. Sonst gewöhnt sich der Körper daran. Der Tee wirkt nicht mehr. Nach einer kurzen Pause von etwa 1 bis 2 Wochen kann man dann die Teekur wieder durchführen.

Es lohnt sich, all diese Fehler zu vermeiden. Denn: Die gesunde Ernährung macht fit, liefert Vitalstoffe, fördert die Verdauung und verändert den gesamten Stoffwechsel zum Positiven. Das bedeutet aber auch: Wer sich mit ausgewogener, vollwertiger Kost ernährt, erreicht im Laufe der Zeit ganz ohne Diät sein Idealgewicht.

Gesünder leben mit der »Mittelmeer-Diät«

Wer gesünder leben, vor allem gesünder und ausgewogen essen möchte, der sollte sich die Ernährungsgewohnheiten der Menschen in den Mittelmeerländern abschauen. Überall dort, wo am Mittelmeer herkömmlich und klassisch gekocht und gegessen wird, ist die Rate für Herz-Kreislauf-Erkrankungen weitaus niedriger als bei uns. Die Menschen haben außerdem eine höhere Lebenserwartung.

Speziell in der warmen Jahreszeit ist es so einfach, auch bei uns die »Mittelmeer-Diät« in den täglichen Speiseplan einzubauen. Das sind die wichtigsten Grundregeln dafür:

- Essen Sie so wenig Fleisch wie nur möglich. Das Fleisch sollte auf dem Teller immer nur die Beilage sein und höchstens ein Drittel ausmachen.
- Essen Sie 2- bis 3-mal die Woche je 200 Gramm Fisch, am besten schonend gekocht oder gegrillt. Die Omega-3-Fettsäuren im Fisch wirken positiv und harmonisch auf den Fettstoffwechsel und bremsen vorzeitige Arterienverkalkung. Ideal: Makrele, Lachs, Hering.
- Greifen Sie ruhig bei Teigwaren – möglichst aus Vollkorn – zu. Sie liefern wertvolle Kohlenhydrate und geben Energie.

- Essen Sie zu jeder Mahlzeit oder vor jeder Mahlzeit knackiges, rohes Gemüse in Form von Rohkosttellern oder Salaten. Sie tanken damit wertvolle Vitamine, Mineralstoffe und Spurenelemente.
- Ein wesentlicher Bestandteil der Salate ist bei der »Mittelmeer-Diät« das Olivenöl. Erstens hilft es, die fettlöslichen Vitamine aufzuschließen. Und zweitens hilft Olivenöl, das Risiko für Herzinfarkt und Schlaganfall zu senken. Das haben Untersuchungen von Prof. Dr. Amadeo Santarelli an der Universität Rom ergeben. Olivenöl enthält 70 Prozent ungesättigte Fettsäuren. Sie erhöhen im menschlichen Organismus den Anteil des schützenden, »positiven« HDL-Cholesterins. Wichtig: Das Olivenöl soll kaltgepresst sein und nach Möglichkeit aus einer Erstpressung stammen. Bewahren Sie es in einer dunklen Flasche im Kühlschrank auf. Beachten Sie das Ablaufdatum.
- Ein wertvoller Bestandteil der »Mittelmeer-Diät« ist auch der Käse. In den Mittelmeerländern wird vor allem Schaf- und Ziegenkäse konsumiert. Sie enthalten große Mengen an Orotsäure, die unsere Zellen länger jung bleiben lässt. Grundsätzlich aber schließt Käse nicht nur den Magen, sondern führt ein ideales Zahn-Service durch. Käse verändert nach dem Essen das Milieu im Mund, verhindert, dass der Zahnschmelz wertvolle Mineralstoffe abbaut, und bremst die Säureproduktion von Bakterien, die Karies verursachen.
- Nach einer Untersuchung von Prof. Dr. Manfred Müller an der Universität Kiel hilft die mediterrane Küche auch, Übergewicht abzubauen. Die »Mittelmeer-Diät« ist besser als alle Radikalkuren, Appetitzügler und Diät-Drinks.
- Es ist aber nicht nur wichtig, dass wir die Lebensmittel und Rezepte der »Mittelmeer-Diät« übernehmen. Ebenso wichtig für die Gesundheit ist, dass wir uns Liebe und Zeit fürs Zubereiten und Muße fürs Essen nehmen.

Bunte Früchte: gesunder Genuss zu den Feiertagen

Während der Feiertage zwischen Weihnachten und Neujahr müssen wir uns allzuoft eingestehen, dass wir zu viel, zu üppig und zu wenig gesund gegessen und zu wenig Bewegung gemacht haben. Dagegen sollten wir etwas tun!

Es gibt eine Möglichkeit, bei der wir sogar genießen können. Mein Rat: Bauen Sie Ihre Ess-Sünden auf ganz besonders angenehme Weise ab.

Machen Sie zwischen den Feiertagen eine Bunte-Früchte-Diät mit Köstlichkeiten, die gesundheitsfördernd sind und dem Organismus wenig Kalorien, dafür aber viele Vitamine, Mineralstoffe, Spurenelemente, Enzyme und Ballaststoffe zuführen.

Schlemmen Sie sich mit süßem, farbenfrohem Obst gesund und schlank. Die Rezepte sind jeweils für 1 Person berechnet.

1. Tag

Mittags:
letzte normale Mahlzeit.

Nachmittags:
100 g Ananas (56 Kalorien).

Abends:
250 g Mandarinen in kleine Stücke schneiden, 4 dicke Scheiben Ananas in Würfel schneiden. In einer Dessertschale 1 EL Sahne, 1/2 Ecke Frischrahmkäse, etwas Salz und 3 EL Honig verrühren und das Obst vorsichtig darunter heben (310 Kalorien).

2. Tag

Morgens:
2 Tassen Früchtetee mit 2 TL Honig. 2 EL Haferflocken mit 4 EL Milch, 1 TL Honig, 1 TL Leinsamen, 1 TL gehackten Haselnüssen und 2 Orangen in kleinen Stücken zu einem Müsli vermischen (310 Kalorien).

Vormittags: 1 Kiwi (40 Kalorien).

Mittags:
2 Kiwis schälen, in Stücke schneiden, 125 g Trauben halbieren, 1 Orange schälen, in Stücke schneiden. Alles mit 2 TL Honig und etwas Zitronensaft verrühren. Dazu 2 Vollkornkekse (320 Kalorien).

Nachmittags: 1 mittelgroßer Apfel (75 Kalorien).

Abends:
100 g Jogurt und 100 g Magerquark mit 2 EL Honig sowie mit dem Saft von 1 Orange und 1/2 Zitrone verrühren. 120 g Heidelbeeren aus der Tiefkühltruhe darunterrühren. In eine Dessertschale füllen, weitere 100 g Heidelbeeren darauf verteilen (300 Kalorien).

3. Tag

Morgens:
2 Tassen Hibiskusblütentee mit 2 TL Honig. Müsli aus 1 EL Haferflocken, 1/8 l Jogurt, 50 g Birne in Stücken, 60 g Banane in Rädern, 1 EL Rosinen, 1 EL gehackte Walnüsse und 1 TL Cornflakes (310 Kalorien).

Vormittags:
1 Orange (58 Kalorien).

Mittags:
100 g Birne schälen, entkernen, in Stücke schneiden. 60 g Edamer-Käse in Streifen schneiden, mit etwas Salz, Pfeffer, Zitronensaft würzen.

Alles vermischen, 2 EL saure Sahne unterrühren.

In einer Dessertschale auf einem Salatblatt anrichten, mit 100 g gehackten Erdnüssen und 1 Tomate garnieren.

Dazu 1 Scheibe Vollkornbrot (335 Kalorien).

Nachmittags:
1 mittelgroßer Apfel (75 Kalorien).

Abends:
100 g Apfel, 50 g Orange, 50 g Grapefruit, 60 g Trauben, 50 g Banane werden klein geschnitten und müssen – mit 1 EL Weinbrand und etwas Zitronensaft beträufelt – 1 bis 2 Stunden in einer Schüssel ziehen.
Kurz vor dem Servieren mit 150 g Orangenlimonade (mit Kohlensäure) übergießen (310 Kalorien).

Dazu einige Feiertags-Spezialtipps:

- Trinken Sie jeden Tag 2 bis 3 Liter Mineralwasser oder Früchtetee.
- Nikotin und Alkohol sowie starker Bohnenkaffee sind an diesen 2 1/2 Tagen verboten.
- Zusätzliche Speisen sind nicht erlaubt. Bei großem Hunger dürfen Sie zwischendurch 1 Kiwi oder 1/2 Grapefruit verzehren.
- Schlafen Sie jede Nacht mindestens 9 Stunden.
- Gehen Sie jeden Tag 25 Minuten spazieren.
- Die Früchte sollen so frisch wie möglich sein und nicht allzu lange lagern.

Vitamin D: wichtiger als bisher vermutet!

Neueste Studien an der Berkeley Universität in Kalifornien, USA, haben ergeben: Das Vitamin D – auch Calciferol genannt – ist für den menschlichen Organismus noch viel wichtiger als bisher angenommen. Vitamin D ist als notwendige Substanz für den Knochenaufbau und für ein kräftiges Skelett, aber auch als notwendiger Transporteur für den aufgenommenen Mineralstoff Kalzium bekannt. Man weiß, dass Vitamin D zur Vorbeugung der gefürchteten Osteoporose – auch Knochenentkalkung genannt – wichtig ist:

- Vitamin D vermindert im Organismus auch das Risiko für Darmkrebs, was man ja auch in gewisser Weise dem Kalzium nachsagt. Das ist auch eine Erklärung dafür, dass Menschen in sonnenreichen Gegenden seltener an dieser Krebsart leiden.
- Vitamin D dürfte aber auch vor Brustkrebs und Prostatakrebs schützen. Dazu fehlen allerdings noch die endgültigen wissenschaftlichen Ergebnisse.

Was ist denn nun dieses Vitamin D genau? In Wahrheit ist es ein Hormon, das unser Körper selbst nicht vorrätig hat oder erzeugen kann. Es kann in unserem Organismus nur entstehen, wenn Sonnenlicht auf eine spezielle biochemische Substanz in unserer Haut auftrifft.

Was aber, wenn keine Sonne scheint und unser Körper das Vitamin D nicht bilden kann? Dann nimmt unser Darm das angebotene Kalzium und Phosphor aus der täglichen Nahrung nicht in der notwendigen Menge auf. Es kommt in der Folge zu einem Mangel am »Sonnen-Vitamin« mit schwachen Knochen, einem gestörten Knochenwachstum – auch Rachitis genannt , zu vorzeitiger und verstärkter Osteoporose oder zu Knochenerweichung im Alter.

Daraus ersieht man, wie wichtig es ist, dass unser Körper in regelmäßigen Abständen Sonnenlicht auf sich einwirken lässt: mindestens 10 bis 15 Minuten 2-mal die Woche, und zwar im Gesicht und an den Armen. Ganz besonders wichtig ist das bei Kindern, Jugendlichen, Senioren und Vegetariern.

Nun gibt es aber gerade in unseren Breiten Tage und Wochen, in denen nur sehr wenig oder gar keine Sonne scheint. Da muss Vitamin D zugeführt werden. Es gibt einige wenige Nahrungsmittel, die dieses Vitamin in interessanten Mengen enthalten: Milch, Milchprodukte, Sardinen, Hering, Leber, Lebertran, Aal, vor allem aber Champignons. Die Pilze stellen – im

Interesse der gesunden Ernährung – die beste Lösung zur Vitamin-D-Aufnahme an sonnenlosen Tagen dar. Eine Faustregel besagt: 200 Gramm Champignons ersetzen 2 Tage Sonnenschein.

Menschen, die unter verstärktem Knochenverlust leiden, keine Sonne tanken und zu wenig Nahrungsmittel zu sich nehmen, die Vitamin D enthalten, müssen vom Arzt verordnete Vitamin-D-Präparate einnehmen. Das haben Untersuchungen an der Tufts-Universität in Boston, USA, ergeben. Allerdings: Bei der Aufnahme von Vitamin-D-Präparaten ist Vorsicht geboten. Eine Überdosis kann zu Nierensteinen, Nierenversagen, Muskelschwäche und Blutungen führen. Diese Gefahr besteht ausschließlich bei Präparaten, nicht bei Sonnenbestrahlung und nicht bei Lebensmitteln mit Vitamin D.

Essen Sie sich den Stress einfach weg

Wir alle stehen Tag für Tag unter Stress. Wir können es nicht ändern. Aber wir können uns gegen Stresseinflüsse stark machen und den Stress mit natürlichen Methoden bekämpfen. Mein Vorschlag: Essen Sie sich Ihren Stress einfach weg. Das funktioniert tatsächlich: Französische Ernährungswissenschaftler an der Universität Paris haben im Rahmen einer Studie nachgewiesen: Man kann mit ganz bestimmten Nahrungsmitteln den Stress erfolgreich bekämpfen und sich vorbeugend gegen Stress sowie Stressfolgen stark machen.

Hervorragende Naturprodukte gegen Stress sind: Vollkorn-Müsli, Spinat, Grünkohl, Bananen, Sojaprodukte, Naturreis und Meeresfisch. Das Geheimnis: Überall findet man den Anti-Stress-Mineralstoff Magnesium. Wenn jemand unter Stress steht, wird u. a. der Hormonstoff Adrenalin im Körper ausgeschüttet.

Er steigert die Pulsfrequenz, das Herzminutenvolumen und den systolischen Blutdruck. Magnesium blockiert diesen Vorgang, sofern genügend vorhanden ist, und schützt Herz und Kreislauf vor der Wirkung des Adrenalins.

Was wenige wissen: Auch Vitamin C, Vitamin E und Vitamin B12 wirken hervorragend gegen Stress. Vitamin C findet man in reichem Maße in Paprikaschoten, Zitrusfrüchten, Petersilie, Kartoffeln und Brokkoli. Vitamin E liefern Vollkornprodukte, Milchprodukte, ganz besonders Weizenkeime und Weizenkeimöl. Vitamin B12 tanken wir vom Ei und von der Makrele.

Beim Autofahren, bei Streit und Intrigen am Arbeitsplatz, bei privaten Auseinandersetzungen sowie bei einem übervollen Urlaubsprogramm kann es plötzlich zu belastenden Stresssituationen kommen. Dafür sollten wir immer vorsorgen und entsprechende Nahrung bei uns haben, die sozusagen als »Erste Hilfe« gegen die Belastung von Körper, Nerven, Geist und Seele nützlich sein kann:

Kauen Sie Sonnenblumenkerne, Walnüsse, Haselnüsse, Mandeln. Essen Sie Trockenfrüchte wie etwa Datteln, Feigen, Dörrpflaumen. Trinken Sie Sanddornsaft, Grapefruitsaft oder Hagebuttentee.

Auch ein kleines Stück Schokolade – am besten Bitterschokolade – kann im Kampf gegen plötzlich auftretenden Stress beste Dienste leisten. All diese Köstlichkeiten enthalten entweder Magnesium, Vitamin C oder E.

Sollte die »Ernährungs-Therapie« nichts nützen, dann ist es angebracht, den Mineralstoff Magnesium dem Organismus direkt zuzuführen.

Olivenöl: Naturmedizin auf dem Salat-Teller

Wenn bei uns in der warmen Jahreszeit das heimische, knackige Gemüse angeboten wird, lohnt es sich, anstelle einer üppigen Hauptmahlzeit eine große Schüssel mit köstlichem Salat vorzubereiten und mit Kräutern, gutem Essig und einem entsprechenden Öl aufzuwerten. Aus medizinischen Studien, die im Rahmen der Europäischen Union durchgeführt wurden, weiß man:

Das optimale Öl für unsere Salate ist und bleibt das Olivenöl. Es ist mit das Geheimnis, warum die Bewohner des Mittelmeerraumes weit weniger Probleme mit Herz und Kreislauf haben. Das Olivenöl ist in diesen Gebieten von vielen Speisen einfach nicht wegzudenken.

Was macht nun das Olivenöl so enorm gesundheitsfördernd? Ganz einfach: Es sind die wohl dosierten Anteile an ungesättigten Fettsäuren. Sie wirken sich überaus positiv auf den gesamten Stoffwechsel aus, regulieren den Fetthaushalt und verhindern oder bremsen das Entstehen einer frühzeitigen Arterienverkalkung.

Bei den Römern in der Antike galt Olivenöl als Grundnahrungsmittel. Es wurde erst knapp vor dem Verbrauch gepresst und kam immer frisch auf den Tisch. In alten Rezepten aus dieser Zeit findet man immer den Hinweis: »Füge grünes Öl hinzu!« oder »Gib in die Schüssel grünes Öl!«

Damals hieß es bereits: Olivenöl stärkt das Herz. Und jetzt hat der italienische Wissenschaftler Prof. Dr. Amedeo Santarelli in einer Studie festgestellt: Olivenöl wirkt gegen Herzinfarkt und Schlaganfall.

Allerdings ist Olivenöl nur dann eine Naturarznei, wenn es durch Kaltpressen der Früchte hergestellt wird. Optimal ist verständlicherweise die Erst-Pressung. Die besten Olivenöle kommen aus Italien, Frankreich, Griechenland, Spanien und Portugal. Die Bezeichnung »extra vergine« auf einer Flasche bedeutet, dass das Olivenöl ohne jeden chemischen Zusatz bei kalter Pressung aus frisch geernteten, einwandfreien Oliven gewonnen wurde.

Damit Sie das Olivenöl recht lange verwenden können, sollten Sie die Flasche immer licht- und luftgeschützt aufbewahren, und zwar bei gleichmäßiger, mittlerer Temperatur. Legen Sie sich niemals größere Vorräte an. Das Öl hält nicht länger als etwa ein Jahr. Danach verliert es Qualität, Duft und Frische.

So kann man den Durst auch wegessen

Der menschliche Körper besteht aus mehr als zwei Drittel Wasser. Das Gewebe eines Babys enthält sogar 80 Prozent. Wir können daher ohne Flüssigkeit nicht existieren. Das Wasser ist unser Grundelement. Wir brauchen es, um alle Körperfunktionen in Schwung zu halten. Aus diesem Grund ist die regelmäßige Flüssigkeitszufuhr das ganze Jahr über wichtig. Von besonderer Bedeutung aber ist sie im Sommer.

Ein erwachsener Mensch gibt in der warmen Jahreszeit täglich mit Harn und Schweiß 3 Liter Flüssigkeit ab. Bei extrem heißen Temperaturen, körperlicher Arbeit oder Sport ist das mitunter noch viel mehr. Wird nicht genügend Flüssigkeit nachgeliefert, dann kann das innerhalb von 2 bis 4 Tagen zu schwerwiegenden Schäden im Organismus führen.

Es kann zu einem Kreislaufversagen kommen. Herz, Bronchien und Haut leiden sofort darunter. Salze und Harnstoffe können nicht mehr ausgeschieden werden. Es kommt zu einer Eindickung des Blutes.

Ein besonders wichtiger Aspekt im Sommer: Das Wasser in unserem Körper ist auch für die Temperatur-Regulation verantwortlich. Wenn die Temperaturen ins Extreme steigen, dann schützt sich der Körper mit der Abgabe von Schweiß. Die Verdunstung der Flüssigkeit auf der Haut entzieht dem Körper Wärme und hält die Körpertemperatur bei 37 °C.

An und für sich sollte die Flüssigkeitszufuhr speziell an heißen Sommertagen kein Problem sein. Der Durst erinnert uns daran. Das gilt für Kinder und Erwachsene bis zum 60. Lebensjahr. Bei Senioren kann das zum Problem werden. Sie verspüren sehr oft nicht mehr das typische Durstgefühl. Daher denken sie auch nicht ans Trinken. Speziell der ältere Mensch ist gefährdet, von innen her regelrecht »auszutrocknen«. Senioren müssen daran denken, regelmäßig Flüssigkeit aufzunehmen. Bei ihnen kann an heißen Sommertagen ein Wassermangel zu Konzentrationsstörungen, geistiger Verwirrung und Depressionen führen. Alle lebensnotwendigen Vorgänge im Körper laufen langsamer ab.

Immer wieder wird die Frage gestellt: Wie viel Wasser sollte der Mensch an einem heißen Sommertag zu sich nehmen? Ernährungsfachleute sagen: Das sollten durchaus 2 bis 3 Liter Wasser sein.

Bei so einer Antwort schlagen dann meistens viele Menschen die Hände zusammen und betonen: »Das schaffe ich niemals. So viel kann ich unmöglich trinken!«

So ist das auch nicht gemeint. Sie sollen nicht 2 bis 3 Liter Wasser, Mineralwasser oder ungesüßte Kräutertees zu sich nehmen. Es gibt ja auch viele feste Nahrungsmittel, die Flüssigkeit enthalten. Man hat errechnet, dass man bei einer herkömmlichen Ernährung pro Tag 1 Liter Flüssigkeit durch Suppen, Salate und andere Speisen zu sich nimmt. Also reduziert sich die Menge der Getränke bereits auf 1 bis 2 Liter. Und das ist leicht zu schaffen.

Es gibt einen Trick: Trinken Sie all 2 Stunden in kleinen Schlucken 1/4 Liter Leitungswasser, stilles Mineralwasser oder ungesüßten Kräutertee. Dann kommen Sie leicht auf die lebensnotwendige Menge an Flüssigkeit.

Viele von uns denken nicht daran, dass es unter den festen Nahrungsmitteln viele gibt, die sich ideal als Durstlöscher eignen, mit denen wir große Mengen Flüssigkeit zu uns nehmen. Man muss den Durst nicht immer nur wegtrinken. Man kann ihn auch wegessen.

Hier eine Liste der gesündesten und besten Durstlöscher, die man kauen muss:

- An erster Stelle steht zweifelsohne die Melone, egal, ob es sich nun um eine Wasser-, Zucker- oder Honigmelone handelt. Melonen enthalten viel Wasser. Sie sind daher auch sehr kalorienarm und wirken erfrischend. Sie können es selbst testen. Allein mit dem Genuss einer Melone kann man bestens den Durst löschen.

Aber nicht nur das: In so einer Melone stecken zahllose, lebenwichtige Substanzen: Vitamine, Mineralstoffe, Spurenelemente und Enzyme. Wer im Sommer regelmäßig Melonen isst, hat eine straffere Haut, strahlende Augen, schönere Haare und Nägel.

Geben Sie Ihren Kindern an heißen Tagen keine schwer verdaulichen Lebensmittel ins Schwimmbad oder an den Strand mit, sondern erfrischende Melonen. Bauen Sie in Ihre Sommer-Menüs Melonen als Vorspeise oder als Dessert ein.

Der angenehme Nebeneffekt: Melonen bremsen den Heißhunger auf Kalorienbomben und helfen daher beim Abspecken.

- Ein Alltagsgemüse aus unserer Region, das sich ganz wunderbar im Sommer als Durstlöscher eignet, ist die Salatgurke. Sie besteht zu 95 Prozent aus Wasser, hat kaum Kalorien und liefert wertvolle Substanzen für Gesundheit und Schönheit. Wer im Sommer regelmäßig Gurken isst, der sorgt für eine ideale Durchspülung von Nieren und Harnwegen. Die Schleimhäute im Körper bleiben feucht. Die Haut bleibt straff. Man nennt die Gurke ja auch in der Kosmetik die »Haut-Lotion von innen«.

Probieren Sie es einmal aus: Wenn Sie großen Durst verspüren und ein Stück Gurke essen, so fühlen Sie sich gleich wieder wohl. Der regelmäßige Konsum von rohen Gurken bei gleichzeitiger Reduzierung der anderen Nahrung ist in der schönen Jahreszeit obendrein eine angenehme Abspeck-Methode. Die Inhaltsstoffe der Gurke sorgen dafür, dass der Organismus keinen Mangel an lebenswichtigen Substanzen erleidet.

- Schmackhafte Durstlöscher im Sommer sind auch die saftigen, süßen Tomaten. Essen Sie sie so oft wie nur möglich: aufgeschnitten aufs Butterbrot, oder als Salat. Sie tanken damit große Mengen Flüssigkeit. Das ist auch die Erklärung, warum Tomaten für eine Durchspülung von Nieren und Harnwegen sorgen, die Schleimhäute feucht halten und Verstopfung bekämpfen.

Weitere Naturprodukte, die sich geradezu ideal als Durstlöscher eignen: Radieschen, Kürbis, Kartoffeln, Trauben, Kirschen, saftige Pfirsiche, Johannisbeeren, Himbeeren, Erdbeeren und Ananas.

Das Vital-Menü vom Maroni-Stand

Alle Jahre, wenn der Winter ins Land zieht, können wir an vielen Straßenecken heiße Maronen kaufen. Sie lassen uns so manchen kalten, unwirtlichen Tag besser durchstehen. Doch für viele von uns sind Maronen ein kleines Zwischendurch-Gericht, über das man nicht viel nachdenkt. Dabei sind Maronen – auch Edelkastanien genannt – ganz besonders wertvoll für unsere Ernährung.

Und das sind die lebenswichtigen Substanzen, die uns die Maronen liefern: leicht verdauliches, hochwertiges Eiweiß, die Mineralstoffe Natrium für die Regulierung des Wasserhaushaltes, Kalium für Muskeln, Nerven und Verdauung, Kalzium für unsere Knochen, Magnesium für unser Herz, weiters die Spurenelemente Eisen fürs Blut, Kupfer und Phosphor fürs Gehirn.

All diese Vitalstoffe der Maronen werden besonders schnell und intensiv vom menschlichen Organismus aufgenommen.

Doch das ist nur einer von vielen Vorteilen, den die Edelkastanie bietet:

- Mit Maronen führt man dem Körper so viele lebenswichtige Stoffe zu, wie man sie sonst durch fünf Speisegänge tankt. Daher nennt man die Maronen auch das »Vital-Menü«.
- Die Edelkastanie ist eine Naturfrucht mit beträchtlichem Basenüberschuss.
- Wer abends oft nicht einschlafen kann, weil ihm das Essen schwer im Magen liegt, der sollte Maronen essen. Sie sind so leicht verdaulich, dass man wie ein König schlummert.

Lösen Sie sich von dem Gedanken, man könnte die Maronen immer nur an der Straßenecke kaufen.
Es gibt in vielen Kochbüchern zahlreiche gute Rezepte für die Zubereitung von Maronen-Spezialitäten: Maronen-Püree, Maronen-Reis, Maronen-Kuchen.

- Für jemanden, der schlank werden möchte, sind Maronen wunderbar. Aber nicht zusätzlich, sondern anstelle einer Mahlzeit! 100 g geröstete Maronen liefern ca. 200 Kalorien.

So schadet Gegrilltes nicht der Gesundheit

Strahlende Sommertage und warme Sommerabende laden zum Grillen ein. Es ist eine ganz besondere Art des geselligen Beisammenseins, garniert mit vielen duftenden Köstlichkeiten. Doch Ernährungsfachleute warnen: Wenn man beim Grillen nicht ganz bestimmte Regeln beachtet, kann es unsere Gesundheit gefährden.

- Im Rauch und im Ruß, der von der glühenden Holzkohle aufsteigt, befinden sich große Mengen krebserregender Stoffe. Es handelt sich dabei um die polyzyklischen, aromatischen Kohlenwasserstoffe – kurz PAK genannt. Einer davon: das Benzpyren. Diese Substanzen entstehen, wenn Fett vom Rost in die Glut tropft. Dann steigen die Gifte im Rauch auf und setzen sich am Fleisch fest.

Was Sie dagegen tun können:

Halten Sie entsprechenden Abstand zwischen Glut und Fleisch. Vermeiden Sie beim Entzünden der Holzkohle starke Rauchentwicklung. Legen Sie das Grillgut erst auf, wenn die Glut mit einer weißen Asche überzogen ist.

Am besten ist ein stabiles Grillgerät, bei dem sich die Glut nicht unter dem Grillgut befindet.

Ideal, wenn die Glut seitlich die Hitze auf das Fleisch abgibt. Untersuchungen haben ergeben: Steaks, die unter sich die Glut haben, enthalten 50-mal mehr krebserregende Stoffe als jene, die von einer seitlichen Glut gegrillt werden.

Eine wunderbare Lösung ist es auch, das Fleisch auf einer erhitzten Lavagesteinsplatte zu grillen.

- Eine weitere Gefahr entsteht für die Gesundheit, wenn man gepökeltes Fleisch, geräucherte Wurst und Speck auf den Griller legt. Diese Produkte enthalten Nitrit-Pökelsalz, das in der Grillhitze zu krebserregenden Nitrosaminen wird.

Was Sie dagegen tun können:

Grillen Sie keine Würstchen, keine Fleischwurst, keinen Speck, keine Bratwürste, kein Pökelfleisch, nichts Geräuchertes. Greifen Sie zu mageren Fleischsorten wie Lende, Steak, Hähnchenkeule, Hähnchenbrust, oder zu Fisch. Versuchen Sie doch einmal vegetarisch zu grillen: Tomaten, Maiskolben, Zucchini, Kartoffeln. Gut gewürzt kann das köstlich schmecken.

Noch ein Trick gegen die schädlichen Stoffe, die beim Grillen entstehen: Führen Sie mit Beilagen dem Gegrillten die Vitamine A, C und E zu. Zum Beispiel: Paprikaschoten oder Kiwis fürs C, Karotten fürs A und Milchprodukte oder Weizenkeimöl im Salat fürs E. Der beste Trick: Servieren Sie zum Gegrillten einen A-C-E-Salat aus Paprikaschoten, Karotten, Kopfsalat, Radieschen, Maiskörnern und Weizenkeimöl.

Außerdem: Sie sollten im Sommer nicht täglich grillen.

Mit Hirse: ein guter Start in die gesunde Ernährung

Gehören Sie zu jenen Menschen, die bisher relativ wenig für die gesunde Ernährung getan haben und die das jetzt endlich ändern wollen? Dann brauchen Sie nicht lange nachzudenken, wie der erste Schritt aussehen soll. Ganz einfach: Bauen Sie ab sofort regelmäßig Hirse aus dem Reformladen in Ihren Speiseplan ein. Sie ist die ideale Lösung für den Einstieg. Sie ist mehr als eine gesunde Nahrung. Hirse ist ein Elixier für Körper und Seele.

Und das alles können Sie mit Hirse in Ihrem Leben verbessern:

- Ernährungswissenschaftler nennen die Hirse auch das »fröhliche Getreide«. Es enthält reichlich Nerven-Vitamin B1 und B6, Mineralstoffe Magnesium und Kalium sowie Spurenelemente Phosphor und Zink. Das sind alles Substanzen, die für unsere Nerven, aber auch für unser positives Denken mitverantwortlich sind. Wer regelmäßig Hirse isst, geht optimistischer durchs Leben. Amerikanische Wissenschaftler haben herausgefunden, dass der Genuss von Hirse depressive Zustände besiegen kann. Man führt das zum Teil auch darauf zurück, dass Hirse sehr viel Sonnenenergie in sich speichert und diese dann an die Hormone unseres Körpers weitergibt.
- Hirse liefert im Winter dem Organismus viel innere Wärme. Das gibt Kraft an kalten Tagen und unterstützt die natürlichen Abwehrkräfte. Wer Hirse isst, friert weniger.
- Hirse ist besonders reich am Spurenelement Silizium, auch Kieselsäure genannt. Sie ist notwendig für einen gesunden Knochenbau, gesunde Zähne, kräftige, glänzende Haare und gesunde Finger- sowie Zehennägel. Viele Frauen schwören darauf: Durch regelmäßigen Genuss von Hirsegerichten wirkt man jünger und dynamischer.
- Das Spurenelement Silizium in der Hirse hilft aber auch den wertvollen Säureschutz-Mantel unserer Haut aufzubauen, der durch Umweltbelastungen, zu viel Hygiene, durch aggressive Seifen und Kosmetika heutzutage sehr oft geschwächt wird. Dadurch kommt es leicht zu Hautproblemen. Hirsemahlzeiten machen unsere Haut stark gegen diese Gefahren.

Wer bisher Verdauungsprobleme mit Vollkorngetreide hatte: Hirse ist ein Vollkornprodukt, das auch von einem sensiblen Magen vertragen wird.

Daher ist Hirse der ideale Einstieg in die gesündere Ernährung – auch für ältere Menschen.

In früherer Zeit war Hirse ein Arme-Leute-Essen und ist daher in Vergessenheit geraten. Hirse schmeckt köstlich: als Brei, als Flocken in der Suppe, als Laibchen und als Auflauf.

Besonders köstlich: Dünsten Sie die goldgelben Hirsekörner wie Reis und mischen Sie diese mit gedünsteten, grünen Erbsen zu einem »Hirsi-Bisi« statt dem üblichen »Risi-Bisi«.

Honig: Medizin für Nerven, Magen, Darm

Honig ist nicht nur eines der ältesten Nahrungsmittel, sondern auch eine der ältesten Naturarzneien. Das sollten wir nicht vergessen, wenn wir mit einem Löffel Honig süßen, oder wenn wir etwas Honig naschen. Bei den Sumerern, Ägyptern, Indern, Griechen, Römern und Germanen galt Honig gleichermaßen als Lebenselixier. Im Mittelalter wurde er wie andere Arzneien von Ärzten und Apothekern gegen eine Reihe von Krankheiten verordnet.

Und das sind die Inhaltsstoffe, die den Honig zum Naturheilmittel machen: die Vitamine der B-Gruppe, die Mineralstoffe Kalzium und Magnesium, die Spurenelemente Eisen, Kupfer, Phosphor, Mangan und Silizium, die Enzyme Diastase, Katalase, Phosphatase und Glykose-Oxydase, pflanzliche Hormonstoffe, die sich positiv auf Herz, Nerven und Vitalität auswirken, weiters antibakterielle Substanzen, auch Inhibine genannt, aber auch zellschützende Säuren, beruhigende Duft- und Aromastoffe und 14 Aminosäuren.

Und so wirkt der Honig im Organismus:

- Ein Teelöffel Honig, den man langsam auf der Zunge zergehen lässt, beruhigt bei Nervosität und gibt neue Kraft bei Erschöpfungszuständen.
- Wer Sport betreibt, kann mit Honig verbrauchte Energie sofort wieder zurückholen.
- Wer regelmäßig lauwarme Milch mit Honig trinkt, ist weniger anfällig für Infektionskrankheiten.
- Honig – in kleinen, regelmäßigen Mengen – gibt der Leber Kraft für ihre Entgiftungsarbeit – sehr wichtig in unserer umweltbelasteten Zeit.

- Kleine tägliche Honiggaben wirken nach Ansicht von Prof. Dr. William G. Peterson in Oklahoma, USA, wie Mini-Impfungen zur Stärkung der allgemeinen Abwehrkraft.
- Honig stärkt die Nieren und desinfiziert die Harnwege.
- Rollkuren mit Honigwasser haben schon manchem bei Gastritis Erleichterung gebracht.
- Honig hilft bei Schlafstörungen.
- Mit Honigwasser kann man entzündete Mundschleimhäute durch Gurgeln ausheilen und desinfizieren. Dasselbe gilt auch für Halsschmerzen.
- An der Universität Frankfurt entdeckte man den Honig als Schutz gegen Strahlenschäden nach Röntgenaufnahmen.

Und hier ein klassisches Hausmittel gegen Erkältungen: 1/4 Liter warme Milch mit 2 Esslöffeln Honig und 2 Teelöffeln Melissengeist. Ein wirksames Rezept gegen Husten: 2 Zwiebeln in Scheiben schneiden, 3 Esslöffel Honig darüber gießen, 2 Stunden ziehen lassen. Den Saft, der dabei entsteht, schluckweise einnehmen.

- Ein Tipp gegen rissige Lippen im Winter: Mehrmals am Tag mit Honig einreiben.

Bei all den positiven Eigenschaften des Honigs darf man nicht vergessen: Man sollte niemals beim Konsum dieses süßen Naturelixiers übertreiben. Und nach dem Genuss ist – wie bei allen Süßigkeiten – Zähneputzen angesagt.

Zwiebel und Jogurt helfen gegen Allergien

An der Spitze aller Erkrankungen, unter denen viele Menschen leiden, liegen die Allergien. Im Mittelpunkt stehen die verschiedenen Formen der Pollenallergie. Für den betroffenen Allergiker gilt die Regel: Gegenden meiden, in denen der Pollenflug besonders stark ist.

Das Autofenster bei Fahrten durch die Natur geschlossen halten, Pollenfilter in die Lüftung einbauen.

Keine Blumen und Gräser in der Vase daheim. Das Schlafzimmerfenster ab morgens um 4 Uhr geschlossen halten.

Ein Dreitage-Programm
mit bunten Früchten bringt Gesundheit
und Wohlbefinden.
Zum Frühstück gibt es Hibiskusblütentee
und ein herrlich frisches Müsli.
Lesen Sie auf Seite 75 ff.

Edelkastanie.
Mit einer Tüte »Heiße Maroni«
nimmt man so viele Vitalstoffe auf wie mit einem fünfgängigen Menü.
Lesen Sie auf Seite 83 f.

Wussten Sie,
dass Erdbeeren gegen Schmerzen helfen?
Lesen Sie auf Seite 94 f.

Birnen und Nüsse
bringen uns im Winter wieder in Schwung.
Lesen Sie auf Seite 100 f.

Die einzige Chance, mit der Zeit die Allergie in den Griff zu bekommen, ist die Langzeit-Therapie durch den Allergologen, den medizinischen Experten für Allergien. Man muss sich nämlich bewusst sein: Unbehandelt können Allergien im Laufe der Zeit zu schwersten Erkrankungen führen. Die Pollenallergie ist nicht harmlos.

Nun aber haben verschiedene wissenschaftliche Studien ergeben, dass der Betroffene unterstützend zur ärztlichen Behandlung auch über die Ernährung von innen her etwas gegen die Allergie tun kann:

- Amerikanische Ärzte haben in der rohen Zwiebel das Flavonoid Quercetin entdeckt. Dieser Pflanzenfarbstoff blockiert jene Zellen im menschlichen Körper, die bei allergischen Reaktionen das Gewebshormon Histamin ausschütten. Die Zwiebel ist sozusagen in sanfter Weise ein natürliches Antihistaminikum. Man muss allerdings vorerst herausfinden, ob man nicht eventuell auch gegen die Zwiebel allergisch ist. Auch das kann in seltenen Fällen sein. Dann muss darauf verzichtet werden. In der Praxis bedeutet das: So oft wie möglich rohe Zwiebeln essen, ob im Salat oder mit der Rohkostplatte.
- Testpersonen in den USA, die an Gräserpollen-Allergie litten, fühlten sich viel besser, als sie täglich einen halben Liter Jogurt löffelten. Es hat sich in Untersuchungen herausgestellt: Die Bakterien-Kulturen im Jogurt haben eine allergielindernde Wirkung. Und: Die Jogurt-Bakterien verstärken die körpereigene Produktion von Gamma-Interferon. Und diese Substanz macht den Menschen stark im Kampf gegen Allergien.
- Auch Trink-Kuren mit täglich einem Liter Brennnesseltee – sowohl aus frischen als auch aus getrockneten Brennnesselblättern – brachten merkbare Erfolge. Auch in der Brennnessel – so stellten die amerikanischen Ärzte fest – sind histaminblockierende Stoffe.

Diese Ernährungshilfen ersetzen die ärztliche Behandlung nicht. Sie können aber den Körper gegen die Belastungen einer Allergie unterstützen.

V. Teil:

Gesundheit aus dem Obst

Manche Früchte leisten besonders viel für Fitness und Vitalität

Eine generelle Regel der ausgewogenen Vollwertkost lautet: Obst ist ein wesentlicher Bestandteil der gesunden Ernährung. Mit einer saftigen, süßen und reifen Frucht tanken wir große Mengen an Vitaminen, Mineralstoffen, Spurenelementen und Enzymen.

Durch die spezielle Zusammensetzung und das Verhältnis dieser einzelnen Substanzen zueinander weisen manche Früchte ganz spezielle gesundheitsfördernde Eigenschaften auf. Wer darüber informiert ist, kann diese »Arzneien aus dem Obstkorb« sinnvoll und gezielt nützen. Ich stelle Ihnen hier eine Reihe von Früchten vor, deren Wirkung nicht nur auf traditionelle Überlieferung zurückzuführen ist, sondern auch von der modernen Ernährungswissenschaft bestätigt werden konnte.

Erdbeeren: köstliche Arznei gegen Schmerzen

Sie sind im Frühsommer die beliebteste Obstsorte. Da duften sie besonders intensiv und werden in Märkten und Lebensmittelläden massenhaft in leuchtend sattem Rot angeboten: die Erdbeeren aus heimischem Anbau. Wir kaufen und verzehren sie, weil sie einfach köstlich schmecken. Kaum aber jemand weiß, dass die Erdbeeren eine wertvolle »Medizin aus dem Obstgarten« sind.

- Die Erdbeere hat mehr Vitamin C als die Zitrone oder die Orange. 150 Gramm Erdbeeren decken den Tagesbedarf an diesem Vitamin und haben bloß 50 Kalorien. Die Erdbeere liefert aber auch große Mengen an Folsäure für ein gesundes Gewebe sowie den Mineralstoff Kalium gegen zu hohen Blutdruck. Das Mangan in der Erdbeere ist wichtig für den Stoffwechsel, für die Nerven, das Gehirn und für die Liebe.

- Die Erdbeere ist außerdem für sensible Menschen ein ideales Anti-Schmerzmittel, vor allem gegen Kopfschmerzen. Die Erklärung dafür: Die Erdbeere enthält in Spuren eine natürliche Substanz mit dem Namen Salicylsäure, welche dem Aspirin verwandt ist. Es kann daher der Genuss von 10 saftigen, frischen Erdbeeren in manchen Fällen Kopfschmerzen vertreiben. Da es sich um eine sanfte Naturmedizin handelt, kann man Erdbeeren natürlich nicht gegen starke, lang anhaltende Schmerzen einsetzen.
- Die Erdbeere stellt aber auch mit ihren Gerbstoffen, Schleimstoffen, Säuren und ätherischen Ölen ein natürliches Antibiotikum dar, das entzündlichen Prozessen im Organismus entgegenwirkt. Gemeinsam mit dem hohen Gehalt an Vitamin C stärken Erdbeeren die natürliche Abwehrkraft gegen lästige Erkältungen im Frühsommer.
- Erdbeeren wirken auch harntreibend.
- Im Rahmen einer britischen Studie konnte nachgewiesen werden, dass die antibiotischen Substanzen in der Erdbeere sogar noch in 19facher Verdünnung die Kraft haben, Typhus-Erreger abzutöten.
- Der Gehalt an Mineralstoffen und Spurenelementen sowie Enzymen macht sie zu einem hervorragenden Muntermacher am Morgen. Daher sind diese Früchte ideal zum Frühstück vor der Schule und der Arbeit.
- Zahnärzte empfehlen den regelmäßigen Genuss von Erdbeeren, weil die Gerbstoffe der Frucht das Zahnfleisch festigen und dem Zahnfleischschwund vorbeugen können.
- Erdbeeren eignen sich gut für eine Frühjahrskur. Sie geben Vitalität und Aktivität und entgiften den Darm.

All diese medizinischen Wirkungen kommen nur dann zum Tragen, wenn die Erdbeeren frisch, saftig und süß sind und man nicht dagegen allergisch ist. Es gibt Menschen, die nach dem Genuss von Erdbeeren Hautausschläge sowie Bläschen an den Lippen und im Mund bekommen. Treten diese Reaktionen auch bei Bioware auf, dann handelt es sich um eine Unverträglichkeit der Gerbstoffe in den Erdbeeren.

Mit Kirschen gegen Gicht und Verstopfung

Im Mai, Juni und Juli sind sie besonders rot und leuchtend, besonders süß und saftig: die heimischen Kirschen. Sie schmecken einfach köstlich. Haben Sie gewusst, dass Kirschen ganz spezielle wertvolle Naturkräfte für unsere Gesundheit besitzen? Sie sind »Arzneien vom Kirschbaum«. Bereits in der Antike setzte der griechischen Arzt Hippokrates auf der Insel Kos Kirschen als Medizin ein: gegen Epilepsie.

Im Jahr 1920 wurden Kirschen in Deutschland, Frankreich und England von vereinzelten Ärzten bei Gallenblasenerkrankungen eingesetzt.

Heute sind Kirschen bei Ärzten der Ganzheitsmedizin gegen verschiedene gesundheitliche Alltagsprobleme geschätzt:

- Kirschen liefern dem Körper reichlich Ballaststoffe, welche im Darm aufquellen und die Verdauung in Schwung bringen. Gegen Verstopfung ist es sinnvoll, täglich zur Erntezeit eine Handvoll Kirschen zu essen.
- Am amerikanischen Forythe Dental Center für Zahnheilkunde hat man in den Kirschen antibakterielle Substanzen und Enzyme gegen Karies und Parodontose entdeckt. Die Enzyme verhindern die Bildung von Zahnbelag, der dann in der Folge bei mangelnder Zahnhygiene Karies und Zahnfleischprobleme auslöst. Zur Vorbeugung derartiger Erkrankungen im Mund: Zur Kirschenzeit nach jeder Mahlzeit 10 bis 15 Früchte genießen.
- Im Jahr 1950 unternahm der in Texas lebende, aus Deutschland stammende Arzt Dr. Ludwig Blau einen interessanten Selbst-Versuch. Er litt an starker Gicht mit furchtbaren Schmerzen und musste teilweise im Rollstuhl sitzen. Keine der bekannten Therapien half. Da begann er im Sommer reichlich Kirschen zu essen. Und siehe: Die Gichtschmerzen wurden deutlich gelindert. Daraufhin startete Dr. Blau eine Studie mit Gicht-Patienten. Das Ergebnis: Täglich 1500 Gramm erntefrische Kirschen wirkten sich positiv auf Gichtschmerzen aus.
- Kirschen sind reich an Vitamin C und E sowie an den Vitaminen der Gruppe B.
- Mit ihren Schutzsäuren und dem Fruchtzucker regen Kirschen den Magen- und Darm-Trakt an.
- Weil Kirschen auch entwässern, können sie Herz und Kreislauf entlasten.
- Eine ganz besondere Kraft haben die Farbstoffe in der Kirsche: die Anthozyane und die Anthozynidine. Sie bauen das Bindegewebe auf, vernichten schädliche Enzyme, welche unsere Haut alt, welk und faltig machen. Daher wirken Kirschen verjüngend. Und sie neutralisieren aggressive Moleküle aus der Umwelt – sogenannte freie Radikale -, die unsere Zellen angreifen und die Immunkraft stören.

Interessant ist, dass die dunkleren Kirschensorten wertvoller sind, weil sie alle Inhaltsstoffe in höherer Konzentration enthalten als die hellen Sorten.

Wir sollten zur Erntezeit nicht darauf vergessen: Kirschen helfen unserer Gesundheit, egal ob aus dem Laden, aus dem eigenen oder aus Nachbars Garten.

Feigen: neuer Schwung für unsere Verdauung

Viele Menschen haben vorübergehend oder regelmäßig Probleme mit der Verdauung. Konkret gesagt: Sie klagen über eine »Blockade im Darm«. Sie leiden an Verstopfung. Bedenkenlos wenden sich viele mit diesem Problem erst gar nicht an den Arzt, besorgen sich selbst starke Abführmittel und kommen damit in einen Teufelskreis. Diese Medikamente entziehen dem Körper den Mineralstoff Kalium. Daran hat er aber ohnehin einen Mangel, denn Verstopfung ist meist eine Folge von zu wenig Kalium im Organismus. Die Situation wird daher immer schlimmer, die Tabletten immer stärker und bringen letztlich keinen Erfolg.

Jeder, der Verstopfung hat, sollte zuerst die Kräfte der Natur nützen. Eine ideale Frucht: die Feige, sowohl frisch als auch in getrocknetem Zustand. An sich ist die Feige ein Maulbeergewächs. Der Feigenbaum zählt neben dem Weinstock zum ältesten Obstgehölz der Erde. Zwischen Euphrat und Tigris, aber auch im antiken Ägypten gab es bereits 3000 Jahre vor Christi Geburt Feigenbaum-Plantagen. In der ägyptischen Medizin galt die Feige als Vital-Elixier und als Arznei gegen eine Reihe von Magen- und Darmerkrankungen. Viele Pharaonen tranken als Kraft-Cocktail eine Mischung aus Milch und Feigensaft.

Heute werden bei uns auf den Märkten Feigen aus Nordafrika, Griechenland und Italien angeboten. Die beste Qualität kommt aus der Türkei. Das sind die bekannten Smyrna-Tafelfeigen.

Feigen sind eines der besten Abführmittel, das die Natur ohne schädliche Nebenwirkungen anzubieten hat. Die anregende Wirkung für Magen und vor allem für den Darm ist auf den hohen Gehalt an Fruchtsäuren zurückzuführen. Sie ziehen im Darm Wasser an und vermehren dadurch in kurzer Zeit die Stuhlmenge. Außerdem bringt die Feige reichlich quellende Ballaststoffe in den Darm. Schließlich aber enthält die Feige besonders große Mengen Kalium, das bei der Verdauung eine entscheidende Rolle spielt.

Ein praktisches und wirkungsvolles Rezept gegen Verstopfung: Man weicht abends 4 – 5 Feigen in lauwarmes Wasser ein, lässt das Ganze zugedeckt über Nacht stehen. Am nächsten Morgen kaut man die Feigen und trinkt die Flüssigkeit.
Was wenige wissen: Der regelmäßige Konsum fördert die Aktivität der Leber und der Galle, was auf eine Reihe von Spurenelementen und Enzymen in der Frucht zurückzuführen ist. Wer seiner Leber beim Entgiften helfen will, sollte regelmäßig Feigen naschen.

Die Melone als Supertipp fürs Abnehmen

In der schönen Jahreszeit wollen viele in leichter Kleidung gute Figur zeigen, wollen abnehmen. Ernährungswissenschaftler bestätigen es: Der Sommer ist fürs Abspecken die ideale Zeit, weil der Organismus viel weniger Nahrung braucht als etwa im Herbst und Winter. Wer keine Zeit für aufwendige und teure Diäten hat, der sollte jetzt zur Super-Frucht fürs Abspecken greifen: Das ist die Melone.
Die Melone stammt aus Südasien, war aber schon den Ägyptern und Römern in der Antike bekannt. Marco Polo entdeckte im 14. Jahrhundert im heutigen Afghanistan die wild wachsende Honigmelone. Erst viel später wurden die Melonen in Spanien und in Amerika gezüchtet.
Wir unterscheiden heute zwischen der Wasser- und der Zuckermelone. Auch die Papayafrucht – Baummelone genannt – gehört dazu. Alle drei Melonenarten werden in der Volksmedizin als Entwässerungsmittel, gegen Verstopfung und fürs Abspecken eingesetzt.

Melonen sind die idealen Früchte fürs Abnehmen: 100 Gramm Wassermelone haben nur 23 Kalorien, 100 Gramm Zuckermelone nur 30 Kalorien. Dafür aber sind diese saftigen Obstsorten derart reich an allen wertvollen Substanzen, die der menschliche Organismus braucht, um gesund zu bleiben:

- Die Melone enthält Kalzium für die Knochen, reichlich Kalium für Verdauung, Muskeln und Nerven, Magnesium für Herz und Kreislauf sowie gegen den Stress.
- An Vitaminen liefert die Melone besonders viel Vitamin C und A, weiters Vitamin B1, B2 und Niacin.
- Die Melone enthält auch die Spurenelemente Eisen fürs Blut, Phosphor fürs Gehirn, Zink für die Immunkraft und Liebeskraft und Jod für die Schilddrüse.

- Seit der Erforschung der Enzyme für die Gesundheit des Menschen weiß man auch, dass die Melone eine Reihe von wertvollen Enzymen enthält, welche den Appetit hemmen und daher das Abnehmen erleichtern.

Probieren Sie es aus: Essen Sie ein Wochenende lang jeweils am Samstag und am Sonntag 1 1/2 bis 2 Kilo Melonen und trinken Sie 2 bis 3 Liter Mineralwasser dazu. Sonst nichts.

Am Montag sind Sie ideal entschlackt und 1 Kilo leichter. Längere Diäten mit Melonen dürfen nur nach Absprache mit dem Arzt durchgeführt werden.

Die Trauben-Kur: ein Jungbrunnen im Herbst

Wenn die heimischen Trauben im Herbst süß und saftig sind, dann sollten wir sie für eine Trauben-Kur nützen. Weintrauben sind ein wahres Lebenselixier. Sie galten schon im antiken Rom als ideales Naturprodukt für geistige und körperliche Frische.
Heute weiß man sehr wohl, dass das vom medizinischen Standpunkt aus gerechtfertigt ist. Studien im Linus-Pauling-Ernährungsforschungs-Institut in den USA haben ergeben:

- Erntereife, saftige, süße Weintrauben sind reich an den Vitaminen A, C, B1, B2 und Niacin.
- Sie enthalten Kalium und gesundheitsfördernde Säuren. Dazu kommen noch Phosphate und Sulfate.
- Weintrauben enthalten Makromoleküle, die mit positiver Elektrizität geladen sind und Energie an den menschlichen Organismus abgeben.

Und das bringt uns der Genuss von Trauben: Sie aktivieren die Leber, regen die Nierentätigkeit an, bringen den Kreislauf in Schwung, geben jugendliche Spannkraft und heben die seelische Stimmung.

Trauben kurbeln die Verdauung an und helfen, Umweltgifte, die wir aufgenommen haben, ganz schnell wieder aus dem Körper zu transportieren. Trauben geben Kraft, was vor allem Senioren feststellen können.

Ganz wichtig: Man sollte Weintrauben samt Schale und Kernen essen. Wenn diese Bestandteile auch nicht ganz verdaut werden können, so lassen sie wertvolle Substanzen im Darm zurück, quellen auf und sind ideale Ballaststoffe.

Und so können Sie die Trauben für Ihre Gesundheit und Vitalität nützen:

- Machen Sie eine Trauben-Kur am Wochenende. Essen Sie Samstag und Sonntag jeweils 1 1/2 bis 2 Kilo Trauben, sonst nichts. Trinken Sie dazu über den Tag verteilt jeweils 2 bis 3 Liter Mineralwasser.
- Oder: Essen Sie anstelle eines üblichen Frühstücks eine Woche lang jeden Tag 500 g Trauben. Sie können auch 14 Tage lang jeden Abend anstelle einer Mahlzeit diese Menge konsumieren.
- Schalten Sie einmal die Woche – einen Monat lang – einen Traubentag ein, an dem Sie ausschließlich 1 1/2 Kilo Trauben essen und 3 Liter Mineralwasser trinken.

Eine Winterkur fürs Gehirn mit Birnen und Nüssen

Haben Sie es vielleicht auch selbst schon erlebt? In der kalten Jahreszeit tauchen oft bei vielen Menschen Konzentrationsschwierigkeiten auf. Man ist geistig nicht so topfit, wie man sein möchte. Kein Grund zur Panik.

Die Ursache für ein geringfügiges, vorübergehendes Nachlassen der Gehirnfunktionen ist ein Mangel an ganz bestimmten Spurenelementen, allen voran Phosphor, Zink und Selen. Aber auch der Mineralstoff Kalium spielt dabei eine wesentliche Rolle. Diese wertvollen Substanzen kann man in idealer Form zuführen: mit saftigen Birnen und Walnüssen.

Schon im vergangenen Jahrhundert war es üblich, dass Hausärzte im Winter Kindern und Senioren eine »Gehirn-Kur« mit Birnen verschrieben haben. Heute bestätigen Ernährungswissenschaftler, dass das goldrichtig war. Nun weiß man, dass die Kombination von Birnen mit Nüssen der geistigen Vitalität einen ganz besonderen Impuls geben kann.

Walnüsse können grundsätzlich dazu beitragen, dass man bis ins hohe Alter geistig jung bleibt. Nüsse enthalten wertvolle, leicht verdauliche Fette, die den Cholesterinspiegel nicht belasten. Außerdem finden wir in der Nuss reichlich Vitamin E, das unsere Zellen vor Umweltgiften schützt und der Liebe neuen Schwung gibt.

Da die Nüsse allerdings als Kalorien-Bombe gelten, darf man sie nicht in zu großen Mengen in den Speiseplan einbauen.

Das ist auch nicht notwendig, weil sie die lebenswichtigen Substanzen in so konzentrierter Form anbieten.

Dieses Problem gibt es bei der Birne nicht. 100 Gramm haben 55 Kalorien. Damit die Spurenelemente in der Birne für unser Gehirn zur Wirkung kommen, sollte man täglich mindestens drei saftige Birnen genießen. Je saftiger die Birne, desto besser werden die Inhaltsstoffe vom menschlichen Organismus aufgenommen und verwertet.

Menschen, die geistig sehr konzentriert arbeiten müssen, sollten gerade in der düsteren, kalten Jahreszeit regelmäßig Birnen verzehren. Geistige Erschöpfung kann damit wunderbar bekämpft werden.

Und so funktioniert die Birnen-Nüsse-Kur für Schulkinder und Erwachsene jeden Alters:

- Essen Sie morgens, mittags und abends jeweils 1 bis 2 saftige Birnen.
- Danach knabbern Sie drei Walnüsse. Gut kauen oder – wenn Sie Probleme mit den Zähnen haben – fein mahlen und mit dem Teelöffel essen.
- Sie können auch aus Birnenstücken und gehackten Nüssen einen Obstsalat zubereiten.
- Die Kur sollte 7 bis 10 Tage andauern.

Kaki – die ideale Kraft gegen Schnupfen

Der Schnupfen ist nicht mehr das, was er früher war! Deutsche, österreichische und Schweizer Virologen schlagen Alarm: Die Schnupfen-Viren werden immer aggressiver.

Eine vorerst harmlose Erkältung kann ganz schnell in eine folgenschwere Erkrankung umschlagen. Binnen weniger Stunden kann aus einer laufenden Nase ein hartnäckiger grippaler Infekt werden.

Schuld daran sind die sogenannten Adeno-Viren, die sich sehr oft zu den üblichen harmlosen Rhino-Viren gesellen. Die Adeno-Viren greifen die Schleimhäute schneller und intensiver an. Erkrankungen der Bronchien und des Herzens sind nicht auszuschließen. Besonders gefährdet sind Kleinkinder. Eltern sollten daher, wenn sie auch nur geringfügig erkältet sind, die Kleinen nicht umarmen, küssen und kosen.

Wie können wir uns vor den gefährlichen Schnupfen-Viren schützen? Ganz einfach: Beim Auftreten der harmlosesten Erkältung nicht den Helden spielen, sofort ins Bett legen, schonen, viel Flüssigkeit trinken, wenig essen, überwiegend Obst. Keinen Freizeitsport betreiben: Eine jüngste Studie am Friedrich-Bauer-Institut der Universität München hat ergeben, dass bei sportlicher Betätigung Muskeln und Lungen durch die Viren schwer geschädigt werden können.

Am Institut für medizinische Wissenschaften an der Universität Benares, Indien, hat man jetzt herausgefunden, dass die ideale Frucht gegen Schnupfen die Kaki-Frucht ist. Die subtropische Frucht vom Kaki-Baum ist nämlich reich an den nachgewiesenen Schutz-Vitaminen A, C und E, ganz besonders an C. Zusätzlich liefert die Frucht dem Organismus erhebliche Mengen an den immunstärkenden Spurenelementen Selen und Zink sowie den Mineralstoffen Magnesium und Kalium. Diese natürliche Wirkstoff-Kombination stellt eine Super-Waffe gegen virale Infektionen dar, die uns gegen Ende des Winters bedrohen und dann oft bis in das Frühjahr begleiten, wenn man nichts dagegen tut.

Prof. Dr. Tripathi von der Universität Benares betont: »Wer sich vor lästigem Schnupfen schützen oder eine vorhandene Erkältung sinnvoll und massiv über die Ernährung bekämpfen will, der sollte einige Zeit täglich drei Kaki-Früchte verzehren!«

Die vielen Heilkräfte des Apfels

Sie kennen sicher das englische Sprichwort: »One apple a day keeps the doctor away.« Was zu deutsch heisst: Ein Apfel am Tag erspart den Arzt. Wenn unsere Urgroßmütter und Großmütter diesen Spruch verwendeten, wurden sie oft belächelt. Und nun hat die medizinische Wissenschaft exakt nachgewiesen: Die Heilkraft des Apfels ist unbestritten. Er enthält eine Reihe von Wirkstoffen, die für unsere Gesundheit sehr wertvoll sind.

- Der amerikanische Arzt Prof. Dr. Ancel Keys aus Minneapolis hat in einer Studie nachgewiesen, dass ein Apfel vor dem Zubettgehen für einen tiefen, festen Schlaf garantiert. Diese Wirkung beruht auf der gleichmäßigen Verteilung des Blutzuckers während der Nacht.

In diesem Zusammenhang ist interessant, dass der deutsche Arzt Dr. Christoph Hufeland bereits seinen Patienten Goethe, Schiller, Ludwig Uhland und Jean Paul einen sogenannten »Einschlaf-Apfel« verordnete.

- Prof. Dr. Ancel Keys hat aber noch andere Heilkräfte des Apfels entdeckt. Er empfiehlt zwei saftige Äpfel pro Tag gegen Arterienverkalkung und Infarkt. Das Geheimnis: Der Apfelquellstoff Pektin senkt den zu hohen Cholesterinspiegel im Blut.
- Äpfel wirken aber auch gegen zu hohen Blutdruck. Sie schwemmen übermäßige Mengen an Kochsalz und Wasser aus dem Organismus. Dadurch entsteht die blutdrucksenkende Wirkung. Interessante Untersuchungen dazu gibt es von dem österreichischen Arzt Prof. Dr. Josef Jagic. Sein Rat: Jeden Morgen einen Apfel auf nüchternen Magen gegen Bluthochdruck.
- Der amerikanische Mediziner Dr. Jeffrey S. Hyams empfiehlt einen Apfel vor dem Mittagessen zur Förderung des Stuhlgangs und zur Bekämpfung der verbreiteten Verstopfung. Die Erklärung: Die Äpfel regulieren das Wachstum der gesunden Darmflora.
- Der Wiener Arzt Dr. Ewald Riegler rät: Wenn man die ersten Anzeichen einer Migräne spürt, kann man mit dem Genuss eines Apfels sehr oft den Anfall verhüten.
- Auch ein zünftiger Alkoholkater ist schnell vorbei, wenn man drei knackige Äpfel auf nüchternen Magen verzehrt. Das stoppt den Kater samt Kopfschmerzen sehr oft binnen einer Stunde.
- Allseits bekannt ist: Ein knackiger Apfel wirkt nach einer Hauptmahlzeit wie eine Zahnbürste. Beim Kauen werden die Zahnzwischenräume gereinigt.

Denken Sie an alle gesundheitlichen Vorteile, wenn die frisch geernteten Äpfel im Herbst überall angeboten werden, und beißen Sie genüsslich hinein.

Täglich zwei Kiwis für die Augen

Seit einiger Zeit nehmen Augenerkrankungen bei Jung und Alt zu. Allen voran der Graue Star, in der Medizin Katarakt genannt. Es handelt sich dabei um eine fortschreitende Eintrübung und Farbveränderung der Augenlinse, die Sehschwächen oder sogar Erblindung zur Folge haben können.

Internationale Studien haben nun Details ergeben, die in der Vorsorgemedizin zur Verhinderung des Grauen Stars in Zukunft große Bedeutung haben werden. Es ist nicht nur das Älterwerden eines Menschen, das zum

Grauen Star führen kann. Es ist auch nicht allein die zu grelle, intensive Sonneneinstrahlung, die durch das Dünnerwerden der Ozonschicht über uns immer gefährlicher wird. Man weiß jetzt, dass der Graue Star in ganz besonderem Maße von den zunehmenden Umweltbelastungen forciert wird, die uns aus Luft, Wasser und Nahrung Tag für Tag bedrohen.

In diesem Zusammenhang hat man eine interessante Entdeckung gemacht: Die Linse des menschlichen Auges hat ungewöhnlich viel Vitamin C – auch Ascorbinsäure genannt – gespeichert.

In der Linse eines Patienten mit Grauem Star sind meist nur geringe Mengen Vitamin C festzustellen. Das bedeutet: Neben anderen Schutzmechanismen benötigt unsere Augenlinse die regelmäßige Zufuhr von Vitamin C, um gesund zu bleiben. Nur so kann die Linse den negativen Einflüssen von Umweltgiften und zu viel Sonne ohne Schaden standhalten.

Die Umweltgifte greifen in Form von sogenannten hochaggressiven Molekülen oder Atomen – den sogenanten freien Radikalen – auch das menschliche Auge an. Sie verändern dabei ein Protein in der Linse, das für das Funktionieren der Sehkraft mitverantwortlich ist.

Aus langjährigen Forschungen ist aber auch bekannt, dass das Auge zu seinem Schutz regelmäßig aus dem Organismus die Vitamine A und E anfordert. Amerikanische Wissenschaftler sind daher überzeugt, dass eine regelmäßige Versorgung des Körpers mit den Vitaminen A, C und E auch dem Grauen Star vorbeugen kann.

Und das kann jeder tun, um die Augenlinse gesund zu erhalten:

- Essen Sie täglich zwei Kiwis oder zwei Orangen oder eine Paprikaschote.
- Knabbern Sie täglich zwei Karotten. Sie liefern das Vitamin A.
- Essen Sie Vollkornprodukte für die Vitamin-E-Versorgung.
- Schützen Sie Ihre Augen bei grellem Sonnenlicht mit dunklen Brillen.

Die Banane macht fit und fröhlich

Zwei Jahre lang hat man am International Institute of Health in der amerikanischen Stadt Bethesda die Banane untersucht. Das Ergebnis: Sie ist eines der wertvollsten Nahrungsmittel für den Menschen. Mit Recht haben Ärzte der Weltgesundheitsorganisation (WHO) daher die Banane zur

»Frucht der Früchte« ernannt, weil sie dem Organismus sämtliche lebensnotwendigen Vitamine, Mineralstoffe und Spurenelemente zuführt.

Und das sind die Super-Inhaltsstoffe der Banane: die Vitamine A, B1, B2, B6, B12, C, D und E, die Mineralstoffe Magnesium, Kalzium und Kalium, die Spurenelemente Eisen, Phosphor, Fluor und Jod. Die Banane enthält gerade so viel Fett wie der Körper braucht. Sie ist nahezu salzfrei und liefert absolut kein Cholesterin. Das Zusammenspiel der Mineralstoffe Magnesium und Kalium hält Herz und Nerven jung und aktiv. Die Banane ist schnell und leicht verdaulich, versorgt den Körper rasch mit Energie.

Besonders interessant ist das Ergebnis einer Forschungsarbeit von Prof. Dr. Kichi Kurijama vom Institut für Lebensmittelforschung in Tokio, Japan. Die Banane enthält in besonders reichem Maße die natürlichen Hormonstoffe Serotonin und Norepinephrin, Substanzen, die eine beruhigende Wirkung auf unser Nervensystem haben und mitverantwortlich für das positive Denken sind. Daher die Erkenntnis: Eine Banane am Tag macht gerade an tristen Wintertagen fröhlich.

Obendrein hat die Banane eine anregende Wirkung auf die Sexualität des Menschen. Sie macht müde Partner wieder »munter« und hilft bei leichteren Fällen von Potenzproblemen des Mannes und Liebesunlust der Frau. Obendrein weiß man: Die Banane gibt vor allem im fortgeschrittenen Alter neue Lebensfrische.

Allerdings muss die Banane ganz bestimmte Voraussetzungen erfüllen, um all diese Eigenschaften erfüllen zu können: Sie muss unmittelbar vor dem Verzehr geschält werden. Sie muss bei Zimmertemperatur an einem luftigen Ort aufbewahrt werden. Im Kühlschrank und in der Tiefkühltruhe verliert sie an Wert. Sie ist reif, wenn sie eine gelbe Schale oder eine gelbe Schale mit kleinen braunen Tupfen hat. Zeigt sie schwarze, große Flecken, dann enthält sie keine Wirkstoffe mehr und hat ernährungswissenschaftlich und gesundheitlich keine Bedeutung mehr.

Vitalität und Liebeskraft aus der frischen Ananas

Die frische Ananas ist heute rund ums Jahr in unseren Obstläden erhältlich. Im Sommer und Spätherbst aber ist sie am wertvollsten. Ein typisches Kennzeichen dafür: Wenn der Saft der Ananas auf den Lippen brennt, dann hat die Frucht für den menschlichen Organsimus die stärkste gesundheitsfördernde Wirkung.

Die Ananas stammt aus Brasilien und wird heute überwiegend in Hawaii, Westafrika, Australien, Polynesien, auf den Azoren und Antillen angebaut. Die reife Ananas enthält reichlich Kalzium für die Knochen, Phosphor fürs Gehirn, Eisen fürs Blut, Kalium für die Verdauung, viel Vitamin A und C, aber auch das Spurenelement Zink und eine Reihe von Enzymen.

Eines dieser Enzyme mit Namen Bromelin ist für viele Menschen besonders interessant. Es fördert besonders die Verdauung. Ananas eignen sich, wenn man sie anstelle von Hauptmahlzeiten isst, wunderbar fürs Abnehmen.

Es ist daher auch sehr sinnvoll, die Ananas in eine Diät einzubauen.

Und hier die vielen Vorteile, die der Genuss der Ananas für unsere Gesundheit und Vitalität bringt:

- Wer regelmäßig Ananas isst, bleibt länger jung und vital. Das haben Untersuchungen in amerikanischen Altenheimen ergeben.
- Die Ananas hilft auch gegen Zahnfleischbluten und Karies.
- Die Inhaltsstoffe der Ananas sorgen für glänzendes, schönes Haar.
- Die Ananas ist eine ideale Frucht für Frauen und Männer mit zu niedrigem Blutdruck, mit Schwächezuständen und Schwindelanfällen. Nach Krankheit und Operationen fördert die Ananas die Genesung.
- Einige amerikanische und indische Sexualforscher sagen der reifen, saftigen Ananas geheimnisvolle Kräfte für die Liebe nach. Der Ananas-Saft wird vielfach als »Liebestrank« bezeichnet. Er hilft Männern im vorgerückten Alter, die Liebeskraft zu bewahren, und verstärkt die Liebesbereitschaft der Frau. Und wie gesagt: Die Wirkung ist besonders erfolgreich, wenn der Saft der Ananas auf der Zunge brennt.

All die positiven Eigenschaften der Ananas sind nur von der frischen Frucht zu erwarten. Ananas-Scheiben oder -Würfel konserviert aus der Dose bringen diese Wirkungen nicht.

Grapefruits bauen Fettpölsterchen ab

Wenn Ihnen beim Einkauf im Obstladen oder im Supermarkt goldgelb die großen runden Grapefruits entgegenlachen, sollten Sie jedesmal zugreifen, ohne lange zu überlegen.

Viele Ärzte bestätigen: Grapefruits sind Medizin für den Organismus. Zwei Stück pro Tag können positiv auf unsere Gesundheit Einfluss nehmen.

- Untersuchungen in Schweden, Japan und in den USA haben ergeben: Wer regelmäßig Grapefruits isst, baut auf natürliche Weise Abwehrkräfte gegen die Gefahr von Magen- und Darmkrebs auf. Grapefruits liefern mit ihrem hohen Anteil an Vitamin C und speziellen »Antimutagenen« den entsprechenden Schutz gegen krankhafte Zellveränderungen.
- Erstaunliche Beobachtungen machte Prof. Dr. James Cerda an der Universität Florida: Grapefruits enthalten einen wichtigen therapeutischen Stoff, ein bestimmtes Polysaccharid, das gemeinsam mit dem Grapefruit-Pektin – einem Teil der Ballaststoffe – einen zu hohen Cholesterinspiegel senken und sogar einen Teil des bereits vorhandenen Arterienbelages rückgängig machen kann. Prof. Dr. Cerda meint: »Wer täglich ein bis zwei Grapefruits isst, kann die Uhr für Herz und Kreislauf zurückstellen, kann länger jung bleiben!« Er behauptet sogar: Der regelmäßige Genuss von Grapefruits stellt einen gewissen vorbeugenden Schutz vor Herzinfarkt und Schlaganfall dar.
- Damit im Zusammenhang gibt es Vermutungen namhafter Altersforscher in Japan, dass die Galakturon-Säure in der Grapefruit den gesamten Organismus jung erhält.
- Eine sehr wichtige Nachricht für alle, die immer wieder mit Übergewicht kämpfen: Grapefruits regulieren nicht nur optimal die Verdauung. Sie enthalten auch antidyskratische Substanzen, darunter Spurenelemente und Enzyme.

  Das bedeutet: Fettpölsterchen und abgelagerte Stoffwechselschlacken an den verschiedensten Teilen unseres Körpers werden bei Reduktionskuren durch den regelmäßigen Genuss von Grapefruits besser abgebaut und schneller abtransportiert. Deshalb ist die Grapefruit seit Jahren in den USA als Diätnahrung so beliebt.

Zwei Dinge allerdings muss man wissen, wenn man die Grapefruit für die Gesundheit gezielt einsetzen will:

- Die Wirkung der Frucht kommt nur zur Geltung, wenn man das gesamte Fruchtfleisch mit allen Zellwänden und einen Teil der weißen Innenhaut an der Schale verzehrt.
  Grapefruitsaft allein hat eine geringe Wirkung.
- Wer zu Nierensteinen – vor allem zu Kalzium-Oxalatsteinen – neigt, der muss auf den regelmäßigen Genuss von Grapefruits verzichten.

Rhabarber gegen Durchfall und Verstopfung

Der Wurzelstock des Rhabarbers ist meist das erste, was im Frühjahr aus der Erde kommt. Und dann gibt es in den Gärten und auf den Märkten dicke, lange Stängel mit riesigen breitflächigen Blättern.

Der Rhabarber hat im März, April und Mai Hochsaison. In unseren Breiten wird dieses Obst meist als Kompott oder Konfitüre gegessen. Nur wenige wissen, dass der Rhabarber im menschlichen Organismus auch gesundheitliche Effekte auslösen kann.

Die Rhabarber-Pflanze stammt aus China und aus Tibet. Sie gelangte über das Rote Meer nach Alexandria. Ein französischer Konsul brachte sie 1758 nach Paris. Ende des 18. Jahrhunderts wurde Rhabarber in Europa angebaut. Es gibt heute 40 verschiedene Rhabarber-Arten.

Was macht nun den Rhabarber so wertvoll? Er ist nicht besonders reich an Vitaminen. Dafür aber liefert er dem Organismus besonders viel vom Mineralstoff Kalzium, der unsere Knochen stärkt. Beachtlich ist auch der Anteil am Spurenelement Kupfer: wichtig für die Arbeit des Gehirns, der Schilddrüse, eine Waffe gegen Karies, Blutarmut und Herzschwäche.

Die zentrale Bedeutung des Rhabarbers in der Ernährung aber liegt im positiven Einfluss auf die Verdauung. Dazu trägt auch der Gehalt am Mineralstoff Kalium bei. Das Faszinierende dabei: Rhabarber bekämpft beides – die Verstopfung ebenso wie den Durchfall.

- Wer Durchfall hat, darf Rhabarber nur in kleinen und kleinsten Mengen zu sich nehmen. Dann wirken nämlich die sogenannten Tannine und sorgen dafür, dass sich die Verdauung beruhigt und harmonisiert.
- Wer Verstopfung hat, darf größere Mengen an Rhabarber essen. Dann bringt er Schwung in den Darm und bekämpft auf natürliche Weise lästige Verdauungsprobleme. In großen Mengen kann Rhabarber auch zu hohes Fieber bremsen.

Allerdings ist Rhabarber mit Vorsicht zu genießen:

- Die Blätter sind giftig und sollten sofort nach der Ernte vom Stängel abgeschnitten werden.
- Rhabarber enthält eine Menge Oxalat-Säure. Wer zu Nierensteinen neigt, eine Nierenerkrankung hat, an einer Harnwegserkrankung laboriert oder unter Arthritis leidet, sollte Rhabarber meiden. Dasselbe gilt für schwangere Frauen.

Interessant: Die Wirkstoffe des Rhabarber-Stängels und der Wurzel werden in der Medizin sehr oft zur Herstellung von Medikamenten bei Magenbeschwerden und Durchfall verwendet.

Preiselbeeren: Medizin bei Durchfall

Wer sich bei kulinarischen Köstlichkeiten der Saison auskennt, der weiß: Zur Zeit der Wildgerichte im Herbst sollte auf dem Teller zum Reh- oder Wildschweinbraten niemals eine kleine Portion Preiselbeeren fehlen. Nicht allein, weil es üblich ist und weil es gut schmeckt. Nein: Weil Preiselbeeren – in sparsamen Mengen – Medizin für den menschlichen Organismus sein können.

Die sparsamen Mengen sind ganz besonders wichtig: Preiselbeeren haben einen sehr intensiven und sauren Geschmack. Das kommt von der Tannin- und der Oxal-Säure.

Diese Säuren können den Körper belasten und beispielsweise bei anfälligen Menschen zu Nierensteinen führen. Darum sollte man Preiselbeeren wie Medizin dosieren.

Die Preiselbeere war bereits den Griechen in der Antike bekannt. Sie wuchs auf dem Berg Ida auf Kreta. Als Nahrungsmittel und als Volksmedizin wurde sie erstmals im 16. Jahrhundert von dem Schweizer Botaniker Gesner beschrieben. Man setzte sie damals zur Beruhigung von Fieberkranken ein.

Heute weiß man aus zahlreichen ernährungswissenschaftlichen und medizinischen Analysen, wo der Wert der Preiselbeeren liegt:

- Nach neuesten Studien stärken Preiselbeeren auch die Blase, können auf diese Weise durch ihren Anteil an Vitamin C und dem Spurenelement Zink einem Blasenkatarrh in der kalten Jahreszeit in gewisser Weise vorbeugen helfen.
- Da Preiselbeeren sehr reich am Mineralstoff Kalium sind, wirken sie darmregulierend. Dazu tragen auch die Gerbstoffe in den Früchten bei, welche den herben Geschmack verursachen. Als Naturarznei werden daher getrocknete Preiselbeeren – ähnlich wie Heidelbeeren – gegen starken Durchfall eingesetzt. Man besorgt sich dazu getrocknete Preiselbeeren, kaut diese, kann sie aber auch zuvor in Wasser oder Rotwein aufquellen lassen.

- Da frische Preiselbeeren roh durch ihren hohen Fruchtsäuregehalt kaum genießbar sind, raten Ärzte mitunter, Preiselbeer-Kompott oder -Marmelade in Miniportionen bei Nieren- oder Leberstörungen zu konsumieren. Ohne Arzt-Entscheidung sollte man das selbst nicht versuchen.

Eines aber ist zweifellos anzuraten: Ein oder zwei Teelöffel Preiselbeermarmelade oder -kompott zum Wildgericht oder zum Rinderbraten helfen auf angenehme, schmackhafte Weise, das Fleisch schneller und leichter zu verdauen. Denken Sie beim Konsum von Preiselbeeren immer an den Spruch des großen Arztes und Naturheilers Paracelsus: »Nur die Dosis macht es, ob es gesund oder nicht gesund ist!«

Holunder gibt den Atemwegen neue Kraft

Vielleicht können Sie sich selbst noch erinnern: Unsere Großeltern schätzten den Holunder sehr. Da lautete ein Spruch: »Wenn man an einem Holunderbaum vorbeigeht, sollte man vor ihm den Hut ziehen und sich vor ihm verneigen, weil er für den Menschen so wertvoll ist!«

Im vergangenen Jahrhundert aß man im Frühling die weißen Holunderblüten, in süßem Bierteig gebacken. Die schwarzen Holunderbeeren im Herbst kochte man zu Kompott, Konfitüre oder Saft gegen Husten im Winter, und aus dem Mark des Holunderholzes wurde Seife hergestellt. Das letztere geschieht heute nicht mehr. Alles andere ist auch uns bekannt. Keiner wusste seinerzeit, warum Holunder so gesundheitsfördernd ist. Man nahm ihn einfach als traditionelles Hausmittel.

Inzwischen haben sich britische Forscher und österreichische Mediziner näher mit dem Holunder befasst und sind zu dem Schluss gekommen: Unsere Großeltern hatten recht. Holunder ist eine unserer Pflanzen mit dem größten Spektrum an Anwendungsmöglichkeiten. In den Blüten befinden sich ätherische Öle wie Palmitinsäure, Linol- und Linolensäure, aber auch Pflanzenfarbstoffe, Flavonoide genannt. Von besonderer Bedeutung dabei: das Rutin. In den Holunderbeeren kann man Vitamin C, Bioflavonoide und zellschützende Fruchtsäuren nachweisen.

Diese Inhaltsstoffe sind die Erklärung für die Wirkung des Holunders:

- Wenn man aus den Blüten im Frühjahr durch Aufguss Tee zubereitet, kann man damit den Kreislauf anregen und eine Schwitzkur gegen

Erkältungen durchführen. Lauwarm und gut gefiltert kann man den Tee äußerlich als Augenbad gegen Bindehautentzündung einsetzen. Bei Heiserkeit kann man erfolgreich damit gurgeln.

- Die reifen Holunderbeeren, die man im Herbst erntet, sind eine hervorragende Naturarznei für die Atemwege, wenn man sie gekocht als Saft oder Kompott genießt. Rohe Beeren rufen gelegentlich Übelkeit und Durchfall hervor. Vorsicht: Nur die schwarzen Beeren verwenden. Grüne enthalten eine giftige Substanz und können Übelkeit verursachen. Die heilende Wirkung von Holunderbeersaft bestätigt der österreichische Arzt und Ernährungsfachmann Dr. Dr. Herbert Herdlitzka: »Wer bei Husten und Bronchialkatarrh regelmäßig Holunderbeersaft trinkt, verbessert die Filterfähigkeit der Flimmerhärchen in den Bronchien. Entzündungen und Reizzustände in den Atemwegen werden behoben. Verschleimungen werden schnell aufgelöst. Jeder Raucher sollte regelmäßig Holundersaft-Kuren durchführen!«

Das Rezept für ein Atemwegs-Service mit Holunderbeer-Saft im Winter: Trinken Sie drei Wochen lang täglich 1/4 Liter Holundersaft aus biologischem Anbau (Reformhaus) vor dem Mittagessen und vor dem Abendessen.

Mit der Hagebutte gegen Husten und Umweltgifte

Überall, wo in Gärten und in freier Natur wilde Rosen wachsen, leuchten im Spätherbst die dunkelroten Beeren, die wir alle unter dem Namen Hagebutten kennen. Es handelt sich dabei um die Scheinfrucht der wilden Rose. Sie gilt bereits seit rund 2000 Jahren als Naturarznei. Der griechische Arzt Hippokrates hat sie gegen Entzündungen eingesetzt. Im Mittelalter bekämpfte man damit Husten und Müdigkeit.

Und bei uns galt die Hagebutte auf Grund ihres hohen Vitamin-C-Gehaltes als ideales Hausmittel zur Vorbeugung gegen Erkältungen. Nun aber haben jüngste französische Studien ergeben: Die Hagebutte ist viel wertvoller, als man bisher angenommen hat.
Die Hagebutte ist nämlich nicht nur reich an Vitamin C: 8 Hagebutten haben mehr Vitamin C als 5 Orangen.
Sie enthält auch reichlich Magnesium, Vitamin E und die Spurenelemente Zink und Selen.

Daraus ergibt sich eine breite Palette von Wirkungen für unsere Gesundheit: Hagebutten helfen uns nicht nur vorbeugend gegen Erkältungen. Sie wirken auch mit, bestehende grippale Infekte zu bekämpfen. Hagebutten lindern Husten und stärken die Atemwege.

Eine Trinkkur mit täglich 2 Litern Hagebuttentee hilft Umweltschadstoffe aus dem Körper abzutransportieren. Hagebutten geben schwangeren Frauen und stillenden Müttern neue Kraft.

Durch das Vitamin E werden Herz und Kreislauf gestärkt, Potenzprobleme können gebessert werden. Wer Zigaretten raucht, sollte immer wieder eine 3-Wochen-Kur mit täglich 1 Liter Hagebuttentee durchführen. Hagebutten reduzieren im Organismus die Nikotinschäden, denn Raucher benötigen dreimal so viel Vitamin C wie Nichtraucher.

Untersuchungen in Paris haben ergeben: Reifere Menschen, die häufig Hagebutten konsumieren, bleiben länger jung und vital.

Wichtig aber ist, dass man von der Hagebutte sämtliche Bestandteile zu sich nimmt: die fleischige Schale, die Kerne und die weißen Fäden. Nur in Kombination gibt es eine optimale Wirkung. Für die Gesundheit muss man ganze Hagebutten aus der Natur oder aus der Apotheke einsetzen. Hagebuttentee aus dem Beutel im Supermarkt enthält nicht genügend Wirkstoffe.

Man kann Hagebutten-Konfitüre oder Hagebutten-Kompott genießen, meist aber wird Hagebuttentee getrunken. Vier gehäufte Esslöffel Hagebutten werden in 1 Liter Wasser 10 Minuten gekocht. Bei diesem Vorgang wird das Vitamin C der Hagebutte nicht zerstört, bleibt im Tee dann allerdings nur 30 Minuten voll enthalten.

Der Krebsschutz-Faktor in der Orange

Die Orange ist die beliebteste aller Zitrusfrüchte. Allgemein bekannt: der hohe Gehalt an Vitamin C, das vor Erkältungen schützt. Doch in letzter Zeit haben namhafte internationale Wissenschaftler noch viel mehr wertvolle Eigenschaften der Orange entdeckt.

- Die Orange enthält in ihrem Fruchtfleisch, vor allem aber auch in der weißen, schwammigen Schichte an der Innenseite der Schale sogenannte Bioflavonoide. Studien haben ergeben, dass diese die Zellen des menschlichen Organismus gegen die »freien Radikalen« – die aggressiven Substanzen aus Umweltbelastungen – schützen. Das bedeutet aber auch: Schutz vor Krebs, Schutz vor Herzinfarkt und vor frühzeitiger Alterung.

- Die Orange enthält aber auch interessante Mengen vom Spurenelement Selen. Das bedeutet: Stärkung der Abwehrkräfte.
- Frisch gepresster Orangensaft hilft nicht nur gegen Schnupfen und nach einem Alkohol-Kater. Man kann ihn ideal gegen Fieber- und Durchfall-Erkrankungen einsetzen.
- In Langzeit-Untersuchungen konnte nachgewiesen werden, dass der regelmäßige Genuss von Orangen auch stark gegen Stress macht. Das dürfte ebenfalls auf den hohen Gehalt an Vitamin C zurückzuführen sein.
- Eine spanische Studie hat ergeben, dass Orangen, ganz besonders aber Blutorangen, Umweltschadstoffe aus unserem Organismus ausschwemmen helfen. Täglich 5 Orangen mit 3 Litern Mineralwasser – eine ideale Entgiftungs-Therapie.
- Der amerikanische Biologe Prof. Dr. Ivan Cameron von der Universität Texas rät: Wer regelmäßig zum Frühstück zwei Orangen oder vier Esslöffel Orangen-Marmelade mit hohem Fruchtanteil genießt, kann damit sein Risiko für Darmkrebs bis zu 50 Prozent senken. Die Erklärung dafür: Orangen enhalten sehr viel Pektin. Es handelt sich dabei um eine Pflanzenfaser, die nicht nur als idealer Ballaststoff wirkt, sondern auch auf biochemischem Weg extrem den Darm reinigt. Wenn man also mit der Nahrung Krebsgifte aufnimmt, was heute täglich geschieht, so werden diese schnell durch den Darm geführt, ohne dass sie Schaden anrichten können.

Orangen-Marmelade enthält etwas mehr Pektin als die rohe Orange. Daher kann man tatsächlich von einem »Krebsschutz-Faktor« sprechen. Also dann: Genießen Sie künftig Ihre Orangen und Ihre Orangen-Marmelade noch bewusster.

Duft von Zitronen macht fleißig und erfolgreich

Der intensive Duft von Früchten und Kräutern übt einen enormen Einfluss auf das Wohlbefinden, auf die Gefühle und Sinne des Menschen aus. Man kann damit Konzentration, Arbeitsfreude, Leistungskraft und Gesundheit beeinflussen. Das haben kürzlich internationale Experten auf einer Tagung der Fachhochschule Fulda bestätigt. Jeder kann das am Arbeitsplatz oder zu Hause in der Praxis ausprobieren.

Die deutsche Aroma-Expertin Maria Kettenring hat Tests in Büros durchgeführt: Der Geruch von Zitronen gab den Sekretärinnen erstaunliche Impulse. Mit dem Duft von Zitronen in der Nase machten sie viel weniger Tippfehler.

Die Schweizer Heilpraktikerin Britt Menrow legt Beweise dafür vor, dass sowohl der Geruch von Zitronen als auch der Geruch von Grapefruits die Lebensgeister weckt und besonders kreativ macht. Die Arbeitsproduktivität mit niedriger Fehlerquote ist sehr hoch.

Dazu haben amerikanische Psychologen herausgefunden: Wenn Frauen und Männer Zitronen oder Grapefruits riechen, dann macht ihnen die Hausarbeit mehr Spaß, und sie sind schneller fertig.

Aber es gibt noch mehr Beweise für den Einfluss von natürlichen Gerüchen auf den menschlichen Organismus:

- Der Geruch von Orangen schafft ein besonderes Wohlgefühl, macht stark gegen Stress und verdrängt gleichzeitig lästigen Zigarettenrauch.
- Der Geruch von frischen, duftenden Rosen wirkt auf Mann und Frau gleichermaßen beruhigend und schafft eine gute Basis für wichtige Entscheidungen.
- Der Duft vom frischen Rosmarin spornt zu Spitzenleistungen an. Trotz großem Arbeitsaufwand kommt es kaum zu Erschöpfung, weil sich ein großer Spaß dabei entwickelt. Manager, die Rosmarin riechen, geben zu: »Unter dem Einfluss dieses Duftes funktioniert alles rundum wie auf Knopfdruck!«
- Der Duft von Lavendel schafft positive Stimmung, in der fast nie Streit und Intrigen aufkommen können.
- Der Geruch von Majoran beruhigt in Stress-Situationen die Nerven. Auch die schlechteste Nachricht kann einen kaum umwerfen.
- Der Duft von frischem Salbei vermittelt Durchhaltekraft in schwierigen Situationen.
- Der Duft einer saftigen Birne gibt die Kraft, um ungestört weiterzuarbeiten und sich von anderen nicht aus der Ruhe bringen zu lassen.

Auch Sie sollten die Kraft von Düften nützen. Sie können direkt an den Kräutern und Früchten riechen. Sie können aber auch die natürlichen ätherischen Öle daraus in flüssiger Form (Apotheke, Reformladen) kaufen und einsetzen.

VI. Teil:

Gesundheit aus dem Gemüse

So können Sie mit der täglichen Ernährung Krankheiten verhindern

Ich habe es schon oft betont: Das Fleisch sollte auf dem Teller immer die Beilage sein. Der größte Teil sollte aus Beilagen bestehen. Eine der wertvollsten Beilagen ist und bleibt das Gemüse. Es liefert die für unsere Gesundheit täglich notwendigen Vitamine, Mineralstoffe, Spurenelemente, Ballaststoffe und Bioflavonoide. Die internationale Ernährungswissenschaft hat sich in den letzten Jahren intensiv mit der Analyse bekannter und beliebter Gemüsesorten beschäftigt. Wir sollten diesen jüngsten Wissensstand für unsere Gesundheit nützen.

Mit Zwiebel & Co gegen Kreislaufschwäche

Öfter, als man annimmt, leiden Menschen in jedem Alter an Schwindel, Übelkeit, Kopfschmerzen und an einer Schwäche in den Beinen. Ganz besonders häufig treten solche Unpässlichkeiten auf, wenn ein sogenanntes Berg- und Tal-Wetter einsetzt. Das heisst: Wenn binnen weniger Tage die Temperaturen rasch wechseln. Viele Mediziner warnen in diesem Fall vor dem unkontrollierten Einsatz von starken Medikamenten. Bei einer banalen Kreislaufschwäche sollte man zuerst natürliche Rezepte anwenden:

- Studien in den USA haben ergeben, dass vor allem den Frauen die Inhaltsstoffe der Zwiebel helfen. Man sollte einige Zeit täglich zwei rohe Zwiebeln essen. Gut kauen!
- Würzen Sie die Speisen reichlich mit roher Petersilie. Sparen Sie dafür mit dem Salz.
- Reiben Sie sich gegen einen schwachen Kreislauf an heißen Sommertagen ein paar Tropfen Japanisches Minzöl unter die Nase.

- Gönnen Sie Ihrem Körper regelmäßig eine Trockenmassage mit einer Naturborstenbürste.
- Genießen Sie einmal die Woche ein Rosmarin-Bad. Lassen Sie in Ihre Badewanne Wasser mit 34 Grad Celsius und geben Sie Rosmarin-Öl oder Medizinal-Vitalisierungs-Bad mit Rosmarin (Apotheke) dazu.
- Sehr hilfreich kann auch ein Armbad sein: Lassen Sie kaltes Wasser ins Waschbecken einlaufen. Tauchen Sie beide Arme bis zur Oberarm-Mitte ein. Bewegen Sie sie etwas hin und her. Nach 15 Sekunden das Wasser abstreifen, durch Bewegung trocknen.
- Reiben Sie mehrmals am Tag Stirn und Schläfen mit Melissengeist oder Franzbranntwein ein.
- Legen Sie sich tagsüber öfters hin und lagern Sie die Beine hoch.
- Sehr empfehlenswert: jeden Morgen 1 bis 2 Minuten Wassertreten im kalten Wasser.

Salat für Schlaf und gute Nerven

Der Statistik nach ist in unseren Breiten das beliebteste Gemüse der grüne Kopf- oder Feldsalat. Salat wird gern als Vorspeise oder als Beilage zum Hauptgericht gegessen. Hätten Sie sich aber gedacht, dass der Kopfsalat nicht nur Nahrung, sondern auch Medizin und Heilmittel sein kann? Sie werden staunen, was man im Organismus mit Salat alles bewirken kann.

Fast jeder von uns weiß heute: Salat bringt viele Vitamine, Mineralstoffe, Spurenelemente, Enzyme und Ballaststoffe. Er kurbelt die Verdauung an und ist ein ideales Diät-Essen, denn 100 Gramm haben lediglich 16 Kalorien. Man kann eine Riesenschüssel Salat essen, ohne dick zu werden.

Und das sind die wunderbaren Kräfte, die im grünen Salat stecken:

- Salat ist eine schnell wachsende Einjahrespflanze, die vom wilden Lattich abstammt. Wer ihn regelmäßig isst, spürt seine leistungssteigernde Wirkung.
- Wenn man den Saft der einzelnen Blätter roh ausdrückt und damit die Haut einreibt, kann man entzündliche Prozesse damit lindern. Besonders schnell wirkt Salat-Saft gegen schmerzende Sonnenbrandstellen.

- Wenn man Kopfsalat-Blätter mit heißem Wasser übergießt und etwas stehen lässt, dann gewinnt man eine Flüssigkeit, die sich ideal zur Pflege von Akne anwenden lässt. Die Haut wird einfach ein- bis zweimal am Tag damit gewaschen.
- Die Stiele und Blätter vom grünen Salat enthalten einen Wirkstoff mit dem Namen Lactucarium. Es konnte in französischen Studien nachgewiesen werden, dass Lactucarium die Nerven beruhigt, gesunden, tiefen Schlaf fördert und rheumatische Schmerzen lindern kann. Man nimmt den Wirkstoff auf, indem man den Salat isst. Für manche stellt daher eine Portion Salat am frühen Abend ein hervorragendes natürliches Schlafmittel dar.

Wichtig dabei ist, dass der Salat mit kaltgepresstem Olivenöl, mit Distelöl, mit Zitrone anstelle von Essig, mit ganz wenig Salz und eventuell mit etwas Jogurt zubereitet wird. Das Öl ist so wichtig, weil nur damit die fettlöslichen Vitamine vom Organismus aufgenommen werden können.

- Auch bei geschwollenen, müden und brennenden Füßen kann grüner Salat beste Dienste leisten. Zerreiben Sie Kopfsalatblätter zu einem Brei und füllen Sie diesen in Socken. Diese ziehen Sie dann für eine ganze Nacht über. Die Inhaltsstoffe des Salates aktivieren die Durchblutung der Füße und erfrischen das Hautgewebe.

Vital in den Winter mit der Paprika-Rettich-Kur

Im Herbst wird es höchste Zeit, dass wir uns gegen einige Gefahren schützen, die mit der kalten Zeit auf uns zukommen. Aus Arztpraxen weiß man, dass mit Beginn der Winterszeit Schnupfen und andere Erkältungskrankheiten sprunghaft ansteigen, zugleich aber auch Probleme mit Darm und Galle auftreten.
Es kommt zur Verstopfung. Dadurch wieder bleiben Gifte zu lange im Organismus, was wieder die Infektionsanfälligkeit fördert. Ein Teufelskreis, dem man vorbeugen kann: mit der Paprika-Rettich-Kur, wie sie seit langem in vielen Teilen Frankreichs üblich ist.

Wenn man weiß, welche Bedeutung der Paprika auf der einen und der Rettich auf der anderen Seite haben, dann wird einem klar, dass für unsere Gesundheit die beiden, die rein äußerlich nichts Gemeinsames haben, ein ideales Team für eine Kur bilden, um wichtige Zentren in unserem Organismus »winterfest« zu machen:

- Die Paprikaschote, die auch im Spätherbst noch knackig-frisch auf den Märkten angeboten wird, ist reich am Mineralstoff Kalzium für die Knochen, an Kalium für Nerven und Muskeln. Sie enthält Eisen fürs Blut und Phosphor fürs Gehirn. Besonders wichtig ist der Gehalt an den Vitaminen A und C. Nur wenige wissen, dass eine Paprikaschote mehr Vitamin C als 1/2 Kilo Orangen enthält. Damit wird dieses Gemüse gerade jetzt zu einem idealen »Sprit« gegen Schnupfen und andere Erkältungen. Dazu kommt noch, dass eine große, dicke Paprikaschote nur 50 Kalorien hat. Interessant ist, dass der Paprika-Wirkstoff Capsaicin die Verdauung kräftigt und anregt.
- Hier bildet der Rettich eine ideale Ergänzung. Sein Saft stärkt die Galle und den Darm, ganz besonders den Dünndarm. Das bedeutet: In der kalten Jahreszeit, in der die Menschen oft zu wenig Bewegung machen und mehr essen, bekommt der Verdauungstrakt wichtige Impulse.
  Der Rettich liefert ebenfalls reichlich Vitamin C, weiters Kalium für die Nerven und Zink für die Immunkraft. 100 Gramm Rettich haben nur 20 Kalorien.

Und so wird die Paprika-Rettich-Kur durchgeführt:

- Eine Woche lang isst man über den Tag verteilt zwei Paprikaschoten, am besten in schmale Streifen geschnitten. Gut und langsam kauen. Positiver Nebeneffekt: Es ist eine gute Unterstützung, wenn man sich das Rauchen abgewöhnen will, weil der Paprikasaft den Nikotingeschmack stört.
- Anschließend isst man eine Woche lang einmal am Tag 200 Gramm Rettich in dünnen Scheiben mit etwas Kräutersalz. Sehr wirksam für die Galle: Schneiden Sie einen großen Rettich in dünne Scheiben, gießen Sie 5 Esslöffel Honig darüber, 2 Stunden stehen lassen, dann alle Stunden 1 Esslöffel von dem Saft einnehmen.

Der Cocktail gegen den Schnupfen

Wenn die Nächte kalt werden und die Tage unwirtlich sind, dann ist die Gefahr besonders groß, dass wir uns im Umgang mit unseren Mitmenschen einen zünftigen Schnupfen oder eine Erkältungskrankheit zuziehen. Das ist dann immer sehr lästig und beeinträchtigt uns im Beruf und im Privatleben. Daher sollten wir gerade in diesen Tagen alles daransetzen, damit wir einen Schnupfen oder eine Erkältung erst gar nicht bekommen.

Dazu gibt es interessante Untersuchungen amerikanischer Medizinwissenschaftler, aber auch deutscher Ärzte an der Universität Mühlheim an der Ruhr. Sie konnten nämlich in Studien nachweisen, dass ganz konkret die drei Vitamine A, C und E – sozusagen im Teamwork – einen optimalen Schutz unserer Zellen gegen Krankheitserreger darstellen.

Man kennt heute auch bereits die genaue Aufgabenverteilung dieser Vitamine: Das Vitamin E stärkt und schützt die Zellwand, das Vitamin C die Zellflüssigkeit, und das Vitamin A festigt die gesamte Zellstruktur gegen angreifende Feinde.
Es ist daher sinnvoll, vorbeugend gegen Schnupfen und all die anderen Erkältungskrankheiten diese Vitamine täglich aus der Natur zu tanken, zum Beispiel aus Säften von biologisch angebautem Gemüse und Obst.

Hier das Rezept für meinen Anti-Schnupfen-Cocktail:

- Gießen Sie 1/4 Liter Rote-Bete-Saft in einen Krug. Der Farbstoff Betanin der Roten Rübe wirkt wie ein natürliches Antibiotikum, umschließt Bakterien und Bazillen, macht sie inaktiv und hilft, sie rasch aus dem Körper abzutransportieren. Dieser Saft ist sozusagen die Basis für den Cocktail.
- Für das Vitamin C gießen Sie nun 1/4 Liter frisch gepressten Orangensaft ein.
- Vitamin A rühren Sie mit 1/8 Liter Karottensaft dazu.
- Der klassische Vitamin-E-Lieferant in der Ernährung ist das natürliche Weizenkeimöl. Davon rühren Sie 1 Teelöffel in den Cocktail. Alle Zutaten gut verrühren. Die Portion ist für 2 Personen gedacht.

Trinken Sie gegen den Schnupfen und gegen andere Erkältungsinfektionen diesen Cocktail jeden Tag, und zwar 14 Tage hintereinander.

Jung und gesund mit Kohl und Sellerie

Bei den Römern in der Antike galt die Sellerieknolle als gesundheitsbringend und verjüngend. Im Mittelalter hatte sie den Ruf des Potenzmittels. Und im 17. Jahrhundert wurde ihre harntreibende und entwässernde Kraft nachgewiesen. Heute bestätigen Pflanzenforscher und Ernährungsexperten, dass Sellerie all diese Eigenschaften tatsächlich in sich auf eine gewisse Weise vereinigt.

Das Zusammenspiel von enthaltenen Vitaminen A, B1, B2 und C, mit vielen ätherischen Ölen und der Substanz Asparagin, die auch im Spargel enthalten ist, macht es möglich, dass man durch regelmäßigen Genuss von Sellerie – am besten in Form von leicht bekömmlichem Selleriesaft aus dem Reformladen und aus der Drogerie – einiges im Organismus bewirken kann. Selleriesaft gibt Kraft und verhilft auf natürliche Weise zu einer erhöhten Ausscheidung.

Der Kohlsaft hingegen ist das ideale Kurgetränk für all jene, die einen schwachen, nervösen Magen haben und zu Gastritis und Magengeschwüren neigen. Im Jahr 1950 entdeckte der amerikanische Forscher Dr. Carnett Cheney an der Standford Universität im Kohlsaft den Eiweißkörper mit der chemischen Bezeichnung Methionin-Sulfonium-Bromid, der Magen und Darm stärkt und sich positiv auf Magen- und Darmgeschwüre auswirken kann. Der medizinische Beweis dafür wurde dann an der Universität in Bern von den Ärzten Dr. Strehler und Dr. Hinziker in Patientenstudien erbracht.
Zur Vorbeugung ist es sinnvoll, viermal am Tag 1/16 Liter Kohlsaft zu trinken. Als Therapie darf die Kohlsaft-Kur nur mit dem Arzt durchgeführt werden.

Gemüse-Rezepte für den Kreislauf

Kennen Sie das Gefühl? Sie erwachen am Morgen, wollen voll Schwung aus dem Bett und vital in den Tag springen. Doch der Kreislauf spielt nicht mit. Sie können sich lediglich wie eine lahme Fliege vorwärts bewegen, vielleicht leiden Sie sogar an Schwindelanfällen. Und Sie brauchen sehr lange, um fit für Arbeit und Haushalt zu sein.

Diese Kreislaufbeschwerden, unter denen Frauen, Männer und Jugendliche gleichermaßen leiden können, sind oft bedingt durch das Wetter und durch ständig wechselnde Temperaturen.

Ärzte warnen immer wieder nachdrücklich: Es ist sehr gefährlich, in dieser Situation eigenständig – ohne Rat des Mediziners – zu starken Medikamenten oder Aufputschmitteln mit schädigenden Nebenwirkungen zu greifen.

Wenn Sie an Kreislaufbeschwerden leiden, dann nützen Sie doch in erster Linie die Kräfte der Natur. Damit bekommen Sie Ihren Organismus sehr oft wieder ganz schnell in Schwung. Hier einige bewährte Hausrezepte:

- Rühren Sie morgens nach dem Aufstehen in 1/4 Liter stilles Mineralwasser 2 Teelöffel Apfelessig und 2 Teelöffel Honig. Trinken Sie in langsamen, kleinen Schlucken.
- Essen Sie zwei Tage lang täglich nichts außer jeweils 250 Gramm rohes Sauerkraut und 1 bis 2 Kilo Äpfel. Am besten Bio-Äpfel, damit Sie ohne Sorge die Schale mitkauen können. Trinken Sie dazu täglich 2 bis 2 1/2 Liter Flüssigkeit: Mineralwasser, Apfelsaft oder Sauerkrautsaft. Vorsicht: Bei chronischen Leiden vorher den Arzt fragen.
- Verzehren Sie einige Zeit täglich 4 rohe Zwiebeln. Gut kauen.
- Ersetzen Sie beim Würzen von Speisen das Salz möglichst durch Hefeflocken und Petersilie.
- Nehmen Sie vor dem Zubettgehen ein Fußbad mit 7 Liter heißem Wasser, dem Sie Apfelessig beigeben (bei Venenproblemen verboten).
- Essen Sie zum Frühstück 2 Kiwis oder 1 Paprikaschote.
- Zerhacken Sie 2 ungespritzte, biologisch saubere Zitronen – also auch ungewachst und ungeschwefelt – mit der Schale. Zerhacken Sie außerdem 3 Knoblauchknollen mit allen Zehen und 1 große Zwiebel. Kochen Sie die Zutaten 5 Minuten in 1 Liter Milch. Dann durchseihen. Davon trinken Sie einige Zeit täglich 1/8 Liter in kleinen Schlucken.

Halten die Kreislaufbeschwerden längere Zeit an, müssen Sie unbedingt den Arzt aufsuchen.

Sauerkraut – das neue Lebenselixier

Viele von uns klagen immer wieder über mangelnde Vitalität und Liebeskraft. Das sollte ab jetzt kein Problem mehr sein. Der Biochemiker und Mediziner Prof. Dr. Felix Kindore von der Universität in Pittsburg, Pennsylvania, hat im Rahmen einer Studie nachgewiesen: Mit einem sehr bekannten, preiswerten und wohlschmeckenden sowie einfachen Gemüse kann man enorm Fitness, Lebens- und Liebeskraft tanken. Und dieses Gemüse ist das Sauerkraut.

Es ist kaum zu glauben: Gerade die Amerikaner, die sich immer über die Deutschen als Sauerkraut-Esser lustig machen und sie lächelnd als »Krauts« bezeichnen, haben nun das Sauerkraut zum Lebenselixier ernannt.

Den Wert des Sauerkrauts haben bereits die Phönizier auf ihren Schiffen erkannt. Es war die Garantie für eine gesunde Mannschaft an Bord. Der griechische Arzt Hippokrates verordnete in der Antike vielen seiner Patienten Sauerkraut als Aufbaumittel. Bei den römischen Legionären war es ein Teil der Pflichtverpflegung. Später dann nannte Pfarrer Kneipp das Sauerkraut den »Gesundheits-Besen« für den Darm.

Nun hat Prof. Dr. Felix Kindore genau nachgewiesen: Der regelmäßige Genuss von Sauerkraut befreit den Darm von Giften und hilft Krankheiten zu verhindern, die sich daraus ergeben: Rheuma, Herzbeschwerden, Kreislaufprobleme, Hauterkrankungen.

200 Gramm Sauerkraut – eine normale Portion – decken einen beachtlichen Teil der lebenswichtigen Ballaststoffe, die wir für das Funktionieren der Verdauung brauchen. Mit dieser Menge tanken wir auch reichlich Vitamin C. Und diese 200 Gramm Sauerkraut haben bloß 40 Kalorien – ideal zum Schlankwerden und Schlankbleiben.

Das spektakulärste Ergebnis von Prof. Dr. Kindores Untersuchungen an 441 Männern und Frauen: Der Genuss von Sauerkraut – mindestens zweimal die Woche – erhält jung, vital und verbessert die Liebeslust und Liebeskraft. Entscheidend für diese Eigenschaften ist zweifellos die Fülle an Vitaminen, Mineralstoffen und Spurenelementen, die im Sauerkraut enthalten sind.

- Der hohe Anteil an Folsäure beugt dem Altern vor.
- Die Liebeskraft und Liebeslust bei Mann und Frau werden durch die Spurenelemente Zink und Molybdän gestärkt.

Dazu Prof. Dr. Kindore: »Das Sauerkraut bringt den gesamten Organismus derart in Schwung, reinigt ihn und entschärft manche Ernährungssünden, dass dann eben alles funktioniert!«

Wirsingkohl: der wertvollste Vitamin-C-Lieferant im Winter

Überall wird zu Beginn des Winters besonders preisgünstig der Wirsingkohl angeboten: frisch geerntet vom frostigen Acker. Das ist wichtig.

Der Einfluss des Frostes macht den Wirsing für unsere Gesundheit besonders wertvoll, weil die Kälte eine Reihe von wertvollen Inhaltsstoffen erst richtig stabilisiert und für den menschlichen Organismus optimal verträglich macht.

Jahrzehntelang galt der Wirsing als Arme-Leute-Essen und wurde daher nicht sehr geschätzt.

Jüngste ernährungswissenschaftliche Untersuchungen aber beweisen, dass es sich bei diesem Winter-Gemüse um eine ausgesprochene »Medizin aus dem Kochtopf« handelt.

Und das weiß man heute alles über den Wirsing:

- Dieses Kohlgemüse ist der wichtigste Vitamin-C-Lieferant im Winter. Und zwar aus einem ganz bestimmten Grund: Unser Organismus braucht eine regelmäßige und reichliche Versorgung mit Vitamin C gegen Erkältungs- und andere Infektionserkrankungen. Vitamin C ist sehr empfindlich und wird in den Naturprodukten bei Erhitzen und langer Lagerung rasch abgebaut. Anders beim Wirsing:
  Untersuchungen am Linus-Pauling-Institut, USA, dem größten Ernährungsforschungsinstitut der Welt, und an der Lebensmittel-Untersuchungsanstalt der Universität Wien haben ergeben, dass im Wirsing durch den Einfluss von Co-Enzymen eine biochemische Verbindung entsteht, welche das Vitamin stabiler macht, so dass auch nach dem Kochen des Wirsings viel Vitamin C enthalten ist. Sogar wenn der Kohl 30 Minuten gekocht wird!
- Außerdem weiß man inzwischen, dass der Wirsing viel mehr Vitamin C als die Zitrone liefert: 100 Gramm Wirsing beinhalten doppelt so viel Vitamin C wie 100 Gramm Zitrone.
- Trotz Umweltbelastung der Natur weist Wirsing unmittelbar nach der Ernte besonders niedrige Schadstoffwerte auf. Diese sind nur in den Deckblättern enthalten. Es ist daher sinnvoll, die äußeren Blätter zu entfernen und den Rest vor der Zubereitung gut zu waschen.
- Der amerikanische Ernährungsforscher Prof. Dr. G. Cheney entdeckte im Wirsing den Eiweißkörper Methyl-Methionin-Sulfonium-Bromid. Diese Substanz stärkt Magen und Darm.
- Der Pharmakologie- und Immunologie-Wissenschaftler Prof. Dr. Ernst Bueding hat in einer Studie die krebsvorbeugende Wirkung des Wirsingkohls nachgewiesen. Menschen, die reichlich und regelmäßig Wirsing essen, haben eine geringere Krebserkrankungs-Quote.

Das alles sollte dazu anregen, öfter ein Kohlgericht auf den Speiseplan zu setzen.

Kürbis stärkt die Blase von Mann und Frau

Von Gärtnern und Landwirten wird es allgemein bestätigt: Nach einem prächtigen, heißen Sommer gibt es im Herbst fast immer eine Super-Kürbisernte mit besonders großen Exemplaren. Es lohnt sich, dieses Gemüse für die Gesundheit einzusetzen. Der Kürbis darf mit Recht als Naturarznei bezeichnet werden.

Der Kürbis ist reich an lebenswichtigen Substanzen: Er liefert reichlich Vitamin A, Vitamin E, C und Folsäure, weiters Kalium, Kalzium, Phosphor, Magnesium, Zink und Selen. Allein daraus ersehen wir, dass der Kürbis mitwirken kann, unsere natürlichen Abwehrkräfte zu stärken. Dazu tragen vor allem die Vitamine A, C und E sowie die Spurenelemente Selen und Zink bei.

- Das Kürbisfleisch – vor allem, wenn es gedünstet gegessen wird – nimmt im Darm Gifte und Krankheitserreger auf und transportiert sie ab. Dadurch können viele Erkrankungen verhindert werden. Man sollte daher einen Kürbis-Tag einplanen.
- Die Wirkstoffe des Kürbis helfen aber auch gegen ein Leiden, das gerade jetzt wieder stark zunimmt. Es lindert rheumatische Beschwerden, wenn man häufig davon isst.
- Eine ganz spezielle naturheilkundliche Wirkung haben die weichschaligen Kerne des Kürbis, die man im Reformladen und in der Drogerie angeboten bekommt. Der reiche Gehalt an den Spurenelementen Zink und Selen sowie der Substanz Sitosterin beugt der Vergrößerung und Schwellung der Prostata – der Vorsteherdrüse – beim Mann vor. Das hat eine breit angelegte Studie an der Universität Wien von Prof. Dr. Klein ergeben. Das praktische Rezept für jeden Mann: über einen langen Zeitraum täglich 1 Esslöffel voll Kürbiskerne knabbern.
- Auf Grund seiner Inhaltsstoffe stärkt der Kürbis die Blase von Mann und Frau. Wer reichlich Kürbis isst, kann Blasenkatarrh in Begleitung einer Erkältung, Blasenschwäche und eine Blasenentzündung verhindern oder schneller wieder in den Griff bekommen. Es ist dabei vollkommen egal, wie der Kürbis zubereitet wird. Wichtig ist, dass man 3- bis 4-mal die Woche ein Hauptgericht aus Kürbis zu sich nimmt. Es gibt ja viele schmackhafte Rezepte.
- Alles in allem weiß man heute aus der Altersforschung: Kürbisfruchtfleisch und Kürbiskerne geben uns neue Kraft und machen uns gegen viele Alltagsbeschwerden stark.

Kürbis stärkt die Blase
von Mann und Frau,
man sollte vor allem im kalten, feuchten Herbst
öfters ein Kürbisgericht essen,
wenn man eine empfindliche Blase hat.
Die weichschaligen Kerne des Kürbis sind ein
bekanntes Naturheilmittel
gegen Prostatabeschwerden.

Der Duft von Zitronen macht fleißig.
Ob deshalb viele
Haushaltsreiniger
so gut
nach Zitrone duften?
Lesen Sie auf Seite 113 f.

*Der Rettich stärkt die Galle,
das ist besonders im Winter wichtig,
wenn wir mehr und üppiger essen
und weniger
Bewegung machen.*
Lesen Sie auf Seite 117 f.

Der Holunder
gibt den Atemwegen neue Kraft.
Lesen Sie auf Seite 110 f.

Chinakohl schützt Magen und Darm vor Geschwüren

Chinakohl ist ein beliebtes Gemüse. Viele schätzen den mild würzigen, knackigen Salat sehr. Es ist aber nicht nur eine Freude für den Gaumen, Chinakohl in den Speiseplan einzubauen.

Dieser Salat, der aus Ostasien kommt und vor langer Zeit in Peking aus wildem Kohl gezüchtet wurde, wird vor allem in der kalten Jahreszeit zu einem wertvollen Bestandteil der gesunden Ernährung.

- Im Winter essen viele von uns zu wenig Obst und Gemüse, nehmen daher für die Verdauung zu wenig Ballaststoffe auf. Chinakohl ist reich an Ballaststoffen, die im Magen und Darm enorm aufquellen.
- Die zahlreichen Vitalstoffe, die im Chinakohl zu finden sind, helfen dem menschlichen Organismus, auch in anderer Weise besser durch die kalte Jahreszeit zu kommen: Der reiche Gehalt am Spurenelement Zink hebt an tristen, sonnenlosen Tagen unsere Laune, kann sogar eine gewisse Liebesmüdigkeit wieder ankurbeln. Große Mengen an den Mineralstoffen Magnesium und Kalium stärken die Nerven und beugen Verspannungen und Verkrampfungen im Muskelgewebe vor. Die Vitamine A und C schützen vor Umweltgiften im Winter. Das Vitamin C baut die Abwehrkraft gegen Erkältungskrankheiten auf.
- Die beruhigende, ausgleichende Wirkung des Chinakohls auf Körper und Seele des Menschen geht vor allem auf den Saft der Salatpflanze zurück: Er enthält die Substanz Lactucarium, welche oft in erstaunlicher Weise Nervosität bekämpfen kann.
- Der Chinakohl – roh zu Salat verarbeitet – ist vor allem aber auch für Menschen interessant, die einen sensiblen Magen haben und gerade in der kalten Jahreszeit zu Magen- und Darmgeschwüren oder zu Magenschleimhautentzündung neigen. Der Chinakohl enthält in seinen Säften den sogenannten Anti-Ulcus-Faktor, eine spezielle Substanz, die im Jahr 1950 von dem amerikanischen Ernährungsforscher Prof. Dr. G. Cheney entdeckt wurde. Er bezeichnete die Substanz anfänglich als Vitamin U. Inzwischen weiß man aber, dass es sich um kein Vitamin, sondern um einen speziellen Eiweißkörper handelt.

Wer regelmäßig Chinakohl isst, der stärkt nicht nur den Magen, sondern auch den Darm gegen Entzündungen und Geschwürbildungen.
Besonders interessant ist, dass die Darmbakterien des Menschen den

Anti-Ulcus-Faktor aufnehmen, seine Wirkung verstärken und ihn in die unteren Darmabschnitte weitertragen.

Ein Rat am Rande: Am besten kommen die Wirkstoffe des Chinakohls zur Geltung, wenn man ihn ganz klein schneidet und mit Distelöl, Zitronensaft und etwas Honig als Salat anrichtet.

Penizillin aus dem Garten: Rote Bete und Meerrettich

Viele von uns kennen diesen Salat von Großmutter: Rote Bete (Rote Rübe) und Meerrettich (Kren), beides in Stücke geschnitten, werden gekocht und mit Marinade versehen. Seit jeher bekannt als »Salat gegen Schnupfen und andere Erkältungen«. Mancher hat sich vielleicht schon gefragt: Was ist wirklich dran?

Sehr viel. Untersuchungen im Ernährungsforschungsinstitut von Triest, Italien, haben ergeben: Rote Bete (Rote Rübe) und Meerrettich (Kren) kann man zu Recht als »Penizillin« aus dem Garten bezeichnen. Beide Gemüsearten enthalten natürliche, antibiotische Substanzen.

Das Wertvolle an der Roten Bete im Kampf gegen Erkältungskrankheiten ist der rote Farbstoff Betanin. Er umschließt Bakterien, Bazillen und Viren, hemmt damit ihre Entwicklung und Vermehrung. Die Krankheitserreger werden zwar nicht gekillt, aber in ihrer Aktivität behindert und über den Harn ausgeschieden. Dadurch können die natürlichen Abwehrkräfte im Organismus wieder gestärkt und mobilisiert werden.

Besonders interessant ist der vorbeugende Effekt des Betanins in der Roten Bete. Man darf so viel davon essen und vom Saft trinken, wie man mag. Es ist auch vollkommen unbedenklich, wenn sich Harn und Stuhl rot färben. Täglich 1/4 Liter Rote-Bete-Saft (Reformladen) kann in Grippe-Zeiten mithelfen, dass man gesund bleibt. Sicher spielt dabei der Gehalt an den Spurenelementen Lithium und Rubidium eine Rolle.

Die Meerrettich-Wurzel (Kren-Wurzel) enthält nicht nur die Vitalstoffe Glutamin, Asparagin, Arginin und organischen Schwefel, sondern auch bittere Harzstoffe, welche die Abwehrkräfte stärken.
Am bedeutsamsten aber ist das Senföl Sinigrin, von dem der Meerrettich besonders hohe Konzentrationen enthält. Es hat antibakterielle Wirkung und aktiviert den Körper, dass er Schadstoffe schneller abbaut.

Dazu kommt noch der hohe Gehalt an Vitamin C, mit dem ebenfalls Erkältungskrankheiten optimal bekämpft werden.

Jetzt wird auch klar, warum man seit erdenklichen Zeiten Rote-Bete-Salat mit Meerrettich anrichtet. Da allerdings beide Wurzelarten in rohem Zustand die meisten Wirkstoffe enthalten, ein Trick: Reiben Sie vor dem Servieren des Roten-Bete-Salates mit Meerrettich noch etwas rohe Rote Bete und rohen Meerrettich über die fertige Speise.

Sie können natürlich Rote Bete und Meerrettich vollkommen getrennt gegen Erkältungen einsetzen. Aber gemeinsam bilden sie eine besondere Kraft für die Gesundheit.

Brokkoli macht schlank und senkt das Krebs-Risiko

Als Filmstar Ryan O'Neal vor einigen Jahren stolze 100 Kilo auf die Waage brachte und dann in einem Rekordtempo wieder sein Normalgewicht erlangte, verriet er sein Geheimis: »Ich habe Brokkoli gegessen, immer nur Brokkoli. Das ist ein wunderbares Schlankmacher-Gemüse!«

Ärzte bestätigen die Wirkung. Brokkoli, aus der Familie der Kreuzblütler, enthält viel Kalzium, Eisen und Vitamin C. Außerdem liefert dieses Gemüse interessante Mengen an Folsäure, Karotin und Kalium. Aus dieser natürlichen Wirkstoffkombination resultiert ein milder, entwässernder Effekt. Das ist eine ideale Hilfe zum Abnehmen, und der Organismus wird dabei nicht belastet.

Das Super-Geheimnis fürs Abspecken: Im Brokkoli gibt es ganz spezielle Enzyme, welche Fettdepots im Körper angreifen. Wichtig dabei ist allerdings: Man darf zwar so viel Brokkoli essen, wie man mag, das Gemüse darf aber nur leicht gedünstet werden und man muss täglich 3 Liter Mineralwasser trinken. Beilagen sind verboten.

Doch in Brokkoli steckt nach neuesten wissenschaftlichen Untersuchungen noch eine ganz andere Kraft. Der US-Pharmakologe Prof. Dr. Paul Talalay von der John-Hopkins-Universität in Baltimore entdeckte im Brokkoli-Gemüse den Wirkstoff Sulforaphan.
Er kurbelt die Produktion von bestimmten Enzymen an, welche krebsauslösende Stoffe in den menschlichen Zellen entgiften und unschädlich machen können.

Prof. Dr. Paul Talalay konnte diesen Vorgang beobachten, als er Leberzellen mit dem Brokkoli-Wirkstoff impfte. Sein Kommentar nach Abschluss der Aufsehen erregenden Studie: »Wer in unserer ohnehin schadstoffbelasteten Umwelt raucht, in der Umgebung von Industrieanlagen lebt oder ständig den Auspuffgasen vom Straßenverkehr ausgesetzt ist, sollte so oft wie nur möglich Brokkoli in den Speiseplan einbauen. Der Wirkstoff Sulforaphan aus dem bekannten und beliebten Brokkoli-Gemüse ist eine ernst zu nehmende, natürliche Kraft gegen die sogenannten freien Radikalen, jenen hochaggressiven Stoffen, die in den menschlichen Zellen Krebs auslösen können!«

Außer dem sogenannten Wirkstoff senken im Brokkoli-Gemüse zweifelsohne auch der hohe Anteil an Vitamin C, Betakarotin und Vitamin E das Risiko für Krebsanfälligkeit. An der John-Hopkins-Universität hat man auf Grund dieser Beobachtungen Brokkoli zum »Umwelt-Gemüse« ernannt.

Grüne Bohnen geben Kraft bei Diabetes

Auf Grund von Handelsabkommen mit vielen südlichen Ländern gibt es jetzt bei uns rund ums Jahr ein beliebtes Gemüse, das sich so vielfältig in der Küche zubereiten lässt: die grünen Bohnen. Die Urform stammt aus den Anden in Argentinien. Vor 6000 Jahren wurde die Wildbohne bereits in Lateinamerika und Mexiko angebaut. Viele von uns genießen die grüne Bohne als leckere Beilage und wissen gar nicht, welche medizinischen Kräfte in ihr stecken.

Die grüne Bohne liefert dem menschlichen Organismus reichlich hochwertiges, leicht verdauliches Eiweiß. Die grüne Bohne ist in gekochtem Zustand reich an Vitamin A für die Sehkraft und für die Zellstärkung gegen Krebs. Sie ist reich an Folsäure für unser Gewebe und an Vitamin C.

Die grüne Bohne hat besonders viel Kalium für Nerven und Muskel, Kalzium für die Knochen, Magnesium fürs Herz, Phosphor für Muskel, Knochen und Gehirn, Eisen fürs Blut, Selen und Zink für die Immunkraft.

Eine ganz besondere Bedeutung hat die grüne Bohne in der Vorbeugung und unterstützenden Behandlung von Diabetes, selbstverständlich immer in Absprache mit dem Arzt. Schon im Jahr 1923 entdeckte der Wissenschaftler Prof. Dr. Collip, dass es in der grünen Bohne Wirkstoffe gibt, die erhöhten Blutzucker senken können: nämlich die Glukokinine. Ganz besonders intensiv findet man sie in der Bohnenschale.

Diese Glukokinine können nur aktiv werden, wenn Insulin im Körper vorhanden ist, körpereigenes oder injiziertes. Schon allein daraus geht hervor, dass grüne Bohnen niemals eine Diabetes-Therapie ersetzen können. Allerdings beeinflussen diese Glukokinine die Arbeit des Insulins positiv. Sie helfen, zu hohen Blutzucker in der Leber abzubauen.

Wenn also in einer Familie immer wieder Diabetes auftritt, ist es sicher sinnvoll, immer wieder vorbeugend Gerichte mit grünen Bohnen in den Speiseplan einzubauen. Bei Zuckerkranken bilden grüne Bohnen als Mahlzeit eine sinnvolle Unterstützung der medizinischen Behandlung.

Und noch etwas: Grüne Bohnen darf man niemals roh verzehren. Sie enthalten eine giftige Substanz, die allerdings beim Erhitzen – Dünsten und Kochen – restlos verschwindet.

Avocado gegen Streit und schlechte Laune

In jeder Partnerschaft und Familie gibt es hin und wieder einmal Streit und schlechte Laune. Aus ganz harmlosen Situationen heraus kommt es – auch bei Kindern – zu Aggressionen und lautstarken Meinungsverschiedenheiten. Gute Ratschläge von anderen »Nehmt euch doch zusammen!« nützen da wenig. Viel besser können die Kräfte der Natur helfen. Wenn »dicke« Luft herrscht, eilen Sie in die Küche und servieren Sie Avocados.

Avocados sind birnenförmige Früchte vom tropischen Avocado-Baum. Sie gelten botanisch als Beeren und kommen aus Israel und Südafrika zu uns. Sie sind reich an Vitamin C für die Abwehrkraft sowie gegen Stress, reich an Vitamin E für Herz und Kreislauf und an Vitamin B6 für Stoffwechsel und Blut. Die Kombination dieser Vitamine mit Mineralstoffen, Spurenelementen, Enzymen und ätherischen Ölen wirkt beruhigend auf aufbrausende Gemüter und gereizte Nerven. Voraussetzung: Die Früchte müssen roh verzehrt werden.

So werden Avocados am besten zubereitet:

- Schneiden Sie eine Avocado-Birne der Länge nach auseinander und entfernen Sie den großen Kern. Dann schaben Sie das Fruchtfleisch mit einem Löffel heraus und verrühren dieses mit frischen oder tiefgekühlten Kräutern und etwas Kräutersalz. Dann bestreichen Sie damit eine Schnitte Vollkornbrot ganz dick.

- Avocado-Fruchtsalat: 2 Avocados halbieren, entkernen. Das Fruchtfleisch auslösen, in Stücke schneiden. In einer Schüssel mit 3 geschälten Orangen, in Spalten zerteilt, 2 Esslöffeln Honig, 1 Päckchen Vanillinzucker und 1 Prise Ingwer mischen. Zugedeckt stehen lassen. 125 Gramm Erdbeeren (frisch oder tiefgekühlt) halbieren, etwas zuckern, zugedeckt stehen lassen. Schließlich 2 Bananen in Rädern mit den Orangen, Erdbeeren und dem Avocado-Fleisch verrühren. In die ausgehöhlten Avocado-Hälften füllen. Servieren.

Die Avocado-Birne kann nicht nur erfolgreich gegen aggressive Stimmungen eingesetzt werden. Ihre Inhaltsstoffe wurden auch im Rahmen von ernährungswissenschaftlichen Untersuchungen in den USA, Italien und Frankreich in Bezug auf die Wirkung bei verschiedenen gesundheitlichen Problemen untersucht: bei Menstruationsstörungen und zur Vorbeugung von Darminfektionen.

Durch den außergewöhnlich hohen Gehalt an Pantothensäure wirkt die Avocado-Birne positiv auf Haut und Haare.

Außerdem gilt die Frucht – roh gegessen – als natürliches Mittel, das bei Mann und Frau gleichermaßen die Liebeslust anregt.

Zwiebel hält die Zellen jung

Die Zwiebel zählt zu den bekanntesten Küchengewürzen. Sie wird von fast jeder Hausfrau ganz selbstverständlich Tag für Tag verwendet. Viele denken gar nicht daran, dass die Zwiebel aber gleichzeitig eine enorme Rolle für die Erhaltung unserer Gesundheit spielt.

Schon in der Antike schätzte man die Zwiebel als Heilmittel zum Stärken, Harntreiben und gegen Infektionen. Heute bestätigen Mediziner und Ernährungswissenschaftler: Der regelmäßige Genuss von Zwiebeln – am besten roh – ist ein wesentlicher Faktor für Wohlbefinden, Vitalität und fürs Jungbleiben.

Und das macht die Zwiebel so wertvoll:

- Sie enthält Vitamin C, liefert dem Organismus aber auch die Vitamine der B-Gruppe und A in interessanten Mengen.
- In der Zwiebel sind der Mineralstoff Kalium und die Spurenelemente Eisen, Silicium, Phosphor und Schwefel enthalten.

- Eine ganz besondere Rolle spielen die Enzyme und ätherischen Öle. Ihr Zusammenwirken macht das Gewürz zu einem Jugendelixier. Der russische Forscher Prof. Dr. Gurwitsch behauptete bereits vor einigen Jahren auf Grund von Messungen: Die Zwiebel sendet beim Verzehr geheimnisvolle Strahlen aus, welche die Teilung der Körperzellen fördern und daher verjüngend wirken.

Und das alles leistet die Zwiebel für unsere Gesundheit: Ihre Inhaltsstoffe sind herzstärkend. Sie wirken positiv auf Magen und Darm, stärken dort die Abwehrkräfte. Zwiebelkonsum kann zu hohen Blutdruck ein wenig senken, fördert die Durchblutung, regt den Stoffwechsel an, aktiviert die Leber und stellt eine wirksame Waffe gegen Erkältungskrankheiten dar. Die Zwiebel hat einen positiven Einfluss auf zu hohe Blutfett- und Blutzuckerwerte. Außerdem bremsen die Inhaltsstoffe der Zwiebel – ähnlich wie es beim Knoblauch der Fall ist – die Arteriosklerose. Nachweislich werden auch die Atemwege gestärkt.

Aus all diesen Gründen ist es sinnvoll – zumindest immer wieder über einen längeren Zeitraum – Zwiebeln zu essen: auf dem Butterbrot, in Salaten, in Soßen, mit der Rohkostplatte.

Zusätzlich aber gibt es auch wirkungsvolle Hausmittel mit Zwiebeln:

- Gegen Hustenschleim: Eine kleine Zwiebel in Stücke hacken, in einem Gefäß fingerdick mit Honig bedecken, 24 Stunden verschlossen stehen lassen. Von dem süßen Zwiebelsaft mehrmals am Tag 1 Teelöffel einnehmen.
- Bei Bronchitis und Husten: 2 große Zwiebeln in Stücke schneiden, in 1 Liter Wasser aufkochen, die aufsteigenden Zwiebeldämpfe einatmen.
- Bei Rheumabeschwerden: Einige Zwiebeln zerdrücken und zu einem Brei verrühren, als Umschlag auflegen.
- Bei Schlafproblemen: 1 große Zwiebel halbieren, mit den Schnittflächen nach unten in einen Topf mit 1/4 Liter Milch 15 Minuten ziehen lassen. Dann die Zwiebelmilch mit etwas Honig vor dem Zubettgehen trinken.

Knoblauch-Ernte für unsere Gesundheit

In Spanien und Frankreich ist vor allem im Juni und Juli die Knoblauchernte in vollem Gange. Die ersten saftigen, stark riechenden Knollen sind bereits ein paar Tage später per Flugzeug und LKW bei uns eingetroffen und werden an Marktständen und in Gemüseläden angeboten. Viele greifen zu, weil sie Knoblauch – roh oder in Speisen – einfach besonders mögen. Andere wieder tun es auch aus gesundheitlichen Gründen – und das mit Recht.

Gerade der frisch geerntete Knoblauch aus südlichen Regionen, der in mineralstoffreicher Erde wächst, ist reich am Knoblauch-Wirkstoff Allicin, am Spurenelement Selen, an vitalisierenden und verjüngenden Substanzen. Wenn man täglich drei frische Knoblauchzehen verzehrt, so kommt das nach Aussagen namhafter Ernährungswissenschaftler einer nicht zu unterschätzenden Naturtherapie gleich.

Wann immer auch da und dort über den Knoblauch und seinen Einfluss auf die Gesundheit gelächelt wird, in den letzten zwei Jahren haben Studien beachtliche Ergebnisse gebracht:

- Dr. Winfried Wagner, Leiter des Gesundheits-Zentrums Mariazell, und der Kölner Wissenschaftler Dr. Bernd H. Kümmel konnten bei Patienten nachweisen, dass die regelmäßige Einnahme von Knoblauch zu hohe Cholesterinwerte senkt und Bluthochdruck normalisiert.
- Der indische Arzt und Wissenschaftler Prof. Dr. Arun Bordia von der Universität Tagore konnte im Rahmen einer Forschungsarbeit an 500 Patienten nachweisen, dass die Einnahme von Knoblauch nach einem Herzinfarkt die Gefahr für einen zweiten senken kann. Außerdem konnte der Inder aufzeigen, dass Knoblauch in vielen Fällen arteriosklerotische Entwicklungen im Organismus nicht nur verlangsamen und stoppen, sondern bis zu einem gewissen Grad auch rückgängig machen kann.

Wenn Wunden nicht heilen: Blumenkohl und Sauerkraut helfen

Frauen und Männer ab dem 50. Lebensjahr, ganz besonders aber Senioren, sind immer wieder davon betroffen: Nach einer harmlosen oder auch schwereren Verletzung heilt die Wunde nur sehr langsam. Das Blut gerinnt nicht in dem Maße, wie es früher der Fall war. Man kennt heute dafür die Ursache: Es ist ein Mangel an Vitamin K.

Das Vitamin K – in der Medizin Phyllochinon genannt – besteht aus zwei wesentlichen Molekülen, die verschieden stark wirken.

- Als Vitamin K1 kommt es in Pflanzen, vor allem in grünen Blättern vor.
- Als Vitamin K2 wird es von verschiedenen Bakterien gebildet: unter anderem auch von Bakterien, die in unserem Darm angesiedelt sind. Dieses Vitamin K2 hat den speziellen Namen Menachinon. Da unser Verdauungstrakt aber zu wenig davon erzeugt, wird damit der Tagesbedarf nicht gedeckt. Das bedeutet: Wir müssen zu K2 auch noch K1 aus pflanzlicher Nahrung aufnehmen.

Im Organismus des jungen, gesunden Menschen besteht durch Eigenproduktion sowie durch Nahrungszufuhr kein Mangel an Vitamin K1. Daher funktionieren Blutgerinnung und Wundheilung problemlos.

Mit zunehmendem Alter entsteht ein Mangel an Vitamin K: teils durch Ernährungsfehler, teils durch gesundheitliche Störungen an der Galle und an der Leber. Und so arbeitet das Vitamin K – K1 und K2 im Teamwork – in unserem Organismus: Über unsere Leberzellen fördert es die Bildung von vier ganz bestimmten Substanzen, welche unsere natürliche Blutgerinnung steuern. Ist nun zu wenig Vitamin K vorhanden, dann sind Blutgerinnung und Wundheilung gestört.

Wenn nun also durch Störungen in der Leber oder Galle ein Mangel an Vitamin K2 entsteht, muss dafür mehr Vitamin K1 von außen angeliefert werden.

Dazu muss man wissen, welche Naturprodukte besonders reich an Vitamin K sind. Dazu gehören Kopfsalatblätter, Rosenkohl, Sauerkraut und Spinat. An erster Stelle aber steht das Sauerkraut. Es ist der beste Vitamin-K-Lieferant. Dann kommt der Blumenkohl.

Wenn also jemand an sich beobachtet, dass Verletzungen und Wunden lange Zeit bluten und nicht heilen, dann sollte man einige Mahlzeiten mit Blumenkohl in den Speiseplan einbauen. Der Blumenkohl sollte schonend gedünstet werden, liefert aber auch in der Blumenkohl-Creme-Suppe noch immer reichlich Vitamin K. Optimal ist es, wenn man in Salaten oder auf Rohkostplatten ganz jungen Blumenkohl natur genießt.

Erbsen: die »Pille« aus unserem Gemüse-Garten

Die süßen grünen Erbsen sind als Beilage zu Fleisch und Reis eine beliebte Hülsenfrucht. Sie schmecken köstlich und stellen gleichzeitig eine wertvolle natürliche Nahrung für den Organismus dar.

- Viele wissen gar nicht, dass der regelmäßige Genuss von jungen Erbsen die geistigen Aktivitäten enorm steigert. Die Ursache dafür liegt im hohen Anteil an Spurenelementen und Mineralstoffen: Phosphor, Eisen und Kupfer.
- Erbsen sind reich an Vitamin E, das die Wände unserer Körperzellen vor feindlichen Angriffen schützt. Somit stellt der regelmäßige Verzehr in gewisser Weise auch einen inneren Umweltschutz dar. Indische Ernährungswissenschaftler behaupten sogar, dass regelmäßiger Erbsen-Konsum ein Jugend-Elixier für den Organismus darstellt.
- Beachtlich ist in den Erbsen auch der Gehalt am Mineralstoff Kalium, der wichtig für das Funktionieren von Muskeln, Nerven und Verdauung ist.
- Nicht zu unterschätzen ist auch der Mineralstoff Magnesium in der Erbse, der stark gegen Verkrampfungen, Stress und Kopfschmerzen macht.
- Relativ wenig bekannt ist, dass Erbsen ein Alkaloid enthalten, das eng mit einer Anti-Fruchtbarkeits-Kompenente verbunden ist. Das bedeutet: In gewisser Weise stellt die Erbse eine »Pille« aus dem Gemüse-Garten dar. In Bengalen und Indien werden Erbsen in rohem Zustand und Erbsenhülsen in der Suppe als Empfängnisverhütungsmittel eingesetzt. Deutsche Ärzte allerdings warnen davor, sich allzu sehr darauf zu verlassen.
- Tatsache aber ist: Frauen, die sich sehnlichst ein Kind wünschen, werden von erfahrenen Gynäkologen immer wieder gewarnt, keine allzu großen Mengen Erbsen zu essen.
- Erbsen werden sehr oft auch als Kräftigungsmittel bei älteren Menschen und bei Patienten nach schwerer Krankheit mit Erfolg eingesetzt.

Wichtig ist, dass die Erbsen für Gerichte schonend zubereitet werden. Ideal: sanft dünsten. Die Erbsen sollen so rasch wie möglich nach der Ernte gegessen werden.

Vorsicht vor übermäßigem Erbsen-Genuss gilt für all jene, die leicht Blähungen bekommen und einen nervösen Magen haben. Auch bei Magengeschwüren und chronischem Durchfall sollte man Erbsen meiden.

Tomaten stärken den Magen und schützen vor Lungenkrebs

Viele falsche Behauptungen sind schuld daran, dass manche Menschen eine gewisse Distanz zu Tomaten entwickeln. Vielleicht haben Sie auch schon einmal gehört: »Die Tomate verursacht und fördert Arthritis, weil sie zur giftigen Nachtschatten-Familie gehört!« Oder: »Die Tomate verursacht Krebs!« Oder: »Die Tomate macht liebestoll!« Keiner weiß im Grunde genommen, woher diese Meldungen stammen. Wissenschaftler haben heute längst nachgewiesen, dass sie nicht stimmen. Mehr noch: Sie haben herausgefunden, dass die Tomaten eine Reihe von beachtlichen gesundheitsfördernden Eigenschaften haben. Daher: Freuen Sie sich, wenn die knallroten, saftigen und süßen Tomaten auf dem Markt angeboten werden.

Die wilde Tomate gab es erstmals in den Tropen der Anden. Heute ist sie auch bei uns heimisch und wird in vielen Kleingärten angebaut.

Die reife Gemüsefrucht ist reich an den Mineralstoffen Kalium für die Verdauung, Kalzium für die Knochen, Phosphor fürs Gehirn und Eisen fürs Blut. Sie enthält viel Vitamin E, C und jene der Gruppe B. Sie liefert dem menschlichen Organismus auch die Spurenelemente Zink und Selen.

Aus diesen reichen Anteilen lebenswichtiger Stoffe ergeben sich viele gesundheitsfördernde Eigenschaften:

- Tomaten regen die Speichelbildung und damit die Vorverdauung der Speisen im Mund an.
- Sie fördern die Blutbildung und beugen einer Anämie vor.
- Der hohe Gehalt an Kalium und Faserstoffen gibt der Verdauung und im Speziellen der Arbeit des Darms besonderen Schwung.
- Nach Untersuchungen amerikanischer Ärzte kann die Tomate einer Blinddarmentzündung vorbeugen.
- Die Inhaltsstoffe der Tomate wirken auf den gesamten Magen- und Darmbereich entkrampfend. Dadurch wird auch die Verstopfung erfolgreich bekämpft.
- Tomaten geben der Magen- und Darmschleimhaut Kraft und beugen in diesem Bereich Entzündungen vor.
- Tomaten fördern außerdem den Gallenfluss und wirken unterstützend positiv auf die Leber.

- Amerikanische Ärzte haben in einer Studie herausgefunden, dass der regelmäßige Genuss von Tomaten in gewisser Weise vor Magen-, Prostata-, vor allem aber vor Lungenkrebs schützen kann.

  Die Studie wurde an 14.000 Amerikanern und 3.000 Norwegern durchgeführt. Die Erklärung für die Schutzwirkung dürfte am hohen Anteil an Betakarotin und des Karotinoids mit Namen Lykopin liegen.

Allerdings muss man mitunter auch vorsichtig im Umgang mit Tomaten sein. Essen Sie keine grünen Früchte.

Sie enthalten große Mengen an dem Giftstoff Solanin. Wer zu Kalzium-Oxalat-Nierensteinen neigt, sollte nicht zu viel Tomaten essen, wenngleich der Oxalsäuregehalt des Spinats, des Rhabarbers und des Brotes viel größer ist.

Radieschen: Service für Darm, Galle und Leber

Sie schmecken nicht nur gut, sie sind auch besonders appetitlich anzusehen: die knackig frischen, leuchtend roten Radieschen, die sich das ganze Jahr über ideal für eine Rohkostplatte, für Salate oder einfach – in Rädern – aufs Butterbrot eignen.

Vor allem aber sollten wir nicht vergessen: Radieschen enthalten wertvolle Substanzen, die dieses Gemüse für uns zur Medizin machen. Wer also regelmäßig Radieschen knabbert, tut damit eine Menge für seine Gesundheit.

Man weiß aus Tontafel-Aufzeichnungen, dass beim Bau der ägyptischen Pyramiden in der Antike die Sklaven nicht nur zur Stärkung der allgemeinen Körperkräfte Knoblauch bekamen, sondern auch mit bestimmten Tagesrationen an »kleinen Rettich-Köpfen« versorgt wurden, damit sie an Darm, Galle und Leber gesund blieben. Radieschen setzte man damals also vorbeugend ein.

Im späteren Mittelalter behandelten Naturheiler und Ärzte in Europa Patienten mit Darm- und Gallenleiden mit Rettich-Kuren, wobei Radieschen- oder Rettichsaft eingesetzt wurde.

Im Hufeland-Krankenhaus in Berlin wurde vor einigen Jahren eine klinische Studie durchgeführt.

Das Ziel: Man sollte herausfinden, warum Radieschen – und auch Rettich – so erfolgreich gegen Darm-, Galle- und Leberprobleme eingesetzt werden können. Damit wurde traditionelle Erfahrung wissenschaftlich bestätigt und nachgewiesen:

- Radieschen enthalten schwefelartige ätherische Öle mit zwei verschiedenen Wirkstoffen: Raphanol und Glucoraphinin. Diese Substanzen haben nachgewiesene Arzneiwirkung auf den menschlichen Organismus.
- Die Wirkstoffe der Radieschen beeinflussen in erster Linie den Darm. Vor allem wird die Dünndarm-Muskulatur angeregt. Das bringt die Verdauung in Schwung. Daher eine Warnung: Wer zu viel Radieschen isst, kann Durchfall bekommen.
- Die Wirkstoffe in den Radieschen kann man aber auch als »Bakterien-Polizei« im Dünndarm bezeichnen. Sie bringen nämlich Ordnung und Harmonie in den Bakterien-Haushalt. Körperfreundliche Bakterien, die wir für Vardauung und Stoffwechsel brauchen, werden gefördert, körperfeindliche bekämpft.
- Radieschen bringen die Galle in Schwung. Das wieder bringt eine Entlastung der Leber, die bei chronischen Gallenproblemen überfordert ist.

Ein Rezept zur Stärkung der Gallenblase:
5 bis 7 Radieschen in dünne Scheiben schneiden, 5 Esslöffel Honig darüber gießen, 2 Stunden stehen lassen. Den Saft davon löffelweise über den Tag verteilt einnehmen.

Fenchel bei Husten, Blähungen, Unruhe

Fenchel wurde in der Antike bei den Griechen und im Mittelalter vielfach als »Zauberkraut« bezeichnet. Das bestätigen moderne, biochemische und medizinische Untersuchungen. Fenchel kann so vielfältig verwendet werden. Fenchel ist Gemüse und Heilpflanze in einem, liefert daher einen wertvollen Beitrag für unseren Gaumen und für unsere Gesundheit.

Die kräftigen Blattrippen unmittelbar an der fleischigen Wurzel werden in den Gemüseläden und auf Märkten angeboten, schmecken köstlich und haben auch auf dem Teller als Mahlzeit einen zusätzlichen Gesundheitseffekt.

Wer Fenchel isst, beruhigt Magen und Darm, bringt zugleich aber auch die Verdauung in Schwung. Wer zum Beispiel immer unter Verstopfung leidet, der sollte zwei- bis dreimal die Woche ein Fenchel-Gericht essen.

Ja, und dann gibt es in der Küche ein Gewürz mit Namen Fenchel. Das sind die Früchte der Pflanze, die Fenchelkörner. Diese haben einen hohen Stellenwert in der Naturheilkunde.

Hier die vielen Möglichkeiten, wie man Fenchel gegen eine Reihe von Erkrankungen und Befindlichkeitsstörungen einsetzen kann:

- Fenchelsamen bekämpft Blähungen. Entweder kaut man ein paar Fenchelkörner, oder man bereitet sich Fenchelmilch zu. Eine Tasse Milch mit einem Teelöffel Fenchelsamen kurz aufkochen, durchseihen, lauwarm trinken.
- Wer 3-mal am Tag eine Tasse Fencheltee mit etwas Honig trinkt, kann damit nervöse Unruhe und depressive, negative Stimmungen erfolgreich bekämpfen.
- Gegen Husten trinkt man ebenfalls Fencheltee. So wird er zubereitet: ein gehäufter Teelöffel Fenchelkörner wird mit einer Tasse kochendem Wasser überbrüht, 10 Minuten zugedeckt ziehen lassen. Durchseihen, schluckweise trinken.
- Bei Kindern wirkt Fenchel-Honig sehr gut bei Husten und Bronchitis: 3 Tropfen Fenchelöl aus der Apotheke mit einem Esslöffel Honig verrühren. Diese Menge in 4 Portionen den Tag über einnehmen.
- Wer im Herbst wieder öfter und länger vor dem Fernsehapparat sitzt, der sollte müde und gereizte Augen wieder fit machen: Einen Esslöffel zerdrückte Fenchelsamen drei Minuten mit 1/2 Liter Wasser kochen, durchfiltern. In den lauwarmen Tee Wattebausche eintauchen, auf die geschlossenen Augen legen. 3 Minuten einwirken lassen. Mehrmals wiederholen.
- Fenchelöl wird gegen Magen- und Darmkrämpfe bei Erwachsenen eingesetzt: Man nimmt 3 bis 5 Tropfen des Öls (Apotheke) auf einem Bissen Brot oder auf einem Stück Würfelzucker und lässt das Öl auf diese Weise im Mund zergehen.

Viele haben gute Erfahrungen mit Fencheltee gegen Menstruationsbeschwerden und gegen Rheuma gemacht.

Aber Vorsicht: Eine Fenchelkur niemals zu oft und zu lange machen: Die Inhaltsstoffe können – im Übermaß konsumiert – die Leber belasten.

Radicchio: Medizin für Leber & Galle

Unter allen knackig frischen Salaten erfreut sich bei all jenen, die Bitterstoffe mögen, eine Sorte besonderer Beliebtheit: der Radicchio, für jeden sofort durch seine kleinen, festen Köpfe mit dunkelroten Blättern erkennbar.

Viele lieben ihn, genießen ihn mit Essig und Öl ohne jede Zugabe, andere mischen ihn mit anderen Salatsorten. Wie auch immer: Radicchio ist eine Naturarznei für Leber und Galle, ein Super-Gemüse in unserer schadstoffbelasteten Umwelt.

Der Radicchio gehört zur Familie der Chicoree-Salate und wird auch als »roter Chicoree« bezeichnet. Er kommt aus Italien und hat eigentlich erst durch das Beliebt- und Bekanntwerden der italienischen Küche in unsere Ernährungsgewohnheiten Eingang gefunden.

Wo liegt nun der besondere Wert des Radicchio im Rahmen der gesunden Ernährung?

Radicchio-Salat ist reich an Vitamin A für die Sehkraft und für eine gesunde Haut. Frauen, die Wert auf einen sauberen Teint im Winter legen, sollten oft Radicchio in den Speiseplan einbauen. Der rote Salat hat aber auch interessante Mengen an Folsäure. Schwangere Frauen brauchen dieses Vitamin für ein gesundes Baby, andere Menschen für die Blutbildung. Auch Vitamin C liefert der Salat.

Radicchio reguliert die Verdauung, weil er reich am Mineralstoff Kalium ist. Er ist gut fürs Gehirn, weil er Phosphor in den Körper bringt. Und er beruhigt durch Magnesium.

In diesem Salat gibt es aber, wie in allen anderen Salatsorten, noch einen beruhigenden Faktor: den weißen Saft im Strunk und in den Blattrippen. Er trägt den Namen Lactucarium und wirkt positiv auf die Nerven und das Gemüt. Lactucarium hilft sogar bei Einschlafschwierigkeiten.

Die hauptsächliche Bedeutung des Radicchio liegt im Gehalt seiner Bitterstoffe, die man ja auch geschmacklich deutlich merkt. Es handelt sich um sogenannte Bitter-Glykoside. Sie regen den Gallenfluss und die Leberfunktion an.

Da die Leber das »Entgiftungs-Labor« des Organismus ist, die in unserer schadstoffbelasteten Umwelt mehr und mehr Gifte abbauen muss, braucht sie Hilfe. Diese können die Bitterstoffe geben. Sie beschleunigen den Abtransport von Schadstoffen. Da diese Aufgabe vorrangig der bittere

Inhaltsstoff Cynarin in der Artischocke erfüllt, nennt man den Radicchio auch den »kleinen Bruder« der Artischocke. Beide haben einen Vorteil: Sie wirken sanft auf die Leber ein, während ein Zuviel der Bitterstoff-Pflanzen Enzian, Bitterklee und Wermut die Leber auch belasten kann. Geben Sie Ihrer Leber Kraft und essen Sie mehrmals im Monat Radicchio-Salat!

Nie mehr schlapp – Karotten als Fitmacher

Geht es Ihnen auch so? Da sieht man im Fernsehen einen prominenten Schauspieler, Politiker oder Monarchen, oder man liest über ihn in der Zeitung. Und man wundert sich, wie fit und vital er aussieht und agiert. Voll Neugierde fragt man sich: Wie macht er das bloß? Was hat er für ein Geheimnis? Was könnte man von ihm lernen?

Prinz Charles von England zum Beispiel hat einmal bei einer Pressekonferenz schmunzelnd verraten, woher er sich frischen Schwung holt, was ihn aktiv hält. Sein Fitmacher heisst auf Lateinisch: Daucus carota, zu Deutsch: die Karotte.

Dass er tatsächlich auf die Kraft der Karotten schwört, stellt er auch unter Beweis. Er hat auf den königlichen Liegenschaften einen großen Gemüsegarten, auf dem streng kontrolliert angebaut wird. Der Brite ist ein eifriger Verfechter der Fruchtwechselwirtschaft:

Auf demselben Boden wird eine Gemüsesorte nur alle 4 Jahre angebaut, damit die Erde sich wieder erholen kann und nicht ausgelaugt wird. Übrigens: Er baut in seinem Gemüsegarten 23 Karottensorten an: von gelb bis rot, in allen Nuancen.

Die Karotte als Fitmacher ist im Grunde genommen nichts Neues. Schon in der Antike aßen Griechen und Römer die »Carota«, um Schwung und Kraft für den ganzen Tag zu haben. Das kann man den Schriften von Dioskurides und Plinius entnehmen.

Aus dem Mittelalter ist uns ein amüsantes Dokument über die kräftigende Wirkung der Karotte erhalten geblieben. Die Schrift stammt von dem Arzt Matthiolus.

Er berichtet: »Die Karotte ist, wenn sie von zarter Beschaffenheit, eine sehr lebensfreundliche Speis. Sie macht den Menschen fröhlich und arbeitsam, gibt ihm Kraft. Zudem kann sie leicht verdauet werden und gibt Anlass für einen erfreulichen Stuhlgang, wichtig für ein gesund Leben!«

Man beobachtete also damals ganz genau, dass man mit Karotten in der täglichen Nahrung sehr viel Aktivität und Schwung tanken konnte.

Heute weiß man aus ernährungswissenschaftlichen Untersuchungen, warum das so ist.

- Die Karotte liefert dem Organismus den Mineralstoff Magnesium sowie das Spurenelement Eisen, beides Substanzen, die uns vor Müdigkeit und Schlappheit bewahren können.
- Die Karotte enthält interessante Mengen an Kalzium, das unseren Knochen Kraft gibt.
- Vor allem aber ist die Karotte ein Spitzenlieferant für das Vitamin A und für seine Vorstufe, das Provitamin A – Betakarotin. Beide bilden im menschlichen Körper in sämtlichen Zellen sogenannte Karotinoide, die inzwischen als Krebsschutzstoffe gelten. Sie bringen sogar Körperzellen wieder in Schwung, die durch Umweltgifte bereits bis zu einem gewissen Teil geschädigt sind.
- Karotten versorgen unseren Verdauungstrakt aber auch mit reichlich Pektin, wie man es sonst nur in Äpfeln findet. Damit können wir uns länger jugendlich und fit halten.

All diese wertvollen Inhaltsstoffe machen die Karotte zu einem Gemüse für Fitness und Vitalität: Wenn Sie die Leistungskraft Ihres Kindes in der Schule verbessern wollen, dann setzen Sie ihm oft Karotten vor. Es ist schon lange bekannt, dass Kinder in der Wachstumsphase mit Karotten mehr Vitalität bekommen. Interessant für Erwachsene und Kinder: Karotten sind ein Anti-Stress-Gemüse, und Stress führt zu vorzeitiger Müdigkeit und Erschöpfung.

Rotkraut – das gute Gewissen zum Fleisch

Sicher haben Sie das auch schon an sich selbst erlebt: Es gibt Zeiten, da kann man so manchen kulinarischen Genüssen einfach nicht widerstehen und wirft alle guten Vorsätze vom Maßhalten über Bord. Man leistet sich einen knusprigen Schweinebraten, dann wieder eine gebratene Ente. Und wenn man dann auf eine duftende Gans eingeladen wird, sagt man auch nicht »Nein!«. Aber irgendwie hat man schon ein schlechtes Gewissen, wenn man an die Kalorien, ans Übergewicht und an die Cholesterinwerte denkt.

Da hatte der wohl beleibte berühmte österreichische Sänger und Schauspieler Leo Slezak, der von 1873 bis 1946 lebte und als Genießer galt, einen amüsanten Ausspruch: »Mein gutes Gewissen ist das Rotkraut!«

Er meinte damit: Wenn er zu einer Fleischspeise Rotkraut aß, dann hatte er das sichere Gefühl, dennoch etwas für die Gesundheit zu tun. Er war nicht der erste, der dieser Meinung war.

Im 18. und 19. Jahrhundert war in Kochbüchern sehr oft davon die Rede, dass es »gedeihlicher für Körper und Seele« sei, zum Wild-, Gänse- und Entenbraten Rotkaut zu essen.

Es hätte die »Zauberkraft, dass man nach dem Essen nicht der Müdigkeit anheim fallen könnte!« Während das Weißkraut eher ein Arme-Leute-Essen mit einem Stück Brot und ohne Fleisch war, wurde das Rotkraut in den Häusern der vornehmen Gesellschaft zum Fleisch gereicht.

Wenn man auf uralten Speisekarten den Begriff » Brassica oleracea f. rubra » liest, so ist das nichts anderes als – Rotkraut.

Müdigkeit ist ein weit verbreitetes Alltagsproblem in unserer Zeit: die Müdigkeit der Morgenmuffel, die Müdigkeit nach dem Essen, die schleppende Müdigkeit am Nachmittag.

Die Folgen: mangelnde Vitalität und Leistungsabfall. Keine Frage: Müdigkeit, die sich über lange Zeit hinzieht und mit einfachen Mitteln nicht in den Griff zu bekommen ist, kann ernste Ursachen haben und gehört in die Hand des Arztes.

Doch die alltägliche Müdigkeit ist sehr oft eine Folge von zu üppiger und falscher Ernährung.

Da kann Rotkraut sehr viel helfen. Man kann es im Grunde genommen als Anti-Müdigkeits-Gemüse bezeichnen. Diese Eigenschaft ist den wertvollen Inhaltsstoffen zuzuschreiben:

- Wer müde ist, hat sehr oft Eisenmangel. Rotkraut hat doppelt so viel Eisen als beispielsweise Weißkraut. Dieses Eisen wird ganz besonders schnell und leicht vom Organismus aufgenommen und verarbeitet.
- Zu viel Stress macht müde und nimmt viel Schwung. Rotkraut liefert reichlich Vitamin C. Das macht stark gegen Stress.
- Die Voraussetzung für Vitalität ist ein funktionierender Kreislauf. Dafür ist der Mineralstoff Kalium mitverantwortlich. Rotkohl enthält reichlich davon, mehr als Weißkohl.

Elan & Energie – Spinat macht's möglich

Als Johannes Heesters 90 Jahre wurde, da wollten die Journalisten das Geheimnis seiner Vitalität und Fitness wissen. In einem Fernseh-Interview verriet er mir dann lachend: »Regelmäßig Saunieren, tägliche Atemübungen und so oft wie möglich Knoblauch und Spinat!«. Dann wandte er sich an seinen Gesprächspartner – das war ich -, hob den Zeigefinger der rechten Hand und meinte: »Das sollten Sie auch tun!«

Seither achten meine Frau und ich immer genau darauf, dass uns der Vorrat an Knoblauch im Tontopf und an Spinat im Tiefkühlfach niemals ausgeht. Kurioses Detail am Rande: Der Genuss von Spinat, der ursprünglich aus Persien und Arabien stammte und über Spanien nach Europa kam, hat bei uns erst in unserem Jahrhundert richtige Verbreitung gefunden und wurde seit Erfindung der Tiefkühltechnik in den letzten 30 Jahren auf das Fünfzehnfache gesteigert. Internationale Studien haben ergeben:

Spinat aus dem Tiefkühlfach enthält beispielsweise nach drei Monaten noch über 80 Prozent an Vitamin C. Frisch geernteter Spinat hat – bei normaler Raumtemperatur gelagert – nach 3 Tagen nur mehr 10 Prozent Vitamin C. Ähnlich verhält es sich auch mit anderen Inhaltsstoffen.

Das ist ein Vorteil für die Volksgesundheit und die allgemeine Lebensqualität. Spinat gibt nämlich nicht nur, wie es der Seemann Popeye propagiert hat, Kraft. Er hilft dem Menschen, länger den jugendlichen Elan und die Lebensenergie zu erhalten.

Spinat wartet mit einer Palette an Vitalstoffen auf. Er enthält reichlich Pflanzenfarbstoffe und Provitamin A Betakarotin, die unsere Zellen und die Augen jung erhalten und ihnen Kraft geben. Spinat enthält 13 Mineralstoffe und Spurenelemente, darunter besonders Kalzium, Kalium, Magnesium, Phosphor und Schwefel. Bedeutsam sind die Vitamine, die der Spinat liefert: große Mengen an Vitamin C, das Nervenvitamin B1, das zellschützende Vitamin E und Folsäure.

Gerade dieses Zusammenspiel von Vitamin E und Folsäure machen den Spinat besonders wertvoll. Damit stärkt er unseren jugendlichen Elan, beugt vorzeitigem Altern vor und hält unsere Gefäße jung.

Wer vital durchs Leben gehen möchte, braucht gute Augen, einen funktionierenden Kreislauf und eine gute Verdauung. Für all das liefert Spinat seinen Beitrag: mit Betakarotin, mit Bitterstoffen sowie mit Sekretin. Dazu kommt noch eine Reihe von Pflanzensäuren, die uns geistige Fitness vermitteln und unsere körperliche Ausdauer beachtlich steigern.

Ernährungsexperten betonen allerdings immer wieder: Diesen frischen Schwung kann Spinat aber nur vermitteln, wenn er erntefrisch unmittelbar vom Feld oder vom Tiefkühlfach in den Kochtopf gelangt.

Außerdem ist es wichtig, dass er unter optimalen Bedingungen angebaut wird: in schadstoffarmen, streng kontrollierten Böden, die nicht ausgelaugt, sondern reich an Mineralstoffen sind, in abgasfreier Umgebung, mit ständigen intensiven Qualitätskontrollen.

Spargel beruhigt die Nerven und stärkt die Immunkraft

Die Spargelzeit ist kurz. Sie dauert nur ein paar Wochen im Jahr. Wann und wo immer wir daher in der Saison die Chance haben, dieses köstliche Gemüse zu genießen, sollten wir es tun. Denn Spargel ist nicht nur für unseren Gaumen etwas Gutes. Spargel ist für den menschlichen Organismus von außerordentlicher Bedeutung.

Spargel zählt zu den ältesten Gemüsesorten der Welt. Bereits im China vor 5000 Jahren und im antiken Ägypten aßen die Reichen dieses Gemüse. Im Mittelalter galt Spargel bereits als Arznei.

Seit mehr als 2000 Jahren gibt es Aufzeichnungen über den Ernährungswert und die medizinische Wirkung.

In Deutschland wird Spargel von April bis Ende Juni geerntet und serviert. Gegessen werden die Spargeltriebe. Sie sind überaus kalorienarm, zugleich aber reich an Mineralstoffen und Spurenelementen.

Bereits gekochter Spargel enthält Proteine, leicht verdauliche Pflanzenfette, Kalzium für die Knochen, Phosphor fürs Gehirn, Eisen fürs Blut, für Haare, Haut und Nägel, Kalium für Muskeln, Nerven und Herz, weiters aber auch die Vitamine A, C, E, B1 und B2.

Eine ganz besondere Bedeutung in der modernen Ernährungswissenschaft kommt dem Spargel durch seinen reichen Gehalt an den Spurenelementen Zink und Molybdän zu. Beide sind mitverantwortlich für das Funktionieren des Sexuallebens. Zink allein gilt als Schutz gegen Umweltgifte und zur Stärkung der Immunkraft.

Der Hauptwirkstoff vom Spargel ist eine wertvolle Aminosäure mit Namen Asparagin. Jeder kann diesen Wirkstoff wahrnehmen.

Er gibt nach der Spargel-Mahlzeit dem Harn einen stechenden Geruch. Asparagin regt die Aktivität der Nieren an, bringt zugleich aber auch Leber und Galle in Schwung.

Sie unterstützt aber nicht allein die Entsorgung von körpereigenen, natürlichen Stoffwechselschlacken. Sie hilft auch, aufgenommene Umweltgifte und Schadstoffe abzutransportieren.

Und das sind die Wirkungen, die man dem Spargel heute wissenschaftlich nachweisen kann:

- Er entwässert und entschlackt den Körper in kurzer Zeit optimal.
- Er bringt den gesamten Stoffwechsel in Schwung.
- Er macht fit und stärkt bis zu einem gewissen Grad die natürlichen Abwehrkräfte.
- Spargel beruhigt die Nerven.
- Er kann Ischiasschmerzen lindern helfen.
- Spargel hilft bei Nachtblindheit.
- Er kräftigt sämtliche Schleimhäute des Körpers.
- Er wirkt verjüngend auf Haut und Haare.
- Er aktiviert Glückshormone in unserem Gehirn und hilft bei leichten Schlafstörungen.
- Spargel hilft – regelmäßig gegessen -, Konzentrationsstörungen zu beheben.
- Und schließlich ein ganz wichtiger Aspekt: Spargel ist eine ideale Diät-Mahlzeit zum Abnehmen, weil man mit wenig Kalorien schnell satt wird und lange keinen Hunger bekommt. 100 Gramm Spargel haben nur 17 Kalorien.

In der Wirkung von weißem und grünem Spargel besteht kein Unterschied. Wer mit Spargel abnehmen möchte, sollte 14 Tage lang bei jeder Hauptmahlzeit etwa 200 Gramm Spargel anrichten und dafür auf Fleisch verzichten.

Sehr wichtig: Sie sollten Spargel immer nur mit etwas Butter oder mit wenig pflanzlichen Ölen essen, denn nur dann kann das wertvolle fettlösliche Vitamin E vom Organismus aufgenommen und genützt werden.

Obst und Gemüse gegen Verkalkung

Die internationale Ernährungswissenschaft scheint dem uralten Traum der Menschheit nach einem Jungbrunnen, nach ewiger Jugend, ein wenig näher gekommen zu sein. Vier amerikanische Studien – voneinander getrennt durchgeführt – haben nunmehr ergeben: Wenn bei einem Menschen im fortgeschrittenen Alter bereits Gefäßverengungen durch Arteriosklerose – im Volksmund Verkalkung – festgestellt werden, können diese in gewisser Weise auch wieder zurückgebildet werden. Die überraschende Erklärung: Streng vegetarische Kost mit Obst und Gemüse macht die Gefäße – zumindest teilweise – wieder frei.

Wir sollten daher das reiche Angebot an erntefrischen Naturprodukten für diese »Therapie« nützen. Eine der amerikanischen Studien – die sogenannte CLAS-Studie – wurde an 162 Männern mit Bypass durchgeführt. Die Gruppe von Probanden, die 2 Jahre lang konsequent mit frischem Obst und rohem Gemüse oder mit schonend zubereitetem Gemüse und ganz ohne Fleisch versorgt wurde, zeigte eine deutliche Verbesserung der Arterienverkalkung. Die Messungen an den Hauptschlagadern zeigten, dass die Gefäße wie »durchgeputzt« waren. Dieser Rückzug der Arteriosklerose zeigte sich bei 82 Prozent der Patienten.

Bei bestimmten Obst- und Gemüsesorten war im speziellen Maße ein verjüngender Effekt zu beobachten: bei Zwiebeln, Knoblauch, Schwarzwurzeln, Kartoffeln, Karotten, Sellerie, Spinat, Borretsch, Äpfeln und Birnen.
Grundsätzlich aber – so betonen amerikanische Ernährungsexperten – bremst jedes Obst und Gemüse die Verkalkung. Wer also lange geistig und körperlich jung bleiben möchte, sollte bei Obst und Gemüse kräftig zulangen. Dabei ist es sinnvoll, vorübergehend zwei, drei Wochen den Fleischkonsum zu reduzieren oder ganz darauf zu verzichten.

In einer weiteren Studie konnte Prof. Dr. Anthony J. Verlangieri an der Universität von Mississippi, USA, nachweisen, dass sich Arteriosklerose vor allem mit jenen Naturprodukten bremsen und zurückbilden lässt, die reich an Vitamin E sind: sämtliche Blattgemüse und Vollkornsorten, ganz besonders die Weizenkeime.

Prof. Dr. Verlangieri versorgte mit solchen Produkten sowie zusätzlichen Gaben von natürlichem Vitamin E verkalkte hochbetagte Affen. Nach 2 Jahren hatte sich ihr Zustand erstaunlich gebessert. Dazu Prof. Dr. Verlangieri: »Vegetarische Kost, Vitamin-E-reiche Ernährung und zusätzlich ein Vitamin-E-Präparat (200 i. E. aus der Apotheke) können der Arteriosklerose erfolgreich den Kampf ansagen.«

VII. Teil:

Gesundheit aus Kräutern und Gewürzen

Kleine Beigaben zu den täglichen Speisen haben oft große Wirkungen.

Ich habe es in diesem Buch schon einmal erwähnt: In vielen Küchen wird viel zu phantasielos gekocht. Gewürzt wird generell mit Salz und vielleicht noch mit Pfeffer. Dabei gibt es so viele Kräuter und Gewürze, die das Essen schmackhafter und leichter verdaulich machen.
Einige dieser kleinen Beigaben kann man effektiv als Mini-Medizin in der täglichen Ernährung einsetzen. Hier ein paar Beispiele:

Kresse liefert den »Sprit« für Nieren und Schilddrüse

Die Kresse – sowohl die Garten- als auch die Brunnenkresse – ist in den letzten Jahren zu einem ganz besonders beliebten Küchenkraut geworden.

Den ganzen Frühling, Sommer und Herbst gedeiht sie fast überall prächtig. Sie ist mit jedem Boden zufrieden und braucht keine besondere Pflege. Kresse ist nicht nur schmackhaft, sie ist auch sehr gesund.

- Kresse enthält ätherische Senf-Öle, die ihren etwas scharfen Geschmack ausmachen. Diese Öle machen die Kresse zu einer Medizin. Sie können nämlich Bakterien abtöten. Auf diese Weise wird die Kresse zu einem »Mini-Penizillin« aus dem Kräutergarten, allerdings mit einem Vorteil: Sie schadet den für uns wichtigen Darmbakterien nicht.
- Wer regelmäßig Kresse isst, unterstützt die Arbeit der Nieren.
- Bei Harnwegserkrankungen und Harnleiterbeschwerden wirkt die Kresse in gewisser Weise wie ein Antibiotikum.

- Die Kresse liefert dem Organismus reichlich Vitamin A, Betakarotin, C und Vitamine der B-Gruppe.
- Die wohl wertvollste Aufgabe der Kresse: Sie versorgt unseren Körper mit dem lebenswichtigen Spurenelement Jod. Dieses Jod ist unentbehrlich für den Stoffwechsel, insbesondere für die Schilddrüse. Jod ist eine sehr sensible Substanz. Der Mensch hat in einer gesunden Schilddrüse 8 bis 10 Milligramm Jod gespeichert. Das sind 99 Prozent seines Jodbestandes. Und täglich muss Jod angeliefert werden.

Das ist eine sehr heikle Angelegenheit. Bekommt der Mensch zu wenig Jod, kann er geistige Schäden davontragen. Zu wenig Jod ist die Ursache von Kropfbildungen.

Allerdings wirkt auch zu viel Jod im Körper wie Gift. Daraus wird ersichtlich, wie gefährlich die Aufnahme von Jod-Präparaten sein kann. Die Kresse stellt da eine ideale Quelle dar. Damit holen wir uns genau die richtige Menge Jod, die wertvoll, aber nicht schädlich ist.

Wichtig ist, dass die Kresse frisch geerntet und roh verzehrt wird: gut gewaschen und gehackt auf einem Vollkornbrot mit Butter, in den Salat gemischt, auf die Suppe oder auf gekochten Spargel gestreut.

Gerade in der warmen Jahreszeit, wenn dieses Kraut im Freien wächst und besonders viele Inhaltsstoffe hat, sollten wir regelmäßig Kresse genießen, am besten täglich 3 bis 4 Esslöffel voll.

Wer keinen Platz und keine Zeit hat, Kresse selbst im Garten, auf dem Balkon oder auf dem Fensterbrett zu ziehen, bekommt sie täglich frisch im Gemüseladen oder auf den Markt.

Basilikum ersetzt oft die ganze Hausapotheke

Ganz sicher haben Sie auch schon in Ihrem Urlaub am Mittelmeer, vor allem in Italien, Mozarella-Käse mit Tomaten und Basilikum oder Spaghetti Pesto, ebenfalls mit Basilikum-Soße, gegessen.

Vielleicht bauen Sie dieses würzige Kraut auch selbst in Ihrem Garten an und verwenden es oft in der Küche. Haben Sie aber auch gewusst, dass die Basilikum-Blätter mit ihrem kräftigen Geschmack und dem nelkenartigen Geruch auch für unsere Gesundheit viele Vorteile bieten? Ja, man könnte sogar sagen: Mitunter kann Basilikum die ganze Hausapotheke ersetzen. Das Basilikum stammt aus Indien, wird seit Jahrtausenden im Mittelmeerraum angebaut und ist in Westeuropa seit dem 16. Jahrhundert bekannt.

Schon damals galt das Kraut als hilfreich fürs Jungbleiben und für die Liebeskraft bis ins hohe Alter. Im vorigen Jahrhundert wurde es in Form von Tee gegen Augenbeschwerden, Nierenprobleme und Traurigkeit eingesetzt.

Heute gibt es exakte wissenschaftliche Untersuchungen von der Universität Benares, Indien, wo die speziellen Wirkungen von Basilikum zu finden sind:

- Die Heilkraft des Basilikums ist auf die in den Blättern enthaltenen Mineralstoffe, Spurenelemente und Enzyme, in erster Linie aber auf das gelblich grüne ätherische Öl Methylchavicol sowie auf die übrigen ätherischen Öle Estragol, Eugenol, Lineol und Linalool zurückzuführen. Eine gewisse unterstützende Wirkung bringen auch spezielle Tannine.
- Basilikumtee wirkt gegen Husten und leichte Erkältungen.

  Die Zubereitung:
  Einen Esslöffel getrocknete Basilikum-Blätter mit einer Tasse kochendem Wasser übergießen, 8 Minuten ziehen lassen. Durchseihen, mit etwas Honig süßen. 3-mal täglich eine Tasse trinken. Bei Rachenentzündung kann man damit auch spülen und gurgeln.
- Die Enzyme im Basilikumtee fördern auch den Abbau von Fettdepots im Körper. Daher eignet sich der Tee unterstützend bei Diäten.
- Arthritis-Patienten empfinden eine Schmerzerleichterung durch die 3-Wochen-Kur mit täglich 3 Tassen Basilikumtee.
- Auch bei Verstopfung und Magenkatarrh melden Hausärzte Besserung durch Basilikum.
- Wer Basilikum-Blätter zerdrückt und nach einem Insektenstich auf die Haut legt, verspürt weder Schmerzen noch Brennen und Jucken.
- ltersforscher haben herausgefunden, dass der regelmäßige Konsum von Basilikum in der Nahrung den gesamten Organismus kräftigt, die Vitalität von Körper und Geist fördert und depressive, traurige Gedanken bekämpft. Basilikum im Speiseplan ist daher ein richtiger Jungmacher.

Angenehme Nebenwirkung:
Eine Basilikum-Pflanze auf dem Balkon oder am Fenster verscheucht Insekten, vor allem Fliegen.

Mit Pfefferminze gegen Koliken und Blähungen

Er gehört zu unserem Küchen- oder Büroalltag: der Pfefferminztee aus dem Teebeutel vom Supermarkt nebenan. Wir sollten dieses Kraut viel mehr schätzen. Pfefferminze – frisch aus dem Garten oder vom Gemüsehändler, getrocknet aus der Apotheke oder Drogerie – ist ein wertvoller Bestandteil der modernen Pflanzenheilkunde. In der Pfefferminze stecken viele Heilkräfte, die wir bewusst nützen sollten.

Die Pfefferminze ist reich an ätherischen Ölen Menthol, Menthon, Methylazetat, Methofurau, Pulegon, Cineol, Isomethol. Sie enthält aber auch Azulene, Cholin und Vitamin E.

Der Hauptbestandteil ist das Menthol der Pfefferminze. Es wirkt gegen Bakterien und Parasiten. Daher wird Pfefferminze in Alkohol gelöst gegen Fadenpilz-Erkrankungen eingesetzt.

Die gebräuchlichste Anwendung der Pfefferminze ist der Kräutertee. Die Zubereitung: Ein gehäufter Teelöffel getrocknetes Pfefferminzkraut (Drogerie, Reformladen) mit einer Tasse kochendem Wasser übergießen, 8 Minuten ziehen lassen, durchseihen, ungesüßt oder mit ganz wenig Honig trinken.

Wenn Sie frisches Pfefferminzkraut verwenden: gut waschen, die Blätter nudelig schneiden, einen Esslöffel davon mit einer Tasse kochendem Wasser übergießen, nur ein bis 2 Minuten ziehen lassen, durchseihen.

Pfefferminztee ist ein hervorragendes Hausmittel gegen Magen- und Darmkoliken und gegen Magenkrämpfe. Das ist der krampflösenden Wirkung der Pfefferminze zu verdanken. Auch Blähungen können damit wirkungsvoll bekämpft werden.

Dank des reichen Anteils an Flavonoiden regt Pfefferminztee die Leber und Galle an und aktiviert den Gallenfluss. Umschläge und Auflagen mit Pfefferminztee heilen durch den Inhaltsstoff Azulen Entzündungen und Geschwüre auf der Haut.

Grundsätzlich aber muss man wissen: Medizinische Wirkung kann man nur vom Pfefferminzkraut aus Apotheke, Drogerie und Reformladen, nicht von den Teesäckchen aus dem Lebensmittelhandel erwarten. Niemals Pfefferminztee länger als 14 Tage bis 3 Wochen trinken – zwischendurch pausieren.

Was wenige wissen: Inhalationen mit Pfefferminztee oder mit Pfefferminzöl in heißem Wasser helfen bei Katarrhen der oberen Atemwege und

Bronchien. Außerdem bekämpfen diese Inhalationen Konzentrationsstörungen. Aber auch hier gilt:

Das Öl darf niemals über einen längeren Zeitraum inhaliert werden, höchstens ein paar Tage. Bei Säuglingen darf es überhaupt nicht angewendet werden.

Gut zu wissen: In der Apotheke gibt es Einreibemittel, Salben und Massageöl mit Pfefferminzöl und Menthol, wunderbar für eine verbesserte Durchblutung, Schmerzlinderung und Kühlung der Haut.

Salbei für die Atemwege und für die Immunkraft

Egal, ob getrocknet oder frisch: Salbeiblätter werden seit Jahrhunderten von den Menschen als heilkräftig geschätzt. Die Römer in der Antike hatten einen interessanten Spruch: »Salbei ist das Kraut gegen den Tod. Wer ewig leben will, muss Salbei genießen!«

Heute weiß man, was den Salbei so wertvoll macht. Es sind die ätherischen Öle Thujon, Borneol, Linalool, Salven und Kampferöl, aber auch pflanzliche Hormonstoffe, Flavonoide und Karnosinsäure.
Im Mittelpunkt des medizinischen Interesses aber stehen die Phenolsäure mit ihrer antibakteriellen Wirkung und das natürliche Antiseptikum Thujon. Viele von uns kennen Salbei ausschließlich als Tee zum Gurgeln bei Halsbeschwerden.

Das Kraut kann aber weit mehr. Man kann heute auf Grund von Studien das breite Wirkungsfeld des Salbeis ganz genau definieren:

- Mit einer Salbei-Kur kann man geschwächte Atemwege stärken, Heiserkeit, Halsschmerzen und Mandelentzündungen bekämpfen. Dazu muss man 2 bis 3 Wochen täglich – über den Tag verteilt – einen Liter Salbeitee trinken. Die Zubereitung: 1 Liter kaltes Wasser in einem Topf auf den Herd stellen, 2 bis 3 Esslöffel getrocknete Salbeiblätter einrühren, 3 Minuten kochen lassen, durchseihen.
- Es ist nachgewiesen, dass man mit einer Salbei-Kur grundsätzlich die natürlichen Abwehrkräfte gegen Erkältungskrankheiten stärken kann.
- Das regelmäßige Trinken von Salbeitee mit etwas Honig, aber auch das Kauen von Salbeiblättern kann ein geschwächtes Nervensystem stärken.

- Parallel dazu regt das Kauen von Salbeiblättern die Liebeslust an. Gleichzeitig bremsen die Säfte des Salbeis den Appetit. Daher werden Salbeiblätter oft unterstützend bei Diäten eingesetzt.
- Die ätherischen Öle des Salbeis lösen lästige Blähungen im Darm und regen die Verdauung auf natürliche Weise an.
- Eine weitere bemerkenswerte Eigenschaft des Salbeis ist die schnelle Wirkung bei übermäßigen Schweißausbrüchen, zum Beispiel bei Nachtschweiß. In diesem Fall muss man ebenfalls regelmäßig ungesüßten Salbeitee trinken.
- Durch die pflanzlichen Hormonstoffe wird Salbei zu einem nützlichen Mittel gegen Hitzewallungen in den Wechseljahren: 1 Tasse Salbeitee mit 2 Teelöffeln Melissengeist und 1 Teelöffel Honig.
- Wenn die monatlichen Tage ausbleiben oder wenn die Tage sehr schmerzhaft sind: Salbeitee kann helfen.

Grundsätzlich darf man auch sagen: Salbei als Tee oder Gewürz für Fleisch und Soßen liefert dem Organismus Vitalität und Kraft.

Rosmarin stärkt den Geist und die Nerven

Wenn Sie gern Kräuter in der Küche einsetzen und Fleischgerichte – zum Beispiel Lamm – besonders schmackhaft zubereiten wollen, sollten Sie Rosmarin verwenden. Sie sollten aber außerdem wissen, dass dieser Rosmarin auch ein Heilkraut ist, das für die Gesundheit des Menschen wertvolle Dienste leisten kann. Rosmarin ist eine hervorragende natürliche Medizin.

Entscheidend dafür sind die Inhaltsstoffe: ein ätherisches Öl, das hauptsächlich aus Monoterpen-Kohlenwasserstoffen, Borneol und Verbenol, besteht, aber auch aus Karnosinsäure und Duftstoffen. Diese Wirkstoffkombination macht Rosmarin zu einer interessanten Waffe gegen verschiedene Alltagsbeschwerden:

- Wenn man eine Tasse Rosmarintee trinkt, oder wenn man sich mit Rosmarinöl Schläfen, Stirne und Kopf einreibt, kann man damit erfolgreich Kopfschmerzen bekämpfen.
- Rosmarintee – 3-mal am Tag eine Tasse getrunken – lindert Blähungen, regt die Verdauung an, aktiviert die Leber, die Galle und den Gallenfluss.

Die Inhaltsstoffe des Rosmarins regen die glatte Muskulatur des Verdauungstraktes an.

- Junge Mädchen und Frauen, die an ihren monatlichen Tagen ganz besonders unter Schmerzen und Krämpfen leiden, sollten nicht gleich zu starken schmerzstillenden Medikamenten greifen, sondern Rosmarintee trinken und die Speisen großzügig mit Rosmarin würzen.
- Rosmarin stärkt den Kreislauf und gibt den Blutgefäßen durch das Flavonoid Diosmin Kraft.
- Viele natürliche Einreibemittel gegen rheumatische Beschwerden enthalten Rosmarinöl.
- Haarewaschen mit Rosmarintee ist ein altes, bewährtes Hausmittel gegen Schuppen. Kein Wunder also, wenn heute in vielen Kräutershampoos Rosmarin enthalten ist. Mattes Haar wird durch Rosmarin wieder glänzend.
- Was wenige wissen: Rosmarin regt unser Gehirn an und stärkt die Nerven. Ältere Menschen, die vergesslich sind, und Kinder, die in der Schule sehr gefordert sind, sollten zeitweise eine Kur mit 3-mal täglich einer Tasse Rosmarintee durchführen. Auch als Gewürz in Speisen fördert Rosmarin die Konzentrationsfähigkeit und schärft das Gedächtnis.
- Wer an niedrigem Blutdruck leidet, kann mit Rosmarintee und Rosmarin als Gewürz etwas dagegen unternehmen.
- Gegen Gelenks- und Gliederschmerzen im vorgerückten Alter kann man selbst ein Rosmarin-Einreibemittel zubereiten: 2 Kilo Rosmarinblätter (Apotheke) vier Tage in 2 Liter Weißwein ziehen lassen.

Allerdings muss man im Umgang mit Rosmarin vorsichtig sein: Manche Menschen können dagegen eine Allergie entwickeln.

Peperoni stärkt das Herz und vertreibt den Schnupfen

Im Gegensatz zu den Gemüse-Paprikaschoten gibt es den sogenannten kleinen, schmalen Gewürzpaprika, der unter den Bezeichnungen Peperoni, Chili oder Cayennepfeffer bekannt ist. Die meisten von uns setzen die Peperoni in der Küche ein, wenn es darum geht, Speisen besonders würzig und scharf zuzubereiten. Doch die Peperoni hat auch in der Naturheilkunde gegen verschiedene Befindlichkeitsstörungen und Alltagsbeschwerden eine beachtliche Bedeutung.

Der Hauptbestandteil in der Peperoni ist das Alkaloid Capsaicin. Die Peperoni ist außerdem reich an Scharfstoffen, an Vitamin C und A, an Karotinoiden und ätherischen Ölen. All diese Wirkstoffe haben auf unseren Organismus einen ganz besonderen Einfluss:

- Der Saft der Peperoni oder des Cayennepfeffers wird in der Medizin als Reizmittel in Form von Einreibungen bei rheumatischen Beschwerden und Gelenksrheuma angewendet. Die weiße Milch, deren Wirkung auf den Substanzen Nonivamid und Infrotto ultra beruht, gibt's in der Apotheke.
- Wer Speisen mit Peperoni würzt, regt damit den Kreislauf an. Der amerikanische Kräuterheilkundige und Arzt Dr. T. J. Tyler schreibt dazu: »Peperoni sind die kräftigste Herzstimulans mit dauerhafter Wirkung!«

Und das haben Ernährungswissenschaftler über die Wirkung der Peperoni im menschlichen Organismus herausgefunden:

- Das Essen und Verdauen von Nahrung kostet Kraft. Hat der Verdauungstrakt Nahrung bekommen, fordert er Blut an. Das Herz muss also mit mehr Energie arbeiten, muss mehr Blut fördern. Daher kommt es zu einem Ansteigen des Herzschlag-Volumens. Das Capsaicin in der Peperoni verstärkt nun die Herzleistung.
- Die Wirkung geht aber noch weiter: Wer Peperoni in seiner Speise hat, der hilft damit, die Zahl jener Blutplättchen zu reduzieren, welche für Blutgerinnsel und Herzinfarkt verantwortlich sind. Dieser positive Einfluss hält bis zu 3 Stunden nach dem Essen an.
- Wer mit Peperoni würzt, kann damit auch die körpereigenen Abwehrkräfte gegen Erkältungskrankheiten, vor allem gegen den ersten Schnupfen im Herbst, stärken. Das liegt zum Teil auch am hohen Anteil an Vitamin C. Man kann aus getrockneten Peperoni Tee zubereiten und diesen als Gurgelwasser gegen Halsentzündungen nützen.
- In kleinen Mengen kann die Peperoni appetitanregend und verdauungsfördernd wirken.

Allerdings muss man wissen: Zu viele Peperoni können zu Magenproblemen sowie zu Leber- und Nierenschäden führen.

Genießen Sie die positive Schärfe immer mit Maß und Ziel.

Petersilie als Vitamin-C-Bombe

Das erste Küchenkraut, das nach dem langen Winter in unseren Gärten, wieder aus dem Boden sprießt und sattes Grün verbreitet, ist die Petersilie. Jeder kennt sie. Sie ist das am meisten verwendete Gewürzkraut beim Zubereiten von Speisen.
Doch wir sollten wissen, dass die Petersilie nicht nur gut schmeckt. Sie ist auch eine natürliche Arznei. Wir sollten daher reichlich Gebrauch davon machen, am besten in rohem Zustand.

Die Petersilie enthält bis zu 7 Prozent ätherische Öle, 20 Prozent pflanzliche Öle, den Hauptwirkstoff Apiin, viele Mineralstoffe, Schleimstoffe und geringe Mengen an natürlichem Zucker. Während man Blätter und Wurzel der Petersilie bedenkenlos essen kann, ist beim Petersiliensamen Vorsicht geboten. Er enthält Apiol, eine giftige Kampfer-Art.

Petersilie kann unsere Gesundheit in verschiedener Weise positiv beeinflussen:

- Das Küchenkraut wirkt enorm entwässernd. Dadurch wird die Arbeit der Niere unterstützt. Petersilie erhält die Nieren gesund. Wer an den Nieren leidet, sollte allerdings sparsam mit Petersilie umgehen und mit dem Arzt darüber sprechen.
- Weil Petersilie harntreibend wirkt, hilft sie auch, den Körper regelmäßig zu entgiften.
- Auch die Arbeit der Milz wird von der Petersilie gefördert und unterstützt.
- Die Leber bekommt positive Impulse von der Petersilie.
- Da die Petersilie die Schweißbildung fördert, werden durch den Konsum dieses Küchenkrautes auch über die Haut Gifte rascher ausgeschieden.
- Chronische Hautprobleme werden durch Petersilie verbessert.
- Petersilie in den Speisen unterbindet Blähungen, an denen viele Menschen leiden.
- Unsere Verdauungssäfte werden in ihrer Qualität durch die Petersilie verbessert.
- Petersilie stärkt den Körper gegen Infektionskrankheiten. Das Geheimnis: Petersilie ist eine ausgesprochene Vitamin-C-Bombe. Was wenige wissen: Ein Bund Petersilie hat 4-mal so viel Vitamin C wie ein halbes Kilo Orangen.

Durch das Glykosid Apiin ist Petersilie auch im fortgeschrittenen Alter ein anregendes Mittel für die Liebeskraft.

Die meiste Kraft für die Gesundheit holt man sich aus der Petersilie, wenn man sie roh verzehrt: in Salaten, Soßen, als Brotbelag oder – kurz vor dem Servieren – auf die Suppe gestreut.

Vital durch den Frühling mit der Löwenzahn-Kur

Der Frühling ist die ideale Zeit für eine Kur zum Abnehmen, Entschlacken und Entgiften des Organismus. Sie wollen wissen, wie Sie das machen? Ganz einfach: Gehen Sie in den Garten oder in die freie Natur und holen Sie sich möglichst zarte, saftige Löwenzahnblätter. Sie können das »Unkraut« Löwenzahn optimal für Ihre Gesundheit einsetzen.

Löwenzahn-Blätter und -Wurzeln enthalten die wertvollen Substanzen Cholin, Xantophyll, Asparagin, Phenolsäure, die Bitterstoffe Taraxizin und Taraxol, die Vitamine C, D, der B-Gruppe und mehr Vitamin A als die Karotte.

Mit diesen Kräften ausgestattet, bringt der Löwenzahn den gesamten Stoffwechsel in Schwung, hilft vorhandene Fettdepots und Schlackenstoffe abzubauen, unterstützt die Arbeit von Leber, Niere und Bauchspeicheldrüse und kurbelt die Verdauung an.
Man kann rheumatische Beschwerden lindern und Hautprobleme besser in den Griff bekommen.

Hier die verschiedenen Möglichkeiten, die Kraft des Löwenzahns zu nützen:

- Schneiden Sie frische, zarte Löwenzahnblätter ab und bereiten Sie daraus einen Salat. Essen Sie 4 Wochen lang jeden dritten Tag eine Portion, jeweils frisch zubereitet: 70 g Löwenzahnblätter in schmale Streifen schneiden. Marinade aus 1 EL Distelöl, 1 EL Apfelessig, etwas Zitronensaft, etwas Honig, Pfeffer, Salz, 2 zerdrückten Knoblauchzehen, 1 EL Jogurt. Man kann den Salat auch mit gekochten Kartoffeln mischen. Vorsicht: Den Löwenzahn niemals an Autostraßen oder in Industriegebieten pflücken. Die Pflanzen sind dort schadstoffbelastet.
- Sollten Sie nicht genügend Löwenzahnblätter in freier Natur für einen Salat gefunden haben, dann hacken Sie 2 bis 3 Blätter ganz klein und streuen Sie diese auf eine Scheibe Vollkornbrot mit Butter.

Die Brunnenkresse
ist das »Mini-Penizillin« aus dem Kräutergarten,
die ätherischen Senföle können
Bakterien abtöten.
Lesen Sie auf Seite 151 f.

Löwenzahn: auch als Dessert!

1/4 kg Löwenzahnblüten
1 Stamm Gundelrebe mit Blüten
1 Zitrone, 400 ml Wasser
80 g Honig, 2 Bananen, 3 Kiwis
1 Päckchen Tortengelee

Garnitur:
Sahne, Blütenblätter

Die Blütenblätter abzupfen, mit Wasser zum Kochen bringen und über Nacht stehen lassen.

Den Saft abseihen und auf 1/4 l einkochen. Die Gundelrebe in den heißen Saft geben und auskühlen lassen. Die Gundelrebe wieder entfernen, das Tortengelee in den Saft einrühren, aufkochen, mit Honig süßen und kühl stellen.

Bananen- und Kiwischeiben abwechselnd in Cocktailschalen anrichten. Löwenzahngelee über das Obst gießen und mit Schlagsahne garnieren.

Aus: Wildgemüse, schmackhaft und gesund; Kneipp-Verlag.

Am Bananenwochenende beginnen Sie den Samstag mit einem wunderbaren Müsli mit Bananen, Vollkornhaferflocken, Cornflakes und anderen köstlichen Zutaten.

Rezept Seite 169.

Das Kartoffelwochenende bietet am 2. Tag zu Mittag gebratene Hühnerbrust mit Kartoffelsalat und Kürbiskernen fein garniert.
Rezept Seite 177.

- Wenn Sie keine Gelegenheit haben, an frischen Löwenzahn heranzukommen, dann besorgen Sie sich in der Apotheke Löwenzahnwurzeltee. Trinken Sie 3 Wochen lang täglich 3 Tassen.
- Oder holen Sie sich aus dem Reformladen Löwenzahn-Frischpflanzensaft und nehmen Sie 4 Wochen lang 3-mal täglich 2 Esslöffel davon mit etwas Wasser ein, am besten vor den Mahlzeiten.

Die Mariendistel: Elixier für die Leber

Wer Alkohol trinkt, fette Speisen isst, Medikamente nehmen muss und vielen Umweltbelastungen ausgesetzt ist, der sollte seiner Leber bei ihrer Entgiftungsarbeit helfen, sollte der »Entgiftungs-Zentrale« des Körpers neue Kraft geben.

Jüngste Studien der Naturmedizin haben gezeigt, dass sich genau dafür eine Heilpflanze ganz hervorragend eignet: die Mariendistel.

Die uralte Tradition dieses Krautes konnte jetzt wissenschaftlich bestätigt werden. Der erste, der die positive Wirkung der Mariendistel auf die Leber beobachtete, war der deutsche Arzt Dr. Johann Gottfried Rademacher, der zu Goethes Zeiten lebte. Dann geriet die Pflanze in Vergessenheit.

Erst im Jahr 1968 entdeckte man eine Reihe von Wirkstoffen in der Mariendistel, allen voran das Silymarin in den Früchten, welches die Wirkung von Giften in der Leber abbaut.

Wie stark die Wirkstoffe in der Mariendistel sind, hat im Jahr 1971 ein gewagter Selbstversuch eines Arztes bewiesen.

Das Ergebnis: Die Mariendistel schwächt im Körper des Menschen die Wirkung von giftigen Pilzen ab. Daher findet man in Büchern für Pilzesammler oft den Hinweis: Zu Pilzgerichten immer Mariendisteltee trinken.

Heute hat die Mariendistel mit ihren Wirksubstanzen Silymarin und Alepa forte hauptsächlich Bedeutung gegen Alkoholfolgen sowie gegen Umweltbelastungen, die in der Leber ihren Niederschlag finden.

Leber-Aufbaukur mit der Mariendistel:

Trinken Sie 3 Wochen lang 3-mal täglich eine Tasse Mariendisteltee. Ein Teelöffel Mariendistelfrüchte werden mit einer Tasse kochendem Wasser übergossen, 10 Minuten ziehen lassen, durchseihen, trinken.

VIII. Teil:

Ernährungsprogramme fürs Wochenende

So setzen Sie wohlschmeckende Speisen für Ihre Gesundheit ein.

Man kann mit der Ernährung eine Menge für die eigene Gesundheit tun und einer Reihe von Krankheiten vorbeugen. Viele Alltagsbeschwerden und Befindlichkeitsstörungen lassen sich damit erfolgreich bekämpfen. Man kann auf wunderbare Weise die ärztliche Behandlung unterstützen und gleichzeitig auch etwas für die Figur tun.

Wenn man die Grundbegriffe einer ausgewogenen Vollwerternährung erlernt hat, ist es im Grunde genommen ganz einfach, gutes Essen mit gesundheitlichen Effekten zu verbinden.

Der Einstieg von der herkömmlichen Ernährung in eine gesündere Lebensweise benötigt anfangs Zeit. Daher ist es am besten, man startet vorerst an den Wochenenden.

Da hat man den entsprechenden Freiraum dafür und kann sich ganz den neuen kulinarischen Varianten widmen. Aus diesem Grund möchte ich Ihnen zur Anregung eine Reihe von Wochenend-Programmen für Ihre Ernährung präsentieren.

Nicht vergessen: Täglich etwa 2 Liter Mineralwasser trinken! Sie werden sich selbst überzeugen können: Was dem Organismus gut tut, das kann auch ganz hervorragend schmecken.

Das Orangen-Wochenende

Ein Programm mit saftigen Südfrüchten für Ihre Widerstandskraft

In vielen Monaten des Jahres sind die saftigen, süßen Orangen aus dem sonnigen Süden für Jung und Alt oft das attraktivste Obst, auf das wir mitunter regelrechten Heißhunger haben. Orangen sind für uns wichtige Vitamin-C-Lieferanten gegen Schnupfen und Grippe. Bauen Sie daher im Herbst ein Orangen-Wochenende ein. Sie stärken damit den gesamten Organismus gegen Infektionserkrankungen. Die Devise des Programms für eine bessere Widerstandskraft lautet: Schlank werden und topfit durch die kalten Tage gehen. Die Rezepte sind jeweils für eine Person berechnet.

1. Tag – Freitag

Mittags: letzte normale Mahlzeit.

Nachmittags:
1 Orange mit 150 g (58 Kalorien).

Abends:
Auf einen Teller eine halbe, ausgehöhlte Orangenschale anrichten. Füllen Sie diese mit einem Gemisch aus dem Orangenfruchtfleisch in Würfeln, 100 g gebratener Hähnchenbrust, 50 g Topfen (Quark) und 20 g Hüttenkäse verrührt mit etwas Jogurt, Zitronensaft, Distelöl, Honig, Salz und Pfeffer. Servieren Sie mit 10 g gehackten Haselnüssen und gehacktem Dillkraut (317 Kalorien).

2. Tag – Samstag

Morgens:
2 Tassen Früchtetee mit 2 TL Honig, 2 Schnitten Vollkornbrot, 50 g Magertopfen (Magerquark), etwas Schnittlauch gehackt. Dazu ein Glas mit dem Saft einer ausgepressten Orange (312 Kalorien).

Vormittags: 1 Orange (58 Kalorien).

Mittags:
Auf einem Teller anrichten: 200 g rohen Blattspinat mit einer Marinade aus Kräuteressig, Zitronensaft, Distelöl, Pfeffer, Salz, etwas Süßstoff, 2 EL gehackter Petersilie und 100 g gegrillte Hühnerleber, mit Orangenstücken garnieren (290 Kalorien).

Nachmittags: 1 Orange (58 Kalorien).

Abends:
200 g gegrilltes Hähnchen auf einem Teller mit 100 g Kopfsalat, in einzelne Blätter zerpflückt, anrichten. Dazu eine Orange in Stücken und 3 Cocktailkirschen. 1/32 l Orangensaft, 1 TL Sherry, 1 Blatt Gelatine, etwas Gemüsesuppe und Cayennepfeffer aufkochen und damit das Hähnchen übergießen. Erkalten lassen und dann servieren (310 Kalorien).

3. Tag – Sonntag

Morgens:
2 Tassen Malventee mit 2 TL Honig, 2 EL Vollkornhaferflocken mit 4 EL Milch, 1 TL Honig, 1 TL Leinsamenkörnern, 1 TL gemahlenen Haselnüssen und 2 Orangen, in Würfel geschnitten, zu einem Müsli vermischen (310 Kalorien).

Vormittags: 1 Orange (58 Kalorien).

Mittags:
Einen Teller mit 50 g Feldsalat auslegen. Eine große Orange in Scheiben darauf legen und 50 g gekochten Schinken in feinen Streifen darüber verteilen. Mit einer Marinade aus Salz, Pfeffer, Honig, geriebener Zwiebel (10 g) und etwas Zitronensaft übergießen (315 Kalorien).

Nachmittags: 1 Orange (58 Kalorien).

Abends:
In einer Dessertschale anrichten: Orangenspalten von 2 Orangen ohne Haut, Grapefruit-Spalten von 1/2 Grapefruit, dazu 1 EL Vollkornhaferflocken, 2 TL Granoton (Reformladen), darauf 2 EL Jogurt. Dazu 2 Vollkornkekse (310 Kalorien).

Dazu meine Spezialtipps:

- ☛ Trinken Sie pro Tag 2 Liter Mineralwasser mit 1 Liter frisch gepressten Orangensaft vermischt.
- ☛ Wenn Sie auf Orangen einen Hautausschlag bekommen, dürfen Sie dieses Programm nicht durchführen.
- ☛ Verwenden Sie nur Orangen, die Sie frisch gekauft haben. Orangen, die schon einige Tage bei Zimmertemperatur lagern, haben bereits zu viele Vitalstoffe verloren.

Das Bananen-Wochenende

Ein Programm gegen Stress, Nervosität und Liebesunlust

Wenn Sie sich körperlich und nervlich überfordert fühlen, dann ist das Bananen-Wochenende genau das Richtige für Sie. Das reiche Angebot an Vitaminen, Mineralstoffen und an den Hormonstoffen Serotonin sowie Norepinephrin stärkt nicht nur das Herz, sondern bekämpft Stress und

Nervosität und fördert positives Denken. Außerdem ist erwiesen, dass der Genuss von Bananen fröhlich macht. Tanken Sie für Ihre Lebensqualität Vitalstoffe. Die Rezepte sind jeweils für eine Person berechnet.

1. Tag – Freitag

Mittags: letzte normale Mahlzeit.

Nachmittags: 1/2 Banane (60 Kalorien).

Abends:
2 Bananen schälen, mit 1/2 TL Paprikapulver bestäuben, mit 4 dünnen Schnitten durchwachsenem Speck umwickeln, in einer feuerfesten gebutterten Form 20 Minuten im Ofen backen. 150 g Tomaten durch ein Sieb passieren, mit dem Saft von 1/4 Zitrone, etwas Salz und 1/2 TL edelsüßem Paprikapulver vermischen. Soße über die Bananen verteilen, mit 1 Tomate und Petersilie garnieren. Dazu 1 Scheibe Vollkornbrot (360 Kalorien).

2. Tag – Samstag

Morgens:
1 EL Vollkornhaferflocken mit 1/8 l Buttermilch, 60 g Banane und 50 g Birne in Stücken, 1 EL Rosinen, 5 g Cornflakes, 1 EL gehackten Walnüssen vermischen. Dazu 2 Tassen Pfefferminztee mit 2 TL Honig (330 Kalorien).

Vormittags: 1/2 Banane (60 Kalorien).

Mittags:
1 Scheibe Kalbsleber in Mehl wenden, 10 g Butter erhitzen, Leber auf beiden Seiten rasch darin braten. Dann salzen. Auf einem Teller anrichten. 1 Banane der Länge nach halbieren. Im Bratenfond bräunen und auf die Leber legen. Mit Petersilie garnieren (320 Kalorien).

Nachmittags: 1/2 Banane (60 Kalorien).

Abends:
1 Tomate schälen, in Scheiben schneiden, 1 Banane in Räder schneiden, mit Zitronensaft beträufeln. Alles auf einem Teller anrichten. Marinade aus dem Saft einer 1/4 Zitrone, 1 TL Olivenöl, etwas Curry, Pfeffer, Salz, gehacktem Schnittlauch und Kresse darüber gießen. Dazu 1 Scheibe Vollkornbrot (228 Kalorien).

3. Tag – Sonntag

Morgens: 2 Tassen Malventee mit 2 TL Honig. 1 Scheibe Vollkornbrot mit 60 g Topfen (Quark), 3 EL Magerjogurt, 10 g gehackter Zwiebel, Kümmel,

Salz, Paprikapulver und Schnittlauch. Danach 1 Banane, 1/2 TL Honig, Saft von 1/2 Orange mixen, in ein Glas gießen und mit Mineralwasser auffüllen (380 Kalorien).

Vormittags: 1/2 Banane (60 Kalorien).

Mittags:
1 Banane mit Zitronensaft beträufeln, in 10 g Butter goldgelb braten. Mit einer Scheibe mageren Schinken umwickeln, 1 EL geriebenen Käse darüber streuen, 5 Minuten im vorgeheizten Backofen grillen. Dazu 1 Vollkorntoast (270 Kalorien).

Nachmittags: 1/2 Banane (60 Kalorien).

Abends:
1 Banane in dicke Räder schneiden, Zitronensaft darauf träufeln. 2 Stangen Rhabarber in kleine Stücke schneiden und mit 1 EL Honig süßen. Alles mischen. In eine gefettete Auflaufform geben, 20 Minuten im vorgeheizten Ofen backen. 1 geschlagenes Eiweiß mit etwas Honig und Zitronensaft vermischt auf den Auflauf geben, kurz überbacken, heiß servieren (248 Kalorien).

Dazu meine Spezialtipps:

- Verwenden Sie nur vollreife, gelbe Bananen, allerdings ohne braune Flecken.
- Unbedingt täglich 2 – 3 Liter Mineralwasser trinken.
- Zusätzlich bei großem Hunger ist 1 Apfel pro Tag gestattet.

Das Brokkoli-Wochenende

Ein Ernährungsprogramm für Herz, Muskeln und Verdauung

Mit sattgrünen, bildschönen Rosen präsentieren sich die frischen Brokkoli auf Märkten und in den Gemüseläden. Greifen Sie zu für ein Brokkoli-Wochenende. Sie haben viele Vorteile: Brokkoli haben ganz wenig Kalorien und sind reich an lebenswichtigen Substanzen. Sie liefern uns sehr viel Vitamin C, alle Vitamine der Gruppe B, besonders reichlich Kalium, weiters Kalzium und Phosphor. Mit Brokkoli können Sie Herz, Muskeln und Nerven stärken, die Verdauung in Schwung bringen und ideal entschlacken.

Die Rezepte sind jeweils für eine Person berechnet.

1. Tag – Freitag

Mittags: letzte normale Mahlzeit.

Nachmittags:
50 g Karotten (20 Kalorien).

Abends:
200 g Brokkoli in kochendes Wasser geben, pfeffern, salzen, 10 Minuten kochen. Brokkoli abtropfen, warm stellen. 5 g Butter erhitzen, 5 g Mehl einrühren. Mit 1/16 l Brokkoli-Wasser und 1/16 l Gemüsebrühe (Reformladen) ablöschen.
Mit Muskat, Salz, Pfeffer würzen. 7 Minuten kochen. 6 EL geriebenen Käse einrühren, bis er sich auflöst. 25 g Fleischwurst in Würfeln dazugeben. Die Soße vor dem Servieren über die Brokkoli gießen (283 Kalorien).

2. Tag – Samstag

Morgens:
2 Tassen Kräutertee mit 2 TL Honig. Müsli: 1/8 l Magermilch, 15 g Vollkornhaferflocken, 10 g Rosinen, 50 g Banane in Rädern, 45 g Birne, 40 g Erdbeeren in kleinen Stücken, 10 g Walnüsse (320 Kalorien).

Vormittags:
50 g Karotten (20 Kalorien).

Mittags:
200 g Brokkoli waschen, putzen, 10 Minuten in mit Salz und Muskat gewürztem Wasser kochen. Parallel 12 g Mandelblätter in 8 g heißer Butter goldgelb rösten.

Soße: 5 g Butter mit 5 g Mehl erhitzen, mit 1/32 l Gemüsebrühe aufgießen, 7 Minuten kochen, 1/32 l Schlagobers (Sahne) einrühren, mit Salz, Honig, Zitronensaft würzen. Vor dem Servieren die Soße über den Brokkoli gießen, alles mit den Mandeln bestreuen (305 Kalorien).

Nachmittags:
50 g Karotten (20 Kalorien).

Abends:
200 g Brokkoli zerkleinern, in kochendes Salzwasser geben, 10 Minuten kochen. Herausnehmen, abtropfen. 10 g Butter erhitzen, Brokkoli dazugeben, mit Salz und Muskat würzen.
2 Eier verquirlen, mit 1 EL gehackter Petersilie und 1 TL geriebenem Käse mischen, über den Brokkoli gießen. Wie ein Omelett servieren. Mit 1/4 gehackter roter Paprikaschote garniert servieren (302 Kalorien).

3. Tag – Sonntag

Morgens:
2 Scheiben Vollkorntoast, 15 g Schinken, 15 g Edamerkäse, 100 g Tomaten. 2 Tassen Kräutertee mit 2 TL Honig (245 Kalorien).

Vormittags: 50 g Karotten (20 Kalorien).

Mittags:
200 g Brokkoli in kochendes Wasser geben, mit Salz, Muskat würzen, 10 Minuten kochen. 10 g Butter erhitzen, 1/2 gehackte Zwiebel leicht rösten, 25 g gekochten Schinken, würfelig geschnitten, kurz darin braten. Brokkoli mit der Schinkenmasse vermischt servieren (215 Kalorien).

Nachmittags: 50 g Karotten (20 Kalorien).

Abends:
150 g Brokkoli zerkleinern, 10 Minuten in 1 Tasse Gemüsesuppe weich kochen. Auf eine Toastscheibe geben. 8 g Butter erhitzen, 8 g Mehl dazugeben, mit 1/2 Tasse Milch aufgießen. Mit Pfeffer, Salz, Muskat würzen, 1 gehacktes Ei darunter rühren. Die Soße über die Brokkoli gießen. Toast im vorgeheizten Backofen 15 Minuten backen (417 Kalorien).

Dazu meine Spezialtipps:

- ☛ Trinken Sie täglich 2 bis 3 Liter Mineralwasser.
- ☛ Achten Sie immer darauf, dass die Brokkolistängel nach dem Garen weich sind.
- ☛ Ideal sind frische Brokkoli oder Tiefkühlware.
- ☛ Bei großem Hunger ist zwischendurch jeweils 1 Kartoffel erlaubt.

Das Jogurt-Früchte-Wochenende

Ein Programm mit leichten Köstlichkeiten für Ihren Stoffwechsel

Wie wäre es am nächsten Wochenende mit einer Kombination von frischen Früchten und Jogurt? Während die Früchte den Organismus mit Vitaminen, Mineralstoffen und Spurenelementen versorgen, bringt Jogurt zusätzlich noch mehr Vorteile:

Es ist leicht verdaulich, liefert hochwertiges Eiweiß, hat kaum Fett, fördert die Verdauung, verbessert die Vitalität und ist reich an dem Mineralstoff

Kalzium für Knochen, Haut und Nerven. Machen Sie ein Jogurt-Früchte-Wochenende und verbessern Sie Ihren gesamten Stoffwechsel! Die Rezepte sind jeweils für eine Person berechnet.

1. Tag – Freitag

Mittags: letzte normale Mahlzeit.

Nachmittags: 1 Becher Magerjogurt (60 Kalorien).

Abends:
150 g frische Erdbeeren mit 20 g Honig im Mixer pürieren. Mit 200 g Jogurt verrühren. Nun den Saft 1/2 Zitrone und 1/2 Orange erhitzen, darin 3 Blatt Gelatine (vorher aufgeweicht) auflösen. Die warme Flüssigkeit in die Jogurtmasse rühren. 1 EL Schlagobers (Schlagsahne) unterziehen. In eine Puddingform füllen, im Kühlschrank 2 Stunden fest werden lassen. Aus der Form stürzen, mit einigen Erdbeeren garniert servieren (270 Kalorien).

2. Tag – Samstag

Morgens:
2 Tassen Früchtetee mit 2 TL Honig. Müsli aus 1 EL Vollkornhaferflocken, 1/8 l Jogurt, 50 g Birne in Stücken, 60 g Banane in Rädern, 1 EL Rosinen, 1 EL gehackten Walnüssen und 1 TL Cornflakes (310 Kalorien).

Vormittags: 1 Apfel (75 Kalorien).

Mittags:
300 g Jogurt, verrührt mit 2 TL Honig und 250 g frischen, zerdrückten Erdbeeren (280 Kalorien).

Nachmittags: 1 Becher Magerjogurt (60 Kalorien).

Abends:
150 g entkernte Honigmelone in Stücke schneiden, mit etwas Zitronensaft würzen und mit 100 g frischen Erdbeeren und 60 g Birne in Stücken verrühren. Alles in 1/2 Melonenschale füllen. Mit 50 g Magerjogurt garnieren. Mit 1 Schnitte Vollkorntoast und 10 g Butter servieren (300 Kalorien).

3. Tag – Sonntag

Morgens:
2 Tassen Früchtetee mit 2 TL Honig. Müsli mit 1/16 l Orangensaft, 50 g Orangen in Stücken, 1/2 Kiwi in Scheiben, 1 EL gehackten Mandeln, 1 EL Vollkornhaferflocken (320 Kalorien).

Vormittags: 1 Becher Magerjogurt (60 Kalorien).

Mittags:
100 g Magerjogurt und 100 g Magertopfen (Magerquark) mit 2 EL Honig, Saft von 1 Orange und 1/2 Zitrone verrühren. 100 g Heidelbeeren darunter rühren. In eine Dessertschale füllen, weitere 100 g Heidelbeeren darauf verteilen und servieren (200 Kalorien).

Nachmittags: 1 Kiwi (40 Kalorien).

Abends:
300 g Magerjogurt mit 100 g frisch gepresstem Orangensaft und 50 g Sanddornsaft (Reformladen) glatt rühren. 200 g Weintrauben waschen, halbieren, entkernen, ins Jogurt rühren. 10 g gehackte Walnüsse dazumischen (210 Kalorien).

Dazu meine Spezialtipps:

- Sie dürfen zum Jogurt-Früchte-Wochenende keine Milch trinken.
- Sie sollten aber dazu täglich 2 bis 3 Liter stilles Mineralwasser trinken.
- Zucker ist verboten.
- Bei großem Hunger ist 1/2 Banane gestattet.
- Verrichten Sie während dem Jogurt-Früchte-Wochenende keine anstrengenden Arbeiten. Sie sollten aber pro Tag 2 Stunden gemütlich Radfahren oder Wandern.

Das Spargel-Wochenende

Nützen Sie die kurze Zeit dieses Gemüses für Ihre Gesundheit

Wer Spargel liebt, der sollte die kurze Zeit nützen und das Angenehme mit dem Nützlichen verbinden. Machen Sie von Freitagmittag bis Sonntagabend ein Spargel-Wochenende. Tanken Sie dabei neue Lebensfreude und Vitalität. Spargel ist reich an den Vitaminen C, B1 und B2, an den Mineralstoffen Kalium, Kalzium und den Spurenelementen Phosphor und Eisen. Genau diese Zusammensetzung ist der Treibstoff für Optimismus, Kraft und Unternehmungslust. Spargel unterstützt die Nieren, stärkt die Nerven und fördert die Sinnlichkeit. Die Rezepte sind jeweils für eine Person berechnet. Viel Genuss mit wenig Kalorien!

1. Tag – Freitag

Mittags: letzte normale Mahlzeit.

Nachmittags: 100 g Spargel aus der Dose (19 Kalorien).

Abends:
Spargel-Teller: 300 g Spargel, waschen, vom Kopf her schälen, in 1 l Wasser sprudelnd aufkochen, 15 Minuten weiterkochen lassen. Abtropfen, in Stücke schneiden, auf einem Teller anrichten. Mit Vinaigrette-Soße übergießen. Für die Soße: 2 EL kaltgepresstes Distelöl mit 1 1/2 EL Apfelessig, etwas Salz, weißem Pfeffer, Honig, 4 EL gehackter Petersilie, 3 EL gehacktem Schnittlauch und 2 EL Kerbel sowie 1 Prise Estragon-Kraut verrühren. Dazu 1 Scheibe Vollkornbrot (350 Kalorien).

2. Tag – Samstag

Morgens:
2 Tassen Pfefferminztee, 2 TL Honig zum Süßen, 2 Schnitten Vollkornbrot mit 10 g Butter. Müsli: 60 g Erdbeeren zerdrücken, mit 30 g Vollkornhaferflocken, 1 EL Weizenkeimflocken und 2 EL Honig in 1/8 l Buttermilch verrühren (329 Kalorien).

Vormittags: 100 g Spargel aus der Dose (19 Kalorien).

Mittags:
500 g geschälten weißen Spargel in eine Pfanne mit 8 g erhitzter Butter schichten, mit Salz, Honig und 1 Prise Muskat würzen. Mit 1/8 l Wasser übergießen und zugedeckt ca. 15 Minuten dünsten.

Danach den Spargel mit Butter übergießen und mit 200 g Kartoffeln und 100 g gekochtem Schinken servieren (495 Kalorien).

Nachmittags: 100 g Spargel aus der Dose (19 Kalorien).

Abends:
500 g geschälten weißen Spargel in Wasser garen, abkühlen lassen, in Stücke schneiden, 100 g Orangen in Stücke schneiden. Alle Zutaten in einer Cocktail-Schale mit 100 g Jogurt, weißem Pfeffer, Salz, etwas Honig, 1 TL frisch gepresstem Zitronensaft vermischen (225 Kalorien).

3. Tag – Sonntag

Morgens: 2 Tassen Malventee, 2 TL Honig zum Süßen, 2 Schnitten Vollkornbrot, 50 g Magertopfen (Magerquark) mit 1 EL gehacktem Schnittlauch verrührt (312 Kalorien).

Vormittags: 100 g Spargel aus der Dose (19 Kalorien).

Mittags:
250 g weißen Spargel waschen, schälen, mit 10 g erhitzter Butter in einem Topf mit Honig und Salz bestreuen, mit 1/8 l Wasser auffüllen, zum Kochen bringen und dann 15 Minuten dünsten.
Mit 200 g Kartoffeln und 120 g warmem oder kaltem Roastbeef auf einem Teller anrichten (479 Kalorien).

Nachmittags: 100 g Spargel aus der Dose (19 Kalorien).

Abends:
250 g Spargel schälen, waschen. Wasser mit etwas Salz in einem flachen Topf zum Kochen bringen, Spargel hineingeben, einmal sprudelnd aufkochen, 15 Minuten bei schwacher Hitze weiterkochen lassen. Spargel abtropfen und abkühlen lassen, in Stücke schneiden. 250 g Champignons waschen, schneiden, dünsten, dazumischen.
Marinade darüber gießen: 2 EL Distelöl, etwas Zitronensaft, Salz, Honig, weißer Pfeffer.
Mit reichlich Kresse in einem Cocktail-Becher servieren (195 Kalorien).
Eventuell 1 Scheibe Vollkorntoastbrot dazu (75 Kalorien).

Dazu meine Spezialtipps:

☛ Alkohol ist während des Spargel-Wochenendes absolut verboten.

☛ Bereiten Sie den Spargel immer schonend zu, also nicht »zu Tode« kochen.

☛ Es herrscht absolutes Zuckerverbot.

☛ Das Spargel-Abendbrot sollte nicht nach 20 Uhr gegessen werden.

☛ Am 1. Tag 1 1/2 l und am 2. und 3. Tag jeweils 3 l Mineralwasser über den Tag verteilt trinken.

☛ Zusätzlich dürfen Sie nichts essen!

Das Kartoffel-Wochenende

Ein Ernährungsprogramm für Herz, Nerven und Verdauung

Alle Jahre, wenn die zartschaligen, heurigen Kartoffeln – kurz »Heurige« oder »die Neuen« genannt – frisch geerntet werden und auf den Markt kommen, sollten wir die Zeit nützen. Kartoffeln enthalten keinen Zucker, kaum Salz, 80 Prozent Wasser, hochwertiges Eiweiß, viel Vitamin C sowie reichlich von den Mineralstoffen Magnesium, Kalzium und Kalium für Herz, Nerven, Stoffwechsel und Verdauung. Kartoffeln machen satt, entschlacken und sind kalorienarm. Sie eignen sich ideal für ein kulinarisches Gesundheits-Wochenende. Die Rezepte sind jeweils für eine Person berechnet.

1. Tag – Freitag

Mittags: letzte normale Mahlzeit.

Nachmittags: 1/2 l Mineralwasser.

Abends:
3 mittelgroße neue Kartoffeln im Topf mit etwas Salzwasser dämpfen. Nach Wunsch Schale belassen oder entfernen. Auf einem Salatblatt anrichten und der Länge nach einschneiden.
Den Spalt füllen mit einer Mischung aus 10 g Zwiebel, etwas grünem Pfeffer, etwas Honig, 1/16 l Sauerrahm (saurer Sahne), 20 g Gewürzgurke, frischem Dillkraut (2 – 3 Esslöffel), 12 g Magertopfen (Magerquark). Mit etwas Kaviar garnieren (345 Kalorien).

2. Tag – Samstag

Morgens:
2 mittelgroße, geschälte, warme Kartoffeln, 10 g Butter, 2 Tassen Kräutertee, 2 TL Honig zum Süßen, 1 Apfel (320 Kalorien).

Mittags:
100 g Hühnerbrust gebraten. Dazu Kartoffelsalat: 250 g neue Kartoffeln dämpfen, schälen, in Scheiben schneiden, mit 1/16 l Gemüsebrühe in einer Schüssel übergießen.
1 EL Distelöl, 1 EL Apfelessig, etwas Salz und Pfeffer, Honig, Senf vermischen. Alles mit 1/2 klein gehackten Zwiebel und gehackter Petersilie verrühren. Mit 1/4 Ei, 1/4 Tomate und Kürbiskernen garnieren (430 Kalorien).

Abends:
250 g Kartoffeln halbieren und mit Schale im Backrohr backen: Schnittfläche nach oben, mit Kümmel bestreuen, mit etwas Butter bestreichen. Dazu 50 g Matjeshering in Zwiebel und Paprika eingelegt. Zum Eintauchen der Kartoffeln zur Auswahl: 3 EL Topfen (Quark) mit etwas Jogurt und 1 EL Weizenkeimen abgerührt oder 3 EL Topfen mit 1 EL frischen klein gehackten Kräutern oder 3 EL Topfen mit 1 EL Mungobohnen und 1 EL gehackten Paprikaschoten. 1/2 l Mineralwasser (305 Kalorien).

3. Tag – Sonntag

Morgens:
2 mittelgroße, geschälte, warme Kartoffeln, 10 g Gervais, 1 Tasse Kräutertee, 1/4 l Mineralwasser, 1 grüner Paprika (290 Kalorien).

Mittags:
250 g Kartoffeln ohne Schale in Scheiben schneiden. 10 g Schinken, 1/2 Zwiebel fein hacken, 20 g Lauch in Ringe schneiden, mit 10 g Butter 5 Minuten dünsten, 7 g Vollkornweizenmehl darüber streuen. Mit 1/8 l heißer Gemüsebrühe aufgießen, 1 EL Schlagobers (Sahne) einrühren, mit Salz, Pfeffer, gehackter Kresse, Thymian, Dill und Estragon würzen. Dann die Kartoffelscheiben dazugeben, 7 Minuten heiß werden lassen, mit Kräutern bestreut servieren. (355 Kalorien).

Abends:
1 große Kartoffel in etwas Wasser dämpfen, Deckel abschneiden, aushöhlen. Kartoffelmasse mit 30 g gehacktem Schinken, 1/4 gehackter Zwiebel, gehackten Kräutern und 1/4 aufgeweichten Vollkornbrötchen vermischen, damit die Kartoffel füllen, 10 g Käse darauf streuen und in der Folie im Ofenrohr überbacken. (430 Kalorien).

Dazu meine Spezialtipps:

- Pro Tag 2 Liter stilles Mineralwasser trinken!
- Morgens eine heiße Dusche, abends ein heißes Fußbad. Heiße Bäder und Duschen immer mit einem kurzen kalten Guss (rechts Herz-fern beginnen) abschließen.
- Alkohol und Nikotin sind verboten.
- Bei starkem Hunger ist nur 1 kleine Kartoffel erlaubt.
- Ideal für den Magen: vor jeder Mahlzeit ein Schnapsgläschen rohen Kartoffelsaft aus dem Reformladen.
- Pommes frites, Kartoffelchips und Röstkartoffeln sind verboten!

Das Fisolen-Wochenende

Ein Programm für gesundes Blut und gute Cholesterin-Werte

Knackig frische, zarte grüne Fisolen sind ein Hochgenuss. Abgesehen davon dass sie kalorienarm sind, kann man sie auch als heilendes

Nahrungsmittel bezeichnen. Sie helfen mit, den Organismus zu entschlacken, beeinflussen unseren Blutzucker-Haushalt, aber auch die Cholesterinwerte positiv und können der Gicht vorbeugen.
Sie fördern die Bildung der roten Blutkörperchen, beugen der Arterienverkalkung vor und halten so die Gefäße lange jung.
Es lohnt sich in jedem Fall – speziell zur Erntezeit –, ein Fisolen-Wochenende durchzuführen. Die Rezepte sind jeweils für eine Person berechnet.

1. Tag – Freitag

Mittags: letzte normale Mahlzeit.

Nachmittags: 2 Tassen Löwenzahnblättertee (Apotheke) mit etwas Honig.

Abends:
200 g grüne Fisolen halbieren und in etwas Wasser weich dünsten. 200 g Tomaten dünsten, häuten, zerdrücken und als Mus mit Salbei, Basilikum und Kräutersalz über die Fisolen gießen. 20 g Schinken würfelig schneiden, braten und darunter mischen. Mit 1 Spiegelei garnieren (370 Kalorien).

2. Tag – Samstag

Morgens:
175 g Magerjogurt mit etwas Honig süßen, 75 g Orangenstücke darunter mischen. 1 Schnitte Vollkornbrot mit 8 g Butter bestreichen, mit 50 g gekochtem Schinken, 30 g Tilsiter-Käse, 1 Salatblatt und 1 geviertelten Tomate belegen. Dazu 1 Tasse Kräutertee (460 Kalorien).

Vormittags: 1 Paprika.

Mittags:
200 g grüne Fisolen, geschnitten, in Wasser weich dünsten, auskühlen lassen. Mit 1/2 EL Distelöl, 1 EL Obstessig, 1/2 gehackten Zwiebel, etwas Honig, Pfeffer, 4 Oliven, Saft von 2 Knoblauchzehen und 50 g zerkleinertem Schafkäse zu einem Salat mischen. Dazu 100 g gebratene Hühnerbrust (362 Kalorien).

Nachmittags: 1 Tasse Löwenzahnblättertee mit Honig gesüßt.

Abends:
Dieselbe Menge Salat wie mittags (gleich doppelte Portion zubereiten und die Hälfte aufheben). Dazu 120 g gegrilltes Schollenfilet (382 Kalorien).

3. Tag – Sonntag

Morgens:
1/8 l Milch mit 1 EL Sanddornsaft (Reformladen) vermischen. 1 Schnitte Vollkornbrot mit 5 g Butter bestreichen. 40 g Magertopfen (Magerquark) mit 1 EL gehackten frischen Kräutern, etwas Kräutersalz, Pfeffer vermischen. Dazu 2 Radieschen und 1 Tomate (177 Kalorien).

Vormittags: 1 Apfel.

Mittags:
200 g grüne, zarte Fisolen waschen, schneiden, in etwas Wasser weich dünsten. In einer Pfanne mit 50 g gewürfeltem, gebratenem Speck, 2 Eiern, 1/4 Zwiebel in Würfeln, 1/4 Knoblauchzehe zerdrückt, etwas grünem Pfeffer, 3 EL frischen gehackten Kräutern, 2 EL Sauerrahm (saure Sahne) verrühren, erhitzen und servieren (385 Kalorien).

Nachmittags: 2 Tassen Löwenzahnblättertee, mit 2 TL Honig gesüßt.

Abends:
200 g Fisolen, waschen, brechen. 10 g Butter im Topf erhitzen, Fisolen und 1 Stängel Bohnenkraut zerhackt dazugeben, salzen, 1 Tasse Wasser zugießen. Im zugedeckten Topf alles 10 Minuten weich dünsten, mit gehackter Petersilie bestreuen. Mit 100 g Kartoffeln servieren (280 Kalorien).

Dazu meine Spezialtipps:

- ☛ Fisolen niemals roh essen! Sie enthalten einen Giftstoff, der beim Erhitzen zerstört wird.
- ☛ Das blutzuckersenkende Glukokinin in der Fisole hat nur unterstützende Wirkung, ersetzt also niemals das Insulin. Diabetiker müssen vor dem Programm mit ihrem Arzt sprechen.
- ☛ Trinken Sie täglich 1/2 l Fisolenschalentee (Grüne-Bohnen-Schalentee): 1 Handvoll getrocknete Bohnenschalen (Apotheke) in 1/2 l Wasser kochen, bis eine dicke Brühe entsteht. Diesen ungewöhnlichen Tee trinkt man dann auf 3 Tagesportionen verteilt.

Das Sellerie-Wochenende

Ein Ernährungsprogramm für Vitalität und starke Nerven.

Die runden, prallen und saftigen Sellerie-Knollen sind ein besonders wertvolles Wurzelgemüse. Sellerie aktiviert mit seinen Mineralstoffen und Spurenelementen den gesamten Stoffwechsel. Ätherische Öle und Vitamine regen die Drüsen an und helfen, Umweltgifte aus dem Körper abzutransportieren. Sellerie macht leistungsfähig, vital und stärkt die Nerven. Zugleich hilft er, den Organismus jung zu erhalten. Sellerie unterstützt auch die Lebensfreude und Liebeskraft, verbessert die Qualität von Haut und Haaren. Es hat daher viel Gutes, wenn Sie der Sellerie ein kulinarisches Wochenende widmen. Die Rezepte sind für jeweils eine Person berechnet.

1. Tag – Freitag:

Mittags: letzte normale Mahlzeit.

Nachmittags: 50 g Selleriesaft aus dem Reformladen (19 Kalorien).

Abends:
200 g Sellerieknolle in 1/16 l Wasser mit 1 EL Öl, etwas Salz und Honig 20 Minuten kochen. Mit 1 EL Obstessig, etwas Senf, Pfeffer, 2 EL gehackter Petersilie und 1 EL gehacktem Kerbel zu Salat mischen und auf einem Teller auf den Scheiben von 200 g Orangen anrichten. Dazu 1 Schnitte Vollkornbrot mit ganz wenig Butter (310 Kalorien).

2. Tag – Samstag

Morgens:
2 Tassen Hibiskusblütentee mit 2 TL Honig zum Süßen. 150 g Sellerieknolle (roh) und 70 g Apfel raffeln, mit 40 g Jogurt, Orangensaft, Salz, Honig, 10 g Nüssen und dem Saft von 1/4 Zitrone mixen. Dazu 1 Schnitte Vollkornbrot mit etwas Butter (330 Kalorien).

Vormittags: 50 g Selleriesaft aus dem Reformladen (19 Kalorien).

Mittags:
130 g Sellerieknolle in Wasser gar kochen, in Scheiben schneiden, zwischen jeweils zwei Scheiben 30 g Emmentaler-Käse legen. Jede dieser Doppelscheiben in eine Mischung aus 20 g Vollkornmehl, 1 EL Milch, 1/4 Ei, etwas Salz, Pfeffer, ganz wenig geriebener Muskatnuss tauchen und in ganz wenig Öl backen. Dazu 100 g Kopfsalat mit Marinade aus Zitronensaft, Salz und Honig (355 Kalorien).

Nachmittags: 50 g Selleriesaft (19 Kalorien).

Abends:
100 g Sellerieknolle in Scheiben in Öl braten. Auf einem Teller mit 100 g gebratener Kalbsleber belegen und je 1 Apfelscheibe darauf setzen. Dazu 100 g Kopfsalat und 1 Knäckebrot (340 Kalorien).

3. Tag – Sonntag

Morgens:
2 Tassen Früchtetee mit 2 TL Honig, 2 dünne Scheiben Vollkornbrot mit 5 g Butter, ein 4-Minuten-Ei, 4 Radieschen, 1/8 l Grapefruitsaft (294 Kalorien).

Vormittags: 50 g Selleriesaft (19 Kalorien).

Mittags:
200 g grüne Selleriestangen in siedendem Wasser garen, in eine Auflaufform legen, mit 100 g Hackfleisch (Faschiertem), 10 g Zwiebel, 10 g gehacktem Speck, 2 zerdrückten Tomaten, 3 g Vollkornbrösel, etwas Salz und Pfeffer – alles vermischt – füllen. Mit 30 g Emmentaler-Käse belegen und im Ofen backen. Dazu 100 g Kopfsalat mit Marinade (370 Kalorien).

Nachmittags: 50 g Selleriesaft (19 Kalorien).

Abends:
70 g Sellerieknolle in kleinen Würfeln mit 10 g gehackter Zwiebel in 1/4 l Gemüsebrühe 5 Minuten gar kochen, dann durch ein Sieb treiben. 10 g Mehlschwitze einrühren. 5 Minuten kochen. 1/2 Ei und 1 EL Schlagobers (Sahne) einrühren. In einer Suppenschale mit 1 Schnitte Vollkornbrot servieren (270 Kalorien).

Dazu meine Spezialtipps:

- ☛ Trinken Sie jeden Tag 1 Liter Heidekrauttee, auch Erikatee genannt. Sie sollten ihn mit Mineralwasser zubereiten.
- ☛ Meiden Sie jegliche Süßspeise.
- ☛ Bei großem Hunger ist 1/2 Banane gestattet.

Das Schwarzwurzel-Wochenende

Ein Ernährungsprogramm für geistige und körperliche Fitness

Wenn Sie ein ideales Wintergemüse suchen, das Ihnen viele lebenswichtige Stoffe liefert, das Sie geistig und körperlich fit hält und obendrin kalorienarm ist, dann ist die Schwarzwurzel gerade das Richtige für Sie. Tanken Sie neue Vitalität: Durch ihren hohen Gehalt an Phosphor, Eisen und Aminosäuren steigert die Schwarzwurzel die geistige Aktivität und hebt die Laune. Durch ihren Gehalt an Magnesium, Kalzium, Vitamin C und Inulin baut sie körperliche Fitness auf, wirkt sich günstig auf Müdigkeit, Magenprobleme und zu hohen Blutdruck aus. Die Rezepte sind jeweils für eine Person berechnet.

1. Tag – Freitag

Mittags: letzte normale Mahlzeit.

Nachmittags: 50 g Schwarzwurzeln aus der Dose gut kauen (37 Kalorien).

Abends:
100 g Schwarzwurzeln in 4 cm lange Stücke schneiden, 1 Stunde in Essigwasser legen, dann in 1/4 l Wasser mit 1 TL Essig aufkochen, salzen und 20 Minuten die Schwarzwurzeln darin kochen lassen. 50 g grüne Bohnen und 50 g Karotten weich dünsten, in Stücke schneiden, mit den Schwarzwurzeln und 70 g gekochter Hähnchenbrust in Würfeln in einer Schüssel mischen. Mit Marinade verrühren: etwas Gemüsebrühe mit Pfeffer, Salz, 2 EL gehackter Petersilie, etwas Honig und Zitronensaft. Kalt servieren (365 Kalorien).

2. Tag – Samstag

Morgens:
2 Tassen Apfelschalentee mit 2 TL Honig. 4 EL Weizenkeime (Reformladen) mit 25 g Magerquark, 5 EL Magermilch, 125 g geraspeltem Apfel und 1 EL gehackten Mandeln vermischen (335 Kalorien).

Vormittags: 50 g Schwarzwurzeln gut kauen (37 Kalorien).

Mittags:
1/4 l Wasser mit etwas Salz und Zitronensaft aufkochen. Darin 200 g Schwarzwurzeln 30 Minuten zugedeckt kochen. Auf einem Teller anrichten, mit 2 EL gehackter Petersilie garnieren. Dazu eine Soße: 30 g Butter, 1/2 Eigelb, etwas Wasser, Zitronensaft, Salz, weißer Pfeffer, Cayennepfeffer im Wasserbad cremig rühren (345 Kalorien).

Nachmittags: 100 g Grapefruit (42 Kalorien).

Abends:
200 g Schwarzwurzeln wie mittags gar kochen und mit 150 g Kabeljaufilet, gegrillt, servieren. Dazu 150 g Kopfsalat mit Marinade (330 Kalorien).

3. Tag – Sonntag

Morgens: 2 Tassen Früchtetee mit 2 TL Honig, 2 Scheiben Vollkornbrot mit 50 g Hüttenkäse, 25 g geraspeltem Apfel, etwas Honig, 2 EL gehackter Petersilie. Dazu 1/8 l Karottensaft (303 Kalorien).

Vormittags: 50 g Schwarzwurzeln gut kauen (37 Kalorien).

Mittags:
200 g Schwarzwurzeln in 5 cm lange Stücke schneiden. 1 Stunde in Essigwasser legen, 1/4 l Wasser mit Salz aufkochen, die Schwarzwurzeln darin 20 Minuten kochen, herausnehmen, abtropfen, in folgenden Teig tauchen: 50 g Mehl nach und nach mit wenig Öl, 1/2 Ei, 1/16 l Milch verrühren. Die Schwarzwurzeln in heißem Öl goldgelb backen (385 Kalorien).

Nachmittags: 100 g Grapefruit (42 Kalorien).

Abends:
200 g Schwarzwurzeln 1 Stunde in Essigwasser legen, dann 1/4 l Wasser mit Salz und etwas Zitronensaft aufkochen, die Schwarzwurzeln darin 30 Minuten zugedeckt gar kochen. Mit 3 EL gehackter Petersilie garniert servieren. Dazu 100 g gegrillte Hähnchenbrust und 200 g Kopfsalat mit Marinade (320 Kalorien).

Dazu meine Spezialtipps:

- Die Schwarzwurzeln müssen vor Gebrauch unter kaltem Wasser abgebürstet werden, dann geschabt und in Essigwasser gelegt werden. Nur so können die wertvollen Inhaltsstoffe optimal aufgeschlossen werden.
- Am wirksamsten sind Schwarzwurzeln von Oktober bis März.
- Schaben Sie die Wurzeln mit Gummihandschuhen, damit Sie keine fleckigen Finger bekommen.
- Trinken Sie jeden Tag 2 Liter stilles Mineralwasser.

Das Karfiol- (Blumenkohl-) Wochenende

Ein Ernährungsprogramm für gesundes Blut und zum Entwässern

Wenn es draußen kalt ist, dann brauchen Sie reichlich Vitamin C für die natürlichen Abwehrkräfte gegen Erkältungskrankheiten. Damit etwaige Gifte rasch aus dem Organismus abtransportiert werden, sollten wir entwässern und entschlacken. Für eine bessere Blutgerinnung benötigen wir Vitamin K. Alles zusammen liefert der Karfiol, auch in gekochtem Zustand. Zusätzlich tanken wir mit diesem Gemüse noch reichlich Vitamin A, Folsäure, Kalium und Phosphor. Daher ist sinnvoll, ein Karfiol-Wochenende durchzuführen. Entschlacken Sie und bauen Sie Ihre Immunkraft auf. Die Rezepte sind jeweils für eine Person berechnet.

1. Tag – Freitag

Mittags: letzte normale Mahlzeit.

Nachmittags: 50 g Kartoffeln (36 Kalorien).

Abends:
180 g Karfiol waschen, in kleine Stücke teilen, in wenig Wasser mit 2 EL Milch weich kochen. Abkühlen lassen. 30 g Zwiebel in dünnen Scheiben auf den Teller legen, Karfiolstücke darauf setzen. Marinade aus 5 g Olivenöl, etwas Zitronensaft, Pfeffer, Salz und Honig darüber gießen. Dazu 1 Schnitte Vollkornbrot (200 Kalorien).

2. Tag – Samstag

Morgens:
2 Tassen Pfefferminztee mit 2 TL Honig. 180 g Karfiol in kleinen Stücken in etwas Wasser mit Salz und Essig kochen, durchseihen, abkühlen lassen. Mit folgender Marinade verrühren: 100 g Magerjogurt, 50 g gehackte Zwiebel, 100 g gehackte Gewürzgurken, etwas Knoblauch, Senf und Kerbel. Dazu 1 Schnitte Vollkornbrot mit 1 TL Butter (270 Kalorien).

Vormittags: 1 Kiwi (40 Kalorien).

Mittags:
1/4 von einem großen Blumenkohl 10 Minuten in leicht gesalzenem, sprudelndem Wasser kochen. Auf einem heißen Teller anrichten. 10 g Butter erhitzen, 1 TL Vollkornsemmelbrösel und 1/4 hart gekochtes, gehacktes Ei leicht bräunen. Über den Karfiol streuen. 4 EL gehackte Petersilie darüber geben. Dazu 100 g Kabeljau-Filet nur wenige Minuten in Zitronenwasser gar ziehen lassen (294 Kalorien).

Nachmittags: 50 g Kartoffeln (36 Kalorien).

Abends:
1/4 von einem großen Karfiol 10 Minuten in 1/4 l leicht gesalzenem Wasser kochen. Den Karfiol herausnehmen. 10 g Butter erhitzen, 10 g Mehl einrühren. Die Karfiolbrühe aufgießen, 7 Minuten kochen lassen. 1/4 Ei mit 1 EL Schlagobers (Sahne) verquirlen, in die Suppe rühren. Mit Muskat und Salz würzen, Karfiolstücke hineingeben. Dazu 1 Vollkornknäckebrot (260 Kalorien).

3. Tag – Sonntag

Morgens: Frühstück wie am 2. Tag.

Vormittags: 1 Kiwi (40 Kalorien).

Mittags:
1/4 von einem großen Karfiol 30 Minuten in Salzwasser legen. Dann in etwas Wasser mit etwas Salz, Muskat und Streuwürze 10 Minuten kochen. Herausnehmen. Abtropfen lassen. 10 g Distelöl erhitzen, 1 EL Vollkornsemmelbrösel darin rösten. Über den Karfiol verteilen. Dazu 100 g gekochte Hähnchenbrust (250 Kalorien).

Nachmittags: 50 g Kartoffeln (36 Kalorien).

Abends: 1/4 von einem großen Blumenkohl in kleine Stücke zerteilen, in kochendes Wasser geben, mit etwas Zitronensaft und Salz würzen, 10 Minuten kochen. Herausnehmen, abkühlen lassen. Marinade aus 1 Teelöffel Apfelessig, 1 TL Zitronensaft, 1 EL Distelöl, etwas Salz, Pfeffer, Honig, Senf, Kren (Meerrettich) gerieben, darüber gießen. 20 Minuten stehen lassen. Mit 1/2 gehacktem Eigelb garnieren. Dazu 1 Vollkornknäckebrot (278 Kalorien).

Dazu meine Spezialtipps:

- Verwenden Sie nach Möglichkeit ausschließlich Karfiol aus biologischem Anbau.
- Garen Sie den Blumenkohl niemals länger als angegeben.
- Trinken Sie täglich 2 – 3 Liter Mineralwasser.
- Bei großem Hunger ist ein Apfel erlaubt.
- Wer zu starken, schmerzhaften Blähungen neigt, darf dieses Programm nicht durchführen.

Das Gurken-Wochenende

Ein Ernährungsprogramm für straffe Haut und gesunde Nieren.

Überall im Land werden im Sommer tonnenweise die frischen, saftigen Salatgurken geerntet und auf Märkten und in Läden preisgünstig angeboten.
Die Gurke hat sehr wenig Kalorien, und ihre Inhaltsstoffe – Vitamine, Mineralstoffe und Spurenelemente – regen die Nierentätigkeit an und schwemmen Giftstoffe aus dem Organismus. Zusätzlich zum Entgiften wirkt sich die Gurke positiv bei Rheuma und Gicht aus. Gurkensaft strafft und erfrischt von innen müde Haut. Die Rezepte sind jeweils für eine Person berechnet.

1. Tag – Freitag

Mittags: letzte normale Mahlzeit.

Nachmittags: 100 g Gurke (13 Kalorien).

Abends:
150 g Salatgurke in dünnen Rädern, 1/2 Orange und 200 g Honigmelone in kleinen Stücken und 40 g Weintrauben in einer Dessertschale mischen. 15 Minuten kalt stellen. Folgende Marinade darüber gießen: 20 g Sauerrahm (Sahne) mit 1 g Zitronensaft, 1 TL Honig, etwas Salz, Pfeffer, 2 EL gehackter frischer Dille gut verrühren. Dazu 1 Schnitte Vollkornbrot (285 Kalorien).

2. Tag – Samstag

Morgens:
2 Tassen Melissentee mit 2 TL Honig, 2 Schnitten Vollkornbrot, darauf 15 g Schinken, 15 g Edamerkäse und 150 g Gurke in Scheiben (223 Kalorien).

Vormittags: 100 g Gurke (13 Kalorien).

Mittags:
1/2 Salatgurke waschen, schälen, der Länge nach halbieren, entkernen und in 2 cm Streifen schneiden. 1/2 gehackte Zwiebel in 10 g erhitzter Butter glasig werden lassen. Gurkenstreifen dazugeben. 5 Minuten unter Rühren schmoren lassen. Mit etwas Salz, Pfeffer, Honig und Saft 1/4 Zitrone würzen. 1/32 l heiße Gemüsebrühe (Reformladen) zugießen, 15 Minuten leicht kochen lassen. 1 EL Sauerrahm (saure Sahne) mit 3 g Speisestärke einrühren, aufkochen. Mit je 2 EL gehackter Petersilie und Dille garniert servieren. Dazu 1 Schnitte Vollkornbrot (260 Kalorien).

Nachmittags: 100 g Gurke (13 Kalorien).

Abends:
1/2 Salatgurke in Räder schneiden. In einer Schüssel mit 12 g Distelöl, 1 EL Zitronensaft, etwas Senf, Salz, Pfeffer, Honig, 10 g gehackter Zwiebel, 2 EL Schnittlauch und 2 EL Dille zu einem Salat mixen. Dazu 100 g gegrillte Hähnchenbrust (249 Kalorien).

3. Tag – Sonntag

Morgens: Frühstück wie am 2. Tag.

Vormittags: 100 g Gurke (13 Kalorien).

Mittags:
Ratatouille: 10 g Butter im Topf erhitzen. 1/2 gehackte Zwiebel darin glasig werden lassen. 65 g Kartoffeln und 1 Karotte in Würfel geschnitten dazugeben. Mit 1/32 l heißer Gemüsebrühe begießen. Zum Kochen bringen und 10 Minuten bei mittlerer Hitze garen. Jetzt 1/2 Salatgurke in Rädern, 50 g Pilze aus der Dose und 60 g Tomaten dazugeben. Noch 10 Minuten garen. Mit Salz, Pfeffer, Honig würzen, mit gehackter Petersilie und Dille garnieren. Dazu 1 Schnitte Vollkornbrot oder etwas Naturreis (285 Kalorien).

Nachmittags: 100 g Gurke (13 Kalorien).

Abends:
150 g Salatgurke in dünne Räder schneiden, in einer Schüssel mit 70 g Krabben (Dose) und 1/2 hart gekochten Ei mischen. Mit folgender Marinade verrühren: 1 EL Zitronensaft, 1 EL Olivenöl, 1 TL Sojasoße, etwas Pfeffer, Zucker, Salz, 2 EL gehackte Dille. Auf einem Teller mit Salatblättern anrichten, mit 1 roten Paprika in Ringen garnieren. Dazu 1 Vollkornknäcke (230 Kalorien).

Dazu meine Spezialtipps:

- ☛ Sie dürfen nur frische Gurken essen.
- ☛ Prüfen Sie immer an den Enden, ob die Gurke etwas bitter ist. Wenn ja, dann ist sie ungeeignet.
- ☛ Trinken Sie 2 – 3 Liter Mineralwasser pro Tag.
- ☛ Verwenden Sie Bio-Gurken, weil Sie dann die Schale unbedenklich mitessen können.
- ☛ Die rohen Gurken müssen sehr gut gekaut werden.

Das Spinat-Wochenende

Ein Programm für Durchhaltekraft und jugendlichen Schwung

Spinat eignet sich nach neuesten ernährungswissenschaftlichen Erkenntnissen gar nicht so ideal für Kinder. Für Menschen ab 30 ist Spinat mit seinen Vitaminen, Mineralstoffen und Spurenelementen ein Jungmacher für Körper und Geist. Tun Sie etwas für Ihren jugendlichen Schwung. Machen Sie ein Spinat-Wochenende. Die Rezepte sind jeweils für eine Person berechnet.

1. Tag – Freitag

Mittags: letzte normale Mahlzeit.

Nachmittags:
100 g roher Spinat mit Jogurt-Marinade und 1/2 Knoblauchzehe zu einem Salat mischen (38 Kalorien).

Abends:
1 1/2 Sardellenfilets und 1/2 Knoblauchzehe gehackt in 15 g erhitztem Öl anbraten. 250 g Spinat und 2 EL Gemüsebrühe (Reformladen) dazugeben, umrühren und 10 Minuten zugedeckt dünsten. Mit Pfeffer und Muskatnuss würzen. Dazu 100 g gegrillte Hähnchenbrust (300 Kalorien).

2. Tag – Samstag

Morgens:
175 g Magerjogurt mit etwas Honig und 75 g Orangenstücken mischen. 1 Schnitte Vollkornbrot mit 8 g Butter bestreichen. Dazu 50 g Schinken und 1 Tomate. 2 Tassen Apfelschalentee und 1/16 l Spinatsaft aus dem Reformladen (360 Kalorien).

Vormittags: 1 Paprikaschote (28 Kalorien).

Mittags:
125 g Champignons blättrig schneiden. 5 g Butter in einem Topf erhitzen, 5 g gehackte Zwiebel 3 Minuten braten, Champignons dazu, 7 Minuten braten. Mit Zitronensaft, Pfeffer, Salz würzen. Parallel: 5 g Butter erhitzen, 5 g Mehl dazu. 1 Minute schwitzen lassen. 1/32 l Gemüsebrühe (Reformladen) und 1/32 l Milch dazu, 4 Minuten kochen lassen, mit Salz und Pfeffer würzen. Damit die Champignons binden. Nun 8 g Butter erhitzen, 120 g Tiefkühlspinat bei schwacher Hitze auftauen. Etwas geriebenen Käse dazurühren, 5 Minuten unter Umrühren erhitzen, mit 100 g gegrillter Putenbrust servieren (350 Kalorien).

Nachmittags:
100 g rohen Spinat mit etwas Marinade zu einem Salat mischen (38 Kalorien).

Abends:
1/4 Zwiebel gehackt mit 10 g Butter goldgelb braten. 10 g Mehl dazu, 2 Minuten schwitzen lassen. Jetzt 300 g tiefgekühlten Spinat, 1 aufgeweichtes Brötchen und 1/2 Ei dazugeben. Mit Salz, Pfeffer, Muskat würzen. Die Masse in eine gefettete und mit Bröseln ausgestreute Puddingform geben, 40 Minuten im Wasserbad garen. Gestürzt servieren, dazu 100 g Kopfsalat (320 Kalorien).

3. Tag – Sonntag

Morgens: Frühstück wie am Samstag.

Vormittags: 1 mittelgroßer Apfel (70 Kalorien).

Mittags:
200 g Rinderbrust 90 Minuten in Salzwasser kochen. Herausnehmen, in Würfel schneiden. 200 g Kartoffeln und 1/2 gehackte Zwiebel 20 Minuten in einer Gemüsebrühe kochen. Parallel 200 g Spinat 2 Minuten mit kochendem Wasser blanchieren, hacken und 1 Tomate in Würfel geschnitten dazugeben, 10 Minuten kochen. Rindfleisch, Kartoffeln und Spinat auf einem Teller anrichten und servieren (430 Kalorien).

Nachmittags: 1 Paprikaschote (28 Kalorien).

Abends: 1/2 gehackte Knoblauchzehe in 8 g Öl kurz anbraten, 250 g Spinat dazugeben, 3 Minuten zugedeckt dünsten, mit Salz, Pfeffer, Muskat würzen. 1 EL Schlagobers (Sahne) mit 1 Ei verquirlen, dazurühren. Alles in eine feuerfeste, gefettete Form füllen, Butterflöckchen darauf, 10 Minuten bei 220 Grad backen. Aus der Form nehmen. Mit 250 g Kopfsalat servieren (360 Kalorien).

Dazu meine Spezialtipps:

- Sie dürfen ein Spinatgericht niemals aufwärmen.
- Trinken Sie 2 Liter Mineralwasser pro Tag.
- Mischen Sie 1/ 16 Liter selbst gepressten Spinatsaft mit 1/8 Liter Apfelsaft und würzen Sie mit ganz wenig Pfeffer und Salz sowie ein paar Tropfen Weizenkeimöl. Trinken Sie ein Glas pro Tag.

Das Tomaten-Wochenende

Ein Ernährungsprogramm für die Galle, für Magen und Darm

Wenn die dunkelroten, prallen Tomaten auf Märkten und in Läden zum Kauf einladen, sollten Sie ein Tomaten-Wochenende durchführen. Tomaten enthalten besonders viel Vitamin A und Betakarotin für unsere Augen, für die Schleimhäute sowie Vitamin C zum Aufbau der Abwehrkräfte. Mit dem reichen Gehalt an Kalium, Kalzium und Phosphor fördern Tomaten die Blutbildung, die Arbeit von Galle und Darm und wirken auf den gesamten Magen- und Darmtrakt entspannend und entkrampfend. Tomaten geben vor allem Frauen viel jugendlichen Schwung. Nützen Sie all diese Vorteile dieses köstlichen Sommergemüses. Die Rezepte sind jeweils für eine Person berechnet.

1. Tag – Freitag

Mittags: letzte normale Mahlzeit.

Nachmittags: 2 Tomaten (22 Kalorien).

Abends:
125 g Tomaten schälen, vierteln, im Mixer pürieren, in eine Schüssel geben. 10 g Zwiebel zerreiben, 1/4 Knoblauchzehe mit Salz zerdrücken, ins Püree mischen. 1/32 l Weißwein, 1/32l Gemüsebrühe (Reformladen), 8 g Distelöl und etwas Zitronensaft unterrühren. Mit Paprikapulver und Salz würzen. 30 Minuten in den Kühlschrank stellen. 2 EL gehackte Petersilie dazugeben, mit Tomatenstücken garnieren. Dazu 1 Scheibe Vollkornbrot (300 Kalorien).

2. Tag – Samstag

Morgens:
2 Tassen Pfefferminztee mit 2 TL Honig, 2 Scheiben Vollkornbrot, 25 g Käse (45 % Fett), dazu 100 g Tomaten in Scheiben. Danach 125 g Grapefruit (305 Kalorien).

Vormittags: 2 Tomaten (22 Kalorien).

Mittags:
125 g Tomaten häuten und in Würfel schneiden. 20 g gewürfelten Räucherspeck und 10 g gehackte Zwiebel mit 1 TL Öl 2 Minuten anbraten. Die Tomaten hineingeben, mit etwas Salz, Pfeffer, Thymian und Honig würzen. Bei kleinerer Hitze 15 Minuten dünsten. Durch ein Sieb drücken, 2 feste, rohe, geschälte Tomaten dazugeben, 5 Minuten köcheln lassen.

1 1/2 EL Schlagobers (Sahne) mit etwas Speisestärke verrühren, dazugeben, noch einmal aufkochen, mit Schnittlauch bestreuen (310 Kalorien).

Abends:
125 g Tomaten in Scheiben schneiden. 10 g gehackte Zwiebel dazumischen. Marinade: 3 TL Distelöl, 1 TL Obstessig, etwas Senf, Salz, weißer Pfeffer, Honig und 3 EL gehackte Petersilie. Dazu 1 Schnitte Vollkornbrot (300 Kalorien).

3. Tag – Sonntag

Morgens:
2 Tassen Hibiskusblütentee mit 2 TL Honig. 2 Scheiben Vollkornbrot mit 50 g Schinken und 1 Tomate in Scheiben belegen. Dazu 1/8 l Orangensaft (306 Kalorien).

Mittags:
2 große Tomaten von je 80 g schälen und halbieren, in eine flache, feuerfeste Form legen, die zuvor mit Butter eingefettet wird. Salzen, pfeffern. 12 g gehackte Schalotten, 10 g Sardellenfilet gehackt, 1/2 hart gekochtes, gehacktes Ei, je 4 EL gehackte Petersilie und Kerbel sowie 10 g Semmelbrösel mischen, über die Tomatenhälften geben, 1 EL Olivenöl darüber und 15 Minuten im vorgeheizten Ofen backen (205 Kalorien).

Nachmittags: 2 Tomaten (22 Kalorien).

Abends:
Bei einer großen Tomate den Deckel abschneiden, vorsichtig aushöhlen und füllen: mit 1 Sardellenfilet, 2 EL Tunfisch, 1/2 hart gekochten Ei, etwas Kapern, Schnittlauch und Petersilie, alles fein gehackt, dazu etwas Distelöl, 10 g Mayonnaise, 50 g Magerjogurt, etwas Zitronensaft, Salz und Honig. Dazu 1 Scheibe Knäckebrot (310 Kalorien).

Dazu meine Spezialtipps:

- Wer zu Kalzium-Oxalat-Nierensteinen neigt, darf dieses Programm nicht durchführen!
- Trinken Sie pro Tag 2 – 3 Liter Mineralwasser.
- Schneiden Sie den Stängelansatz großzügig aus. Er enthält das giftige Solanin.
- Ketchup ist bei diesem Programm verboten, weil es zu viel Zucker enthält.

Das Ananas-Wochenende

Ein Ernährungsprogramm für den Abbau von Fettreserven

Ernährungswissenschaftler bestätigen: Die Ananas fördert durch ihren Inhaltsstoff Bromelin, ein Ferment, die Eiweißverdauung und den Abbau von Fettreserven. Außerdem sättigt sie enorm. Die Ananas liefert reichlich Phosphor, Eisen, Kalium, Kalzium, und die Vitamine A, C und jene der Gruppe B.
Dadurch stärkt sie den Organismus und die Gehirntätigkeit. Zusätzlich wirkt sie entwässernd und entschlackend. Machen Sie daher ein Ananas-Wochenende und geben Sie auch der Haut und den Haaren Kraft. Die Rezepte sind jeweils für eine Person berechnet.

1. Tag – Freitag

Mittags: letzte normale Mahlzeit.

Nachmittags: 100 g Ananas (60 Kalorien).

Abends:
250 g frische Erdbeeren halbieren, in eine Dessertschale geben. 1 TL Schlagobers (Sahne), 1/2 Ecke Frischrahmkäse, etwas Salz und 1/4 Päckchen Vanillinzucker mixen, mit 4 Scheiben Ananas, in Würfeln, verrühren, über die Erdbeeren gießen (270 Kalorien).

2. Tag – Samstag

Morgens:
2 Tassen Pfefferminztee mit 2 TL Honig, 1/8 l Buttermilch mit 1 EL Vollkornhaferflocken, 1 EL Goldsam-Leinsamen, 2 EL Sojakeimlingen, 175 g Ananas, in Würfel geschnitten, zu einem Müsli verrühren (305 Kalorien).

Vormittags: 100 g Ananas (56 Kalorien).

Mittags:
1 Scheibe Ananas in Würfel schneiden, 1 Tomate in Würfel schneiden, 1/3 Staudensellerie in Ringe schneiden, 1 Apfel in Scheiben schneiden. Alles mit dem Saft von 1/4 Zitrone beträufeln. Gemeinsam mit 1/4 Kopfsalat auf einem Teller anrichten. 3 EL Mayonnaise, mit etwas Salz, Pfeffer, Honig und Curry anrühren und darunter mischen (340 Kalorien).

Nachmittags: 100 g Ananas (56 Kalorien).

Abends:
400 g Ananas (224 Kalorien).

3. Tag – Sonntag

Morgens:
2 Tassen Malventee mit 2 TL Honig. Dazu 2 dünne Scheiben Vollkornbrot, 1 weiches Ei (4 Minuten), 1 TL Butter fürs Brot, 1/8 l Ananas-Saft (311 Kalorien).

Vormittags: 100 g Ananas (56 Kalorien).

Mittags:
60 g Kalbsleber in Streifen schneiden, in etwas Mehl wenden, in 8 g Öl rundum anbraten, salzen, pfeffern, 30 g Pfifferlinge dazugeben, mit 2 EL Gemüsebrühe (Reformladen) aufgießen, bei schwacher Hitze 8 Minuten schmoren lassen. 1/2 TL Speisestärke mit 1 1/2 EL Schlagobers (Sahne) dazurühren. Parallel 1 dicke Ananas-Scheibe kurz in Öl anbraten, auf 1 Schnitte getoasteten Vollkorntoast legen. Darauf die Leber verteilen, mit Zitronen- und Tomatenstückchen sowie gehackter, frischer Petersilie garniert servieren (350 Kalorien).

Nachmittags: 100 g Ananas (56 Kalorien).

Abends:
1/2 gehackte Zwiebel in etwas Öl goldgelb werden lassen. 200 g Sauerkraut mit 3 EL Weißwein und 4 EL Gemüsebrühe (Reformladen) 10 Minuten gar kochen. Danach 100 g fein gehacktes rohes Sauerkraut mit 1/2 Tasse Ananaswürfel verrühren, mit Salz und Pfeffer würzen (200 Kalorien).

Dazu meine Spezialtipps:

- Sie müssen während des Ananas-Wochenendes täglich 2 bis 3 Liter Mineralwasser trinken, damit die Inhaltsstoffe der Ananas wirken und Schlacken aus dem Körper abtransportieren.
- Das Programm bringt nur Erfolg, wenn Sie frische Ananas konsumieren. Ananas aus der Dose oder aus dem Glas sind wirkungslos.
- Jeglicher Zuckerkonsum ist verboten.

Das Trauben-Wochenende

Ein Ernährungsprogramm zum Regenerieren und Krafttanken

Blaue, grüne und goldgelbe saftige Weintrauben laden im Herbst überall auf den Märkten und in Läden zum Kauf ein: köstliche Trauben aus Übersee und aus dem Inland. Nützen Sie den Herbst für eine regenerierende Traubenkur, die Ihnen für den Winter Vitalkraft verleiht. Mit Weintrauben liefern Sie Ihrem Organismus zahlreiche Vitamine, Mineralstoffe und Spurenelemente. Sie helfen mit, den Körper optimal zu entgiften, regen Niere, Galle und Leber an, heben die allgemeine Lebensfreude, kräftigen den Körper und tragen zum Jungbleiben bei.

Die Rezepte sind für jeweils eine Person berechnet.

1. Tag – Freitag

Mittags: letzte normale Mahlzeit.

Nachmittags: 50 g Trauben (36 Kalorien).

Abends:
80 g grüne und 80 g blaue Trauben, 80 g saftige Birne in Scheiben, 60 g Pflaumen ohne Kerne, 100 g Apfelscheiben in einer Dessertschale mit 10 g gehackten Nüssen und 20 g Honig sowie 1 EL Granoton aus dem Reformladen (Weizenkeimöl mit Orangensirup) vermischt servieren (375 Kalorien).

2. Tag – Samstag

Morgens: Auf einem Teller 1/2 Tasse Cornflakes mit 1/8 Liter Milch, 50 g Apfelstücken, 50 g frischen Ananasscheiben und 100 g Trauben vermischen. Dazu 2 Tassen Pfefferminztee und 2 TL Honig zum Süßen (345 Kalorien).

Vormittags: 50 g Trauben (36 Kalorien).

Mittags:
40 g ungeschälten Naturreis mit 1/4 Liter Milch, 1/2 EL Honig, etwas Salz, 1/4 Vanillinzucker-Päckchen und etwas geriebener Zitronenschale (chemisch unbehandelte Zitrone) aufkochen lassen, dann 60 Minuten bei schwacher Hitze zu Milchreis quellen lassen. 1/2 Eiklar zu Schnee schlagen und unter den Reis rühren. 1 EL Schlagobers (Sahne) dazurühren. 60 g halbierte Weintrauben unterheben (380 Kalorien).

Nachmittags: 50 g Trauben (36 Kalorien).

Abends:
Auf einem Teller 300 g süße, große Trauben mit je 25 g Butterkäse, Pfefferkäse, Camembert, Rahm-Brie und Kräuterfrischkäse anrichten. Dazu 1 Schnitte Knäckebrot (445 Kalorien).

3. Tag – Sonntag

Morgens:
2 Tassen Hibiskusblütentee mit 2 TL Honig zum Süßen, 200 g Trauben, dazu 3 EL Fertigmüsli ohne Zucker aus der Packung mit 1/8 l Magerjogurt, 1 EL Honig (355 Kalorien).

Vormittags: 50 g Trauben (36 Kalorien).

Mittags:
100 g mageres Schweinekotelett in einer Bratpfanne mit 100 g ganzen großen Trauben, 20 g Zwiebel und je 50 g Apfel-, Birnen- und frischen Ananasstücken garnieren. Im Backrohr braten. Mit 100 g Kopfsalat servieren (460 Kalorien).

Nachmittags: 50 g Trauben (36 Kalorien).

Abends:
500 g süße große Trauben waschen und in einer Schüssel mit 1/4 l Magerjogurt verrührt als Hauptmahlzeit servieren (390 Kalorien).

Dazu meine Spezialtipps:

- Die Trauben müssen immer mit den Kernen gegessen werden, weil diese wertvolle Stoffe enthalten.
- Pro Tag müssen Sie 2 l Mineralwasser trinken, damit Sie die Schlackenstoffe schneller ausscheiden.
- Trinken Sie zwischendurch einmal am Tag 1/4 l Traubensaft aus dem Reformladen.
- Süßigkeiten und Alkohol sind während des Wochenendes verboten.
- Sie können jede Hauptmahlzeit durch 400 g Trauben ersetzen.

Am Gurkenwochenende
speisen Sie zu Mittag eine Ratatouille
aus feinem Gemüse.
Rezept Seite 187.

Ein Traubenwochenende
ist ein wahrer Jungbrunnen.
Genießen Sie am 3. Tag zu Mittag
ein gegrilltes Kotelett,
garniert mit Trauben und frischen
Ananas-Stückchen.
Rezept Seite 196.

*Die kostbaren Lindenblüten
heizen uns an kalten Tagen
von innen auf.*
Lesen Sie Seite 209 f.

Tanken Sie Kraft für das Wandern: Amaranth-Brot mit Kürbiskernen

3 Brote à 700 g

250 g Amaranthmehl, frisch gemahlen; 250 g Roggenmehl, frisch gemahlen; 500 g Dinkelmehl, frisch gemahlen
350 g Kürbiskerne, 70 g Hefe, ca. 750 g Wasser, 30 g Salz
10 g Brotgewürze, gemischt und gemahlen, 100 g Sauerteig

ca. 2.310 g Gesamtteig

Hefe und Salz im Wasser auflösen und mit den restlichen Zutaten zu einem eher weichen Teig verarbeiten. 30 Minuten Teigruhe und anschließend aufarbeiten.

Kürbiskernbrotteig auf 3 gleich große Stücke aufteilen und rundwirken. 2 – 3 Minuten rasten lassen. Wecken formen, mit Wasser bestreichen und mit Kürbiskernen bestreuen. Auf ein befettetes Backblech geben und der Länge nach einschneiden. Ca. 30 Minuten aufgehen lassen. Den Ofen auf 260 °C vorheizen, ein Gefäß mit Wasser hineinstellen und das Brot in den Ofen geben.

Nach 5 Minuten auf 190 °C zurückschalten und ca. 55 – 60 Minuten lang backen.

Aus: Dinkel & Co., Kneipp-Verlag.

Das Wander- und Picknick-Wochenende

Ein Ernährungsprogramm, das Sie in freier Natur durchführen können

Nützen Sie in der warmen Jahreszeit das ideale Wetter. Wandern Sie am Wochenende oder an freien Tagen zwischendurch in der Natur. Auch da können Sie sich problemlos gesund ernähren. Es müssen nicht immer Schinkenspeck und Dauerwurst sein.

Krönen Sie das Picknick mit gesunden Köstlichkeiten, die ganz einfach vorzubereiten und mitzunehmen sind. Sie bauen während des Wanderns Ihren Organismus auf und entschlacken gleichzeitig. Dabei führen Sie ihm wertvolle Vitamine, Mineralstoffe und Spurenelemente zu. Die Rezepte sind jeweils für eine Person berechnet.

1. Tag – Freitag

Mittags: letzte normale Mahlzeit.

Nachmittags: 100 g Apfel (55 Kalorien).

Abends:
2 frische gehackte Basilikumblätter werden mit 40 g Schmelzkäse (ein Dreieck) vermischt. Damit bestreicht man 1 Schnitte Vollkornbrot. 1 TL gehackten Schnittlauch darüber streuen und 1 zweite Schnitte Vollkornbrot darauf legen. Dazu 4 Radieschen knabbern (305 Kalorien).

2. Tag – Samstag

Morgens:
8 g Vollkornhaferflocken mit 3 EL Milch. 1 EL Honig, 100 g geraspelte Karotten, 1 TL gemahlenen goldgelben Leinsamen und 1 TL gemahlene Haselnüsse zu einem Müsli verrühren. Dazu 1/8 l Karottensaft und Knäckebrot (260 Kalorien).

Vormittags: 100 g rohe Karotten knabbern (41 Kalorien).

Mittags:
1/2 Gewürzgurke in kleine Würfel hacken, mit 1 Messerspitze Kräutersenf und 40 g Schmelzkäse (ein Dreieck) vermischen, zwei dünne Scheiben Vollkornbrot damit bestreichen. Mit 1 TL gehackter Petersilie bestreuen, 100 g gekochten Schinken auflegen, die Brote aufeinander legen (305 Kalorien).

Nachmittags: 1 Kiwi (40 Kalorien).

Abends:
250 g Magerquark mit 2 EL Milch verrühren. 100 g Himbeeren sowie 100 g Erdbeeren dazurühren. Mit 1 Messerspitze Zimt und etwas Süßstoff abschmecken (298 Kalorien).

3. Tag – Sonntag

Morgens:
2 Tassen Früchtetee mit 2 TL Honig süßen, 2 dünne Scheiben Vollkornbrot mit 50 g Schinken und 40 g Paprikaschoten belegen. Dazu 1/8 l Orangensaft (306 Kalorien).

Vormittags: 100 g Birne (55 Kalorien).

Mittags:
2 dünne Schnitten Vollkornbrot mit 40 g Kalbsleberwurst bestreichen. Auf ein Brot 1/4 Salatgurke, in Räder geschnitten, auflegen, etwas salzen und pfeffern. Dann die andere Brotschnitte darauf legen (287 Kalorien).

Nachmittags: 100 g Banane (99 Kalorien).

Abends:
2 dünne Vollkornbrotscheiben mit 1 EL Crème fraiche mit Kräutern bestreichen. 1/2 Apfel in dünnen Scheiben darauf legen. 120 g gebratene Hähnchenbrust ohne Knochen in Scheiben schneiden und darüber legen. Dazu 2 grüne Paprikaschoten (385 Kalorien).

Dazu meine Spezialtipps:

- Für den Hunger zwischendurch nehmen Sie pro Tag 2 Müsli-Riegel mit.
- Sonst ist jede andere zusätzliche Nahrung verboten.
- Trinken Sie pro Tag 2 bis 3 Liter Flüssigkeit: am besten lauwarmen Hagebuttentee mit Honig und etwas Zitronensaft. Tragen Sie den Tee auf einer Wanderung in der Thermoskanne mit.
- Nehmen Sie sich zum Essen Zeit. Auch wenn es wenig ist: Setzen Sie sich in den Schatten eines Baumes, genießen Sie die Natur und kauen Sie jeden Bissen Ihres Proviants gut.
- Morgens vor dem Weggehen trinken Sie 1/4 Liter Mineralwasser mit 1 Multivitamin-Mineralstoff-Brausetablette ohne Zucker aus der Apotheke.

Das Birnen-Wochenende

Ein Ernährungsprogramm, das die geistige Konzentration schärft

Wenn im Sommer und Herbst die saftigen und süßen Birnen geerntet werden, dann sollten Sie diese Gelegenheit für ein Birnen-Wochenende nützen. Birnen liefern unserem Organismus Vitamin C, sämtliche lebenswichtige Mineralstoffe sowie vor allem das Spurenelement Phosphor, das uns geistig jung erhält, unser Gehirn und die Konzentrationsfähigkeit auf Hochtouren bringt. Sie sind nach so einem Wochenende allen geistigen Anforderungen im Beruf, zu Hause und in der Schule wieder besser gewachsen. Die Rezepte sind jeweils für eine Person berechnet.

1. Tag – Freitag

Mittags: letzte normale Mahlzeit.

Nachmittags: 100 g Birne (59 Kalorien).

Abends:
100 g Birnenstücke, 50 g halbierte Trauben, 100 g geschnittener Stangensellerie und 50 g gekochter Schinken, in Streifen geschnitten, werden mit 2 EL Honig, etwas Zitronensaft und 3 EL Granoton (Reformladen) gemischt und mit 3 halben Walnüssen angerichtet (320 Kalorien).

2. Tag – Samstag

Morgens:
2 Tassen Früchtetee mit 2 TL Honig, 2 Scheiben Knäckebrot mit 10 g Butter. Dazu 2 EL Vollkornhaferflocken, 1/8 l Magerjogurt, 1 TL Honig und 200 g geschälte, in Stücke geteilte Birnen (330 Kalorien).

Vormittags: 100 g Birne (59 Kalorien).

Mittags:
100 g grüne Bohnen mit 45 g gehackter Zwiebel, 2 EL Kräutern (Petersilie, Dille, Schnittlauch, Bohnenkraut) und 25 g Speckscheiben gar dünsten, vor dem Servieren mit 200 g geviertelten Birnen vermischen (360 Kalorien).

Nachmittags: 100 g Birne (59 Kalorien).

Abends:
1 Birne schälen, halbieren, Kerngehäuse entfernen, mit 2 TL Kirschenmarmelade füllen und 1 TL Cognac beträufeln. In eine gefettete Auflaufform legen. 1 Eiweiß mit 1 TL Honig steif schlagen, über die Birnenhälften geben und im Backofen ein paar Minuten überbacken (284 Kalorien).

3. Tag – Sonntag

Morgens: Frühstück wie Samstag (Sonnabend) morgens.

Vormittag: 100 g Birne (59 Kalorien).

Mittags:
1 Toastbrot mit 10 g Schinken, 15 g Edamerkäse, 1/2 Birne belegen und 5 g erhitzten Käse darüber gießen. 1 Toastbrot mit 15 g Käse und einer Mischung aus 1/2 gehackten Birne, Petersilie und 1 gehackten, gedünsteten Champignon belegen. Erhitzten Käse darüber gießen (340 Kalorien).

Nachmittags: 100 g Birne (59 Kalorien).

Abends:
100 g Birne schälen, entkernen, in Stücke schneiden. 60 g Edamerkäse in Streifen schneiden, mit Salz, Pfeffer, Zitronensaft würzen. 2 EL Sauerrahm (saure Sahne) unterrühren. In einer Schale auf einem Salatblatt anrichten und mit 10 g gehackten Erdnüssen und 1/2 Tomate garnieren. Dazu 1 Scheibe Vollkornbrot (335 Kalorien).

Dazu meine Spezialtipps:

☛ Verwenden Sie nur reife, saftige und süße Birnen. Harte Birnen verursachen Blähungen. Wenn Sie auf Birnen grundsätzlich Magenbeschwerden bekommen, Hände weg von diesem Programm!

☛ Trinken Sie täglich 2 Liter stilles Mineralwasser.

☛ Trinken Sie jeden Morgen als Auftakt auf nüchternen Magen 1/8 Liter frisch gepressten Birnensaft oder Birnensaft aus dem Reformladen.

Das Zwetschken- (Pflaumen-) Wochenende

Ein Ernährungsprogramm gegen Rheuma und Gicht

Spätsommer und Herbst sind Pflaumen-Zeit: Überall kann man saftig-süße heimische Pflaumen (Zwetschken) kaufen.

Sie enthalten wertvolle Fruchtsäuren, Pektine und Rohfasern, welche verdauungsfördernd wirken. Die Vitamine und Mineralstoffe unterstützen die Arbeit von Nieren und Leber, sodass der Genuss von Pflaumen

entschlackt, die Haut verschönt und allgemein jung erhält, wobei Arterienverkalkung, Gicht und Rheuma vorgebeugt werden kann.
Versuchen Sie einmal ein Pflaumen-Wochenende und geben Sie damit Ihrem Organismus neuen Schwung. Die Rezepte sind für jeweils eine Person berechnet.

1. Tag – Freitag

Mittags: letzte normale Mahlzeit.

Nachmittags: 2 große getrocknete Zwetschken kauen (30 Kalorien).

Abends:
125 g reife, entkernte, halbierte Zwetschken, 10 g Honig und 1 1/2 Gewürznelken in einem Topf 15 Minuten weich kochen.
Abkühlen lassen, im Mixer pürieren, mit 1 1/2 EL Soja-Soße, 1/2 EL Essig und 1/2 EL Worcestersoße mischen, mit Salz, weißem Pfeffer, Ingwerpulver würzen, 1 Stunde kalt stellen. Dazu 2 Stück Eiswaffeln (180 Kalorien).

2. Tag – Samstag

Morgens:
2 Tassen Hagebuttentee mit 2 TL Honig. Müsli: 65 g Magerjogurt mit 1/16 l Orangensaft sowie 50 g entkernten Zwetschken, 25 g getrockneten gehackten Zwetschken, 1/2 Kiwi, 10 g Mandeln und 1 gehäuften EL Vollkornhaferflocken (320 Kalorien).

Vormittags: 50 g entkernte Zwetschken (31 Kalorien).

Mittags:
150 g Putenbrust grillen und mit 100 g kurz gedünsteten, halbierten und entkernten Zwetschken sowie 200 g Kopfsalat in Marinade (Apfelessig, Zitronensaft, Honig, Salz, Pfeffer, Wasser) servieren (301 Kalorien).

Nachmittags: 2 große getrocknete Zwetschken kauen (30 Kalorien).

Abends:
125 g Zwetschken mit kochendem Wasser übergießen, die Haut abziehen, dann halbieren und entkernen. In einer Schüssel mit 20 g Honig und 1/4 Päckchen Vanillinzucker bestreuen. Zugedeckt ziehen lassen. 7 g Ingwer in hauchdünne Streifen schneiden. Dann in einer Dessertschale 3 Kugeln Bananen-Eis mit den Zwetschken, den Ingwerstreifen, 1/32 l geschlagenem Schlagobers (Sahne) und 3 g Puderzucker anrichten (390 Kalorien).

3. Tag – Sonntag

Morgens:
2 Tassen Pfefferminztee mit 2 TL Honig. 2 Schnitten Vollkornbrot, bestrichen mit einer Mischung aus 65 g Topfen (Quark) und 1 EL Magermilch sowie 2 EL gehackten Kräutern bestreichen. 100 g entkernte, halbierte Zwetschken (292 Kalorien).

Vormittags: 50 g entkernte Zwetschken (31 Kalorien).

Mittags: 250 g Magertopfen mit 2 EL Magermilch verrühren, 150 g entkernte und in Stücke geschnittene Zwetschken, etwas Honig sowie 1 Messerspitze Zimt dazurühren. Dazu 1 Stück Zwieback (298 Kalorien).

Nachmittags: 2 große getrocknete Zwetschken (Pflaumen, 30 Kalorien).

Abends:
65 g Dörrzwetschken (Dörrpflaumen) aus dem Reformladen 90 Minuten in 1/16 l Wasser einweichen. In einem Topf mit 1/16 l Rotwein, 12 g Honig, 1 cm Zimtstange, 1/8 Vanilleschote, 1 Gewürznelke und 1 Stückchen Orangenschale 20 Minuten zugedeckt kochen. Dann ohne Deckel noch 10 Minuten kochen. Gewürze herausnehmen und das Kompott heiß servieren (280 Kalorien).

Dazu meine Spezialtipps:

- Trinken Sie jeden Tag 2 bis 3 Liter stilles Mineralwasser.
- Die Dörrpflaumen müssen ungeschwefelt sein. Am besten im Reformladen kaufen.
- Frische Zwetschken müssen sehr gut gewaschen werden. An den Früchten haften Hefebazillen, die bei empfindlichen Menschen schwere Blähungen hervorrufen können.
- Sie müssen die frischen und die gedörrten Zwetschken intensiv kauen.

Das Lebkuchen-Wochenende

Ein Programm, bei dem Sie Weihnachts-Leckereien genießen dürfen

Zu den Weihnachtsfeiertagen ist es schwer, sich auf die gesunde Ernährung zu konzentrieren. Wer möchte da auf köstliches Essen verzichten? Mit Torten, Kuchen, Schokolade und Bonbons kann man der

ausgewogenen Vollwertkost nicht gerecht werden. Mit einer Ausnahme: der Lebkuchen, die klassische Weihnachts-Spezialität. Der Honig, die Gewürze Kardamom, Muskat, Nelken und die Mandeln bauen den Organismus auf, stärken Magen und Darm, fördern die Verdauung und festigen die Nerven.
Machen Sie im Advent ein Lebkuchen-Wochenende mit selbst gemachtem Lebkuchen. Sie werden sehen, das ist ein echtes Vor-Festtags-Vergnügen. Die Rezepte sind für jeweils eine Person berechnet.

1. Tag – Freitag

Mittags: letzte normale Mahlzeit.

Nachmittags: 150 g Orange.

Abends:
50 g Honig und 50 g braunen Zucker erhitzen, abkühlen lassen. 1/2 Ei, etwas Zitronenschale, 12 g Zitronat und 12 g Orangeat, 15 g Mandelstifte, etwas Salz, geriebene Muskatnuss, gemahlenen Zimt, etwas Nelkenpfeffer und Kardamom dazugeben. 125 g Vollkornmehl und 1/4 Päckchen Backpulver mischen, unterrühren. Den Teig kräftig kneten. Auf einem bemehlten Brett 1/2 cm dick ausrollen, 8 – 9 rechteckige Stücke ausschneiden. Backblech mit Wasser bestreichen, Lebkuchenstücke darauf legen, 15 Minuten bei mittlerer Hitze im vorgeheizten Ofen backen.

2. Tag – Samstag

Morgens:
2 Tassen Pfefferminztee mit 2 TL Honig, 50 g Avocado-Fruchtfleisch zerdrücken, mit 10 g gehackter Zwiebel, 1 gehackten Knoblauchzehe, etwas Apfelessig, Salz und Pfeffer vermischen. 1 Schnitte Vollkornbrot damit bestreichen.

Vormittags: 1 Kiwi.

Mittags:
30 g Honig erwärmen, bis er flüssig ist. Mit 25 g braunem Zucker, 1 g Zimt, 1 g Anis, ganz wenig Kardamom und gemahlenen Nelken vermischen und in 1/32 l geschlagenen Schlagobers (Sahne) rühren. 1 Messerspitze Natron in 1 TL Weinbrand erwärmen. Mit der Sahne-Mischung mixen, 110 g Vollkornmehl einrühren, damit ein dickflüssiger Teig entsteht. In einer eingefetteten Kuchenform 50 Minuten im vorgeheizten Ofen backen. Danach mit einem Gemisch aus 10 g Honig und ein paar Tropfen Weinbrand bestreichen.

Nachmittags: 150 g Orange.

Abends:
190 g Honig erwärmen und flüssig werden lassen, 190 g Mehl, 30 g geriebene Schokolade, 30 g Zitronat, 30 g fein gehackte Mandeln, 1 Messerspitze Kakao und Zimt sowie etwas gemahlene Nelken und Salz dazurühren. Gut kneten. Den Teig auf einem gefetteten Backblech ausrollen, 4 Tage bei Zimmertemperatur ruhen lassen. Mit 1 EL Rosenwasser (Apotheke, Drogerie) bestreichen, 30 Minuten im Ofen backen. Mit gehackten Pistazien garniert servieren (260 Kalorien).

3. Tag – Sonntag

Morgens:
2 Tassen Kamillentee mit 2 TL Honig, 1/8 l Buttermilch mit 1 EL Haferflocken, 1 EL Leinsamen, 2 EL Sojakeimlingen, 1 geriebenen Apfel und 25 g Dörrpflaumen zu einem Müsli mischen.

Vormittags: 1 Kiwi.

Mittags:
125 g Honig, 65 g braunen Zucker und 30 g Butter aufkochen, lauwarm werden lassen. 1/2 Ei verquirlen, mit etwas Salz, je 7 g Zitronat und Orangeat, 1/2 TL gemahlenem Zimt, etwas Nelkenpulver und Muskatblüte vermischen. 250 g Mehl mit 3/8 Päcken Backpulver unterrühren, einen Teig kneten. 1 cm dick ausrollen. Herzen ausstechen, auf einem gefetteten Backblech 15 Minuten backen. Mit Schokoladeglasur übergießen.

Nachmittags: 1 Orange.

Abends: 100 g Fertiglebkuchen und 1/4 l Milch.

Dazu meine Spezialtipps:

- Verwenden Sie ausschließlich Honig, braunen Zucker sowie Vollkornmehl für den Lebkuchen.
- Setzen Sie nur inländischen Bienenhonig ein.
- Bei großem Hunger ist 1 Kiwi oder 1 Apfel erlaubt.
- Trinken Sie pro Tag 2 – 3 Liter Mineralwasser oder Heidekrauttee.

Das »Mach-Dich Warm«-Wochenende

Ein Winter-Programm, mit dem Sie sich von innen her »einheizen«

Wenn's im Winter draußen eisig kalt oder ungemütlich nass ist, dann frieren wir nicht nur im Freien, sondern sehr oft auch in unserer Wohnung. Wir haben geheizt, dennoch ist uns kalt. Daher sollten Sie gerade dann Produkte zu sich nehmen, welche von innen her den Organismus wärmen. Die Devise lautet:
Mit Essen einheizen und zugleich gesund leben. Nehmen Sie Speisen zu sich, die durch ihren Gehalt an Vitamin E, B6, Magnesium und Phosphor den Körper natürlich wärmen und ihn obendrein aufbauen. Die Rezepte sind für jeweils eine Person berechnet.

1. Tag – Freitag

Mittags: letzte normale Mahlzeit.

Nachmittags: 1 EL Weizenkeime (Reformladen) kauen (40 Kalorien).

Abends:
2 Eigelbe mit etwas Zimt, Zitronensaft und Honig verrühren. 30 g bereits gedünstete Goldhirse und 1 geraspelten Apfel dazugeben. Das Ganze in einer eingefetteten Auflaufform bei mittlerer Hitze 30 Minuten zu einem Hirseauflauf backen (310 Kalorien).

2. Tag – Samstag

Morgens: 2 Tassen Lindenblütentee mit 2 TL Honig. 150 g Kiwi schälen, blättrig schneiden, anrichten, mit 15 g gehackten Nüssen und 5 g Honig garnieren (248 Kalorien).

Vormittags: 20 g Popcorn kauen (28 Kalorien).

Mittags:
15 g Hirseflocken, 1/2 Ei, 25 g gehackte Zwiebel, 100 g Rinderfaschiertes (Rinderhackfleisch) mit Salz, Pfeffer, Bohnenkraut und Curry würzen und gut mischen. 150 g Chinakohl waschen, die Fleischmasse in die Blätter füllen, in einer feuerfesten zugedeckten Form oder in einer Folie 60 Minuten schmoren lassen (266 Kalorien).

Nachmittags: 1 EL Weizenkeime kauen (40 Kalorien).

Abends:
1 Knoblauchzehe mit etwas Salz zerdrücken. 1 Ei in eine Tasse schlagen, den Knoblauch dazugeben. 1/4 Liter Gemüsebrühe (Reformladen)

zubereiten, mit 1 EL Cognac würzen, das Ei und den Knoblauch in die kochende Suppe gießen, ziehen lassen. Mit 2 EL gehackter Petersilie garnieren. Dazu 2 Schnitten Vollkornbrot (255 Kalorien).

3. Tag – Sonntag

Morgens:
2 Tassen Lindenblütentee mit 2 TL Honig. 2 EL Vollkornhaferflocken, 1 EL Rosinen, 50 g Banane in Rädern, 45 g Birne in Würfeln und 1 EL gehackte Haselnüsse mit 1/8 Liter Magermilch verrühren (320 Kalorien).

Vormittags: 20 g Popcorn (28 Kalorien).

Mittags:
100 g Maiskörner in 10 g erhitztem Öl 5 Minuten dünsten lassen. Dann 70 g gedünstete grüne Erbsen dazugeben, mit 1/16 l heißer Gemüsebrühe aufgießen, 15 Minuten köcheln lassen. Mit Salz, Pfeffer, Honig würzen. 5 g Vollmehl in etwas Wasser verrühren, zu den Erbsen und dem Mais dazurühren. Etwas Muskat darüber reiben (280 Kalorien).

Nachmittags: 1 Esslöffel Weizenkeime kauen (40 Kalorien).

Abends:
30 g Vollkornnudeln kernig kochen, durchseihen, abkühlen lassen, 50 g grüne Bohnen dünsten, abkühlen lassen. Dann die Nudeln und die grünen Bohnen mit 100 g Radieschen, 30 g roher Zwiebel, 50 g gekochtem Rindfleisch – alles fein geschnitten – mischen, mit Marinade aus Apfelessig, Zitronensaft, Honig und 1 EL Distelöl verrühren und mit gehackter Petersilie bestreuen (220 Kalorien).

Dazu meine Spezialtipps:

- Sie sollten in sauerstoffreicher Luft Spaziergänge machen.
- Sie sollten den Tag mit leichten Gymnastikübungen beginnen.
- Trinken Sie pro Tag 2 – 3 Liter Mineralwasser.
- Bei großem Hunger ist eine Schnitte Vollkornbrot gestattet.

Das Hagebutten-Wochenende

Ein Ernährungsprogramm, mit dem Sie sich vor Erkältungen schützen

Rund ums Jahr besteht immer die Gefahr, dass wir eine Erkältungskrankheit – vom Schnupfen bis zum grippalen Infekt – bekommen. Reichlich Vitamin C kann den Organismus davor schützen. Ideal eignet sich die Hagebutte. Sie hat sensationell hohe Vitamin-C-Anteile neben den Mineralstoffen Magnesium, Kalium und Kalzium.

Diese wertvollen Inhaltsstoffe kommen auch dann zur Geltung, wenn die Hagebutte gekocht (Tee, Marmelade) wird. Bauen Sie Ihre Abwehrkräfte auf, machen Sie ein Hagebutten-Wochenende. Die Rezepte sind jeweils für eine Person berechnet.

1. Tag – Freitag

Mittags: letzte normale Mahlzeit.

Nachmittags: 2 TL Hagebuttenmarmelade (40 Kalorien).

Abends:
65 g Hagebuttenmark (Reformladen) mit knapp 1/4 Liter Wasser verdünnen, Schale von 1/4 Zitrone und 1/4 Zimtstange dazugeben, aufkochen. 8 g Speisestärke mit ganz wenig Wasser anrühren, damit die Suppe binden. Mit 1 EL Honig, ganz wenig Salz, 1/16 l Apfelwein und etwas Zitronensaft würzen. Zimtstange und Zitronenschale herausnehmen. Hagebutten-Suppe mit 25 g Suppenmakronen servieren (290 Kalorien).

2. Tag – Samstag

Morgens:
2 Tassen Hagebuttentee mit 2 TL Honig. Dazu 2 dünne Scheiben Vollkornbrot, 1 gekochtes Ei (4 Minuten) und 0, 2 l Hagebutten-Trunk (Reformladen) sowie 1 Apfel (360 Kalorien).

Vormittags: 2 TL Hagebuttenmarmelade (40 Kalorien).

Mittags:
65 g Hagebuttenmark in einer Schale mit 1/32 l Schlagobers (Sahne) und 2 EL Portwein verrühren, mit 1 TL Honig, Salz, Cayennepfeffer und etwas Zitronensaft würzen. 10 Minuten zugedeckt stehen lassen. Die Hagebuttensoße mit 120 g gegrillter Hähnchenbrust servieren (300 Kalorien).

Nachmittags: 1/4 l Hagebuttentee mit 2 TL Honig (60 Kalorien).

Abends:
125 g Hagebutten waschen, halbieren, entkernen, unter kaltem Wasser abspülen. Mit 1/32 l Weißwein, 50 g Honig und der abgeriebenen Schale von 1/8 Zitrone zum Kochen bringen. 25 Minuten ziehen lassen. Mit Honig nachsüßen. Das Hagebutten-Kompott mit 1 Vollkornkeks servieren (320 Kalorien).

3. Tag – Sonntag

Morgens:
2 Tassen Hagebuttentee mit 2 TL Honig. 1/2 Becher Kefir-Milch, vermischt mit 2 EL Orangensaft, 1 EL Vollkornhaferflocken, 1 EL Rosinen, 25 g Dörrzwetschken (Dörrpflaumen), 1 EL gehackten Walnüssen und 2 gehäuften TL Hagebuttenmarmelade (301 Kalorien).

Vormittags: 2 TL Hagebuttenmarmelade (40 Kalorien).

Mittags:
1/8 l Wasser aufkochen. 65 g Naturreis darin 5 Minuten dünsten. In einem Sieb abtropfen lassen. Parallel knapp 1/4 l Milch mit 20 g Honig, dem Mark von 1/8 Vanillestange und etwas Salz aufkochen. Den Reis dazugeben und noch einmal aufkochen. Bei kleiner Hitze 1 Stunde quellen lassen. Den Milchreis in einer Dessertschale mit 3 EL Hagebuttenmark verrührt servieren (365 Kalorien).

Nachmittags: 1/4 l Hagebuttentee mit 2 TL Honig (60 Kalorien).

Abends:
100 g Hagebuttenmark mit 1 Eiweiß und 10 g Honig vermischen und schaumig schlagen. Dazu 1 Scheibe Vollkornknäckebrot (181 Kalorien).

Dazu meine Spezialtipps:

- Bereiten Sie den Hagebuttentee nicht aus Teebeuteln, sondern aus ganzen, getrockneten Früchten (Apotheke, Drogerie) zu. Diese müssen 10 Minuten in Wasser gekocht werden.
- Trinken Sie jeden Tag 2 Liter Mineralwasser zusätzlich.
- Für Senioren wirkt der Konsum von Hagebutten allgemein stärkend.
- Wenn Sie Probleme mit den Nieren haben, müssen Sie unbedingt vorher mit Ihrem Arzt darüber sprechen.

Das Johannisbeer-Wochenende

Ein Programm für die Verdauung, Entschlackung und für die Zähne

Wenn die frischen Johannisbeeren (Ribisel) auf Märkten und in Läden angeboten werden, dann sollten Sie das nützen und ein Wochenende mit Johannisbeeren einplanen. Mit den Johannisbeeren bekommen Sie reichlich von den Mineralstoffen Kalium und Kalzium. Sie tanken viel Vitamin C und obendrein Phosphor fürs Gehirn. Das Zusammenspiel dieser wertvollen Inhaltsstoffe kurbelt die Verdauung an, fördert die Entschlackung und macht obendrein die Zähne schöner. Die Rezepte sind jeweils für eine Person berechnet.

1. Tag – Freitag

Mittags: letzte normale Mahlzeit.

Nachmittags: 100 g Johannisbeeren (45 Kalorien).

Abends:
150 g Magerjogurt mit 50 g frisch gepresstem Orangensaft und 25 g Sanddornsaft glatt rühren. Mit 1 EL Honig süßen. 200 g Johannisbeeren in Perlen und 5 g gehackte Walnüsse dazumischen (200 Kalorien).

2. Tag – Samstag

Morgens:
2 Tassen Apfelschalentee mit 2 TL Honig. 1 Becher Jogurt mit 1 TL Honig, 2 EL Weizenkeimflocken, 2 EL Vollkornhaferflocken, 1/2 geriebenen Banane, 100 g geraspeltem Apfel, 1 EL geschlagenem Schlagobers (Sahne) und 1 EL Weizenkeimöl mischen (278 Kalorien).

Vormittags: 100 g Johannisbeeren (45 Kalorien).

Mittags:
150 g Hirschsteak (oder Rindersteak) klopfen, mit Knoblauch, Thymian, Salz, gehackten Wacholderbeeren einreiben, in Vollkornmehl wenden und auf beiden Seiten in 10 g Maiskeimöl braten. Dazu 200 g Johannisbeeren, verrührt mit 5 EL Magerjogurt (365 Kalorien).

Nachmittags: 100 g Johannisbeeren (45 Kalorien).

Abends:
75 g Johannisbeeren und 50 g Himbeeren in 1/4 Liter Wasser 10 Minuten kochen. Früchte durch ein Sieb passieren, mit 60 g Honig, 1/4 Päckchen Vanillinzucker und ganz wenig Salz noch 5 Minuten kochen. 20 g mit

kaltem Wasser angerührte Speisestärke einrühren und 3 Minuten kochen. Geriebene Schale von 1/4 Zitrone dazugeben. Im Kühlschrank kalt stellen, mit 1/8 Liter Milch servieren (395 Kalorien).

3. Tag – Sonntag

Morgens:
1 EL Vollkornhaferflocken mit 1/8 Liter Buttermilch, 50 g Johannisbeeren, 60 g Banane in Rädern, 1 EL Rosinen, 1 EL gehackten Walnüssen und 1 TL Cornflakes mischen. Dazu 2 Tassen Früchtetee mit 2 TL Honig (305 Kalorien).

Vormittags:
100 g Johannisbeeren (45 Kalorien).

Mittags:
20 g Naturreis in ganz wenig gesalzenem Wasser kochen, durchseihen, abschrecken. 1/16 l Schlagobers schlagen, mit ganz wenig Vanillinzucker süßen und unter den Reis rühren. 50 g Johannisbeeren und 2 EL Honig darunter mischen (410 Kalorien).

Nachmittags:
100 g Johannisbeeren (45 Kalorien).

Abends:
125 g Kefir mit 50 g Topfen (Quark) im Mixer vermengen, mit 10 g Honig süßen. 100 g Johannisbeeren in Perlen mit 2 EL Honig süßen. In einer Dessertschale die Johannisbeeren mit der Kefir-Quark-Creme anrichten (258 Kalorien).

Dazu meine Spezialtipps:

- Wer zu Durchfall neigt, sollte das Johannisbeer-Wochenende nicht durchführen.
- Die Johannisbeeren müssen gründlich in warmem Wasser gewaschen werden.
- Die Kerne wirken im Darm als ideales Quellmittel ähnlich dem Leinsamen.
- Trinken Sie täglich 2 bis 3 Liter Mineralwasser.
- Konsumieren Sie die Johannisbeeren möglichst rasch nach dem Kaufen oder Pflücken.

Das Pizza-Wochenende

Ein Ernährungsprogramm für Freunde der italienischen Küche

Die Pizza hat als klassische italienische National-Spezialität in erster Linie den Ruf, dass sie dick macht. Doch das muss nicht immer so sein. Hier eine Super-Nachricht für alle Pizza-Fans: Machen Sie ein Pizza-Wochenende. Sie sollten es ausprobieren. Sie genießen 2 Tage italienische Köstlichkeiten und nehmen die wertvollen Inhaltsstoffe des Vollkorns auf: Vitamine der Gruppe B, Mineralstoffe und Spurenelemente. Denn die Pizzas für das Gesundheits-Wochenende werden mit Vollmehl zubereitet. Die Rezepte sind jeweils für eine Person berechnet.

1. Tag – Freitag

Mittags: letzte normale Mahlzeit.

Nachmittags: 1 Paprikaschote von 150 g (28 Kalorien).

Abends:
65 g Vollmehl in eine Schüssel geben. In einer Mulde 5 g Hefe dazureiben. Mit 1 EL Milch, etwas Honig und etwas Vollmehl verrühren. 15 Minuten zugedeckt stehen lassen. 1/32 l Milch, noch etwas Salz und 10 g flüssige Margarine dazugeben. Einen geschmeidigen Teig kneten. 20 Minuten zugedeckt stehen lassen. Dann den Teig ausrollen, in Pizza-Form bringen und auf ein geöltes Backblech legen. Pizzabelag: 40 g schwarze, entkernte und halbierte Oliven und eine spezielle Zwiebelmasse aus 250 g Zwiebeln geschnitten, 1/2 gehackten Knoblauchzehe, 3 EL gehackter Petersilie und 3 EL gehacktem Thymian sowie 1 Lorbeerblatt, gemeinsam 10 Minuten in einer Pfanne mit 25 g Butter dünsten. Mit Pfeffer und Salz würzen und mit 10 g Sardellen garnieren. 25 Minuten backen (220 Kalorien).

2. Tag – Samstag

Morgens:
2 Tassen Pfefferminztee mit 2 TL Honig, 2 Schnitten Vollkornbrot, 1 weiches Ei (4 Minuten), 1/8 l Orangensaft (280 Kalorien).

Vormittags: 100 g rohes Sauerkraut (25 Kalorien).

Mittags:
1/2 Schinken-Pizza (Fertiggericht aus der Tiefkühltruhe) im Backofen erhitzen. Dazu 200 g Kopfsalat mit etwas Apfelessig, Kräutersalz, kaltgepresstem Olivenöl, Zitronensaft und etwas Honig servieren (360 Kalorien).

Nachmittags: 1 grüne Paprikaschote von 150 g (28 Kalorien).

Abends:
40 g Vollmehl in eine Schüssel geben. In eine Mulde 2,5 g Hefe reiben. Mit 1 TL warmem Wasser und etwas Mehl verrühren. 10 Minuten zugedeckt gehen lassen. Etwas Salz und 7 g Olivenöl dazugeben, Teig kneten. Eine Pizzaform einfetten, Teig darauf geben, dabei einen Rand formen, den Teig mit etwas Öl bestreichen und mit 25 g aufgetauten Tiefkühl-Garnelen, 1/2 zerdrückten Knoblauchzehe, 15 g grünen Oliven in Scheiben, 25 g Zwiebel in Ringen, 1 TL Tomatenmark, 15 g Mozarella-Käse in kleinen Stücken belegen. Mit Pfeffer, Salz, Oregano und Basilikum würzen. 25 Minuten backen (344 Kalorien).

3. Tag – Sonntag

Morgens:
2 Tassen Melissentee mit 2 TL Honig. 1 EL Vollkornhaferflocken, 1 EL Goldsam-Leinsamen, 2 EL Weizenkeime, 1 geriebenen Apfel und 25 g Dörrzwetschken (Dörrpflaumen) mit 1/8 l Milch zu einem Müsli mischen (305 Kalorien).

Vormittags: 200 g rohes Sauerkraut (25 Kalorien).

Mittags:
1/2 Pizza Bolognese aus der Tiefkühltruhe. Dazu 200 g Gurkensalat mit einer Marinade aus Apfelessig, Honig, Kräutersalz, Distelöl und Zitronensaft sowie etwas Wasser (292 Kalorien).

Nachmittags:
1 Paprikaschote von 150 g (28 Kalorien).

Abends:
1/2 Pizza Bella Napoli aus der Tiefkühltruhe mit 200 g Kopfsalat, angerichtet mit Marinade, servieren (310 Kalorien).

Dazu meine Spezialtipps:

- Sie sollen für den Pizza-Teig ausschließlich Vollmehl verwenden.
- Der Teig darf niemals bei zu hohen Temperaturen gebacken werden.
- Alkohol ist verboten.
- Pro Tag müssen Sie 2 bis 3 Liter stilles Mineralwasser trinken.

Das Putenfleisch-Wochenende

Ein Ernährungsprogramm, bei dem Sie hochwertiges Eiweiß tanken

Wenn Sie Magen und Darm nicht über Gebühr strapazieren und dennoch gut und schmackhaft – vor allem auch Fleisch – essen möchten, dann sollten Sie Putenfleisch (Truthahn-Fleisch) genießen. Es ist fettarm und liefert dem Organismus hochwertiges Eiweiß.

Außerdem ist es reich an den Mineralstoffen Kalium für Herz, Muskeln und Nerven, Phosphor fürs Gehirn, Eisen fürs Blut, Zink für die Immunkraft und für gute Laune. Versuchen Sie also einmal ein Puten-Wochenende.

Die Rezepte sind jeweils für eine Person berechnet.

1. Tag – Freitag

Mittags: letzte normale Mahlzeit.

Nachmittags: 1 Orange (58 Kalorien).

Abends:
100 g Putenbrust grillen, mit 100 g gedünstetem Naturreis und 200 g Kopfsalat mit Marinade servieren (273 Kalorien).

2. Tag – Samstag

Morgens:
2 Tassen Früchtetee mit 2 TL Honig, 3 EL Cornflakes mit 1/4 l Magermilch übergießen (271 Kalorien).

Vormittags: 1 Kiwi (40 Kalorien).

Mittags:
75 g Putenfleisch klopfen, salzen, mit 1 TL Kräutern bestreichen, in eine eingefettete Folie wickeln, im Backrohr garen. 50 g Naturreis mit etwas Salz, Safran und 15 g gehackter Zwiebel in 1/8 l Wasser kochen. Putenfleisch mit Naturreis servieren. Dazu 200 g Gurke in Rädern mit einer Marinade aus 1 TL Distelöl, etwas Dille, zerdrücktem Knoblauch, Apfelessig und Salz (360 Kalorien).

Nachmittags: 1 Orange (58 Kalorien).

Abends:
75 g gekochte Putenbrust in Streifen schneiden, mit 50 g gekochten grünen Erbsen, 25 g gekochtem Zuckermais und 50 g würfelig geschnittenem Apfel mischen.

Mit folgender Marinade verrühren: 65 g Magerjogurt, etwas Salz, Pfeffer, Zitronensaft und Honig. Zum Putensalat 2 dünne Scheiben Vollkornbrot (350 Kalorien).

3. Tag – Sonntag

Morgens:
2 Tassen Pfefferminztee mit 2 TL Honig, 2 dünne Schnitten Vollkornbrot mit 50 g Hüttenkäse und 50 g Putenschinken und 1 grüne Paprikaschote (310 Kalorien).

Vormittags: 1 Kiwi (40 Kalorien).

Mittags:
125 g ausgelöste Putenkeule 60 Minuten in etwas Weinbrand legen, mit 10 g gehacktem Schinken und 2 g gehackten Pistazienkernen füllen, mit einem Faden zusammenbinden. In 1 TL Öl gar braten, 10 g gehackte Zwiebel dazugeben. Dann in Scheiben schneiden. Mit Orangensoße servieren: 1/16 l frisch gepressten Orangensaft mit 5 g geriebenem Meerrettich und 1/2 TL Honig verrühren, mit etwas Apfelessig, Salz und 30 g geriebenem Apfel würzen (290 Kalorien).

Nachmittags: 1 Orange (58 Kalorien).

Abends:
100 g Putenbrust ohne Haut abtrocknen, mit etwas Salz einreiben, dann zuerst in 10 g Vollmehl, danach in 1 verquirltem Ei und schließlich in 10 g Vollkornsemmelbröseln wenden. Panade gut andrücken. In einer Pfanne mit ganz wenig Öl auf jeder Seite 3 Minuten goldgelb braten. Mit 2 EL gehackter Petersilie, 3 Salatblättern, 1 Tomate und 1/8 Zitrone garniert servieren (326 Kalorien).

Dazu meine Spezialtipps:

- Verwenden Sie nach Möglichkeit keine tiefgekühlte Pute.
- Schneiden Sie Haut und etwaige Fettteilchen weg.
- Trinken Sie jeden Tag mindestens 2 Liter Mineralwasser.
- Meiden Sie den Grill- und Bratensaft.

Das Honig-Wochenende

Ein Ernährungsprogramm für Nerven, Herz, Haut und Magen

Wenn ringsum die Bienen wieder ausschwärmen und aus den Blüten den kostbaren Nektar und die Pollen für ihren Honig sammeln, dann sollten wir uns wieder ganz besonders der Kraft bewusst werden, die wir aus dem Bienenstock mit Honig tanken können.

Honig hat wertvolle Inhaltsstoffe. Sie stärken die Nerven und die Verdauung, fördern die Arbeit des Herzens und verschönern die Haut. Gestalten Sie ein Honig-Wochenende und versorgen Sie sich dabei mit lebensnotwendigen Substanzen aus der Natur.

Die Rezepte sind jeweils für eine Person berechnet.

1. Tag – Freitag

Mittags: letzte normale Mahlzeit.

Nachmittags: 100 g Honigmelone (52 Kalorien).

Abends:
Salatteller mit 20 g Radieschen, 20 g Kopfsalat, 2 EL gehacktem Schnittlauch. Marinade: 20 g gehackte Zwiebel, 1 Spritzer Zitronensaft, 1 EL Distelöl, 1 TL Honig. Dazu 1 Schnitte Vollkornbrot. Danach 50 g getrocknete und in Wasser eingeweichte Marillen in 1/8 l Wasser mit 2 EL Honig, einem kleinen Stück Zimtrinde und 2 Gewürznelken aufkochen. Kalt servieren (393 Kalorien).

2. Tag – Samstag

Morgens:
2 Tassen Malventee mit 2 TL Honig, 1 Ei (4 Minuten), 2 Schnitten Vollkornbrot, 10 g Butter, 2 TL Honig fürs Brot (430 Kalorien).

Vormittags: 100 g Honigmelone (52 Kalorien).

Mittags:
Honigreisauflauf: 28 g Naturreis 5 Minuten in 1/4 l Wasser kochen. Wasser abgießen, mit 1/8 l Milch, der Schale von 1/4 Zitrone, etwas Vanillepulver und einer Prise Salz etwa 30 Minuten dünsten, dann auskühlen lassen. Inzwischen 1 Eigelb, 10 g Butter, 1 EL Honig schaumig schlagen und unter den ausgekühlten Reis mischen. Eiklar zu Schnee schlagen, mit 1/2 TL Vollkornbröseln unter die Masse heben, in eine gebutterte Auflaufform geben und 30 Minuten im mittelheißen Backrohr backen (410 Kalorien).

Nachmittags: 100 g Honigmelone (52 Kalorien).

Abends:
Honig-Hirse: 6 EL Milch mit der Schale von 1/4 Zitrone, etwas Salz, 2 EL Honig zum Kochen bringen. 30 g Hirse beifügen und etwa 30 Minuten zugedeckt bei kleiner Hitze kochen, eventuell Wasser nachfüllen.
Kalt werden lassen, 2 EL Schlagsahne dazurühren. 40 g Kiwi und 40 g Birne in Scheiben in einen Teller legen, Honig-Hirse darauf geben (359 Kalorien).

3. Tag – Sonntag

Morgens:
2 Tassen Kräutertee mit 2 TL Honig. Müsli: 2 EL Honig, 50 g Banane in Rädern, 10 g Rosinen, 1/4 l Buttermilch, 50 g Knusperleinsamen (395 Kalorien).

Vormittags: 100 g Honigmelone (52 Kalorien).

Mittags:
120 g Rindersteak gegrillt, vor dem Servieren mit 1 EL Honig bepinseln, dazu 50 g grüne Bohnen, 50 g Blumenkohl, 50 g Rosenkohl, 50 g Karotten gedünstet (375 Kalorien).

Nachmittags: 100 g Honigmelone (52 Kalorien).

Abends:
Honig-Scholle: 120 g Schollenfilet leicht salzen, in der Pfanne kurz anbraten, wenden und mit 1 EL Honig bestreichen. 1 bis 2 EL Wasser dazugießen und 5 Minuten zugedeckt dämpfen. Parallel 150 g Blattspinat mit Pfeffer, Muskat, Salz und etwas Öl in einer zweiten Pfanne garen. Dann die Scholle mit dem Spinat und mit einer in Folie gebratenen Kartoffel servieren (421 Kalorien).

Dazu meine Spezialtipps:

- ☛ Diabetiker dürfen dieses Wochenende nicht durchführen.
- ☛ Verzichten Sie auf Weißbrot und Weißmehl. Erlaubt sind nur Vollkornbrot und Vollkornmehl.
- ☛ Verwenden Sie nur heimischen Bienenhonig.

Das Vollkornnudel-Wochenende

Ein Ernährungsprogramm, das Energie für Beruf und Sport liefert

Egal, ob Sie Kraft und Elan für den Beruf oder für den Freizeitsport benötigen: Sie müssen dem Körper Energie zuführen, damit er keine Mangelerscheinungen bekommt und nicht schlapp macht. Auch Profi-Sportler wissen das längst: Die wertvollste Aufbaunahrung, die nicht dick macht und die wertvolle Vitamine, Spurenelemente und Mineralstoffe liefert, sind Vollkornnudeln.
Machen Sie daher ein Vollkornnudel-Wochenende. Tanken Sie Magnesium, Vitamin E und sämtliche B-Vitamine. Die Rezepte sind jeweils für eine Person berechnet.

1. Tag – Freitag

Mittags: letzte normale Mahlzeit.

Nachmittags: 1 kleiner Apfel (50 Kalorien).

Abends:
40 g Vollkornnudeln in Salzwasser kochen, abschrecken, abtropfen lassen. 10 g Pinienkerne im Mörser zerdrücken, mit 10 g kaltgepresstem Olivenöl verrühren. 1 EL Jogurt und 20 g geriebenen Parmesankäse dazurühren. Mit Meersalz und weißem Pfeffer würzen. Die Nudeln mit der Soße vermischen, mit frisch gehackter Petersilie oder Basilikum bestreuen (320 Kalorien).

2. Tag – Samstag

Morgens:
2 Tassen Hagebuttentee mit 2 TL Honig, 1 Scheibe Vollkornbrot mit 1 TL Butter bestreichen, mit 30 g Tilsiter belegen. Dazu 1/4 rohe Salatgurke in Rädern, 1 Tomate (200 Kalorien).

Vormittags: 1 Kiwi (40 Kalorien).

Mittags:
30 g Vollkornspagetti in Salzwasser kochen, abschrecken. 1 gehackte Zwiebel in etwas Olivenöl glasig dünsten. 1 Karotte, 1/4 Lauchstange, 1 Tomate, alles klein geschnitten, kurz mitdünsten. 1/8 l Gemüsebrühe (Reformladen) dazugeben, köcheln lassen. Mit Knoblauch, Oregano, Basilikum, Thymian, Pfeffer und Salz würzen. Spagetti anrichten, die Gemüsesoße darüber gießen, mit gehackten Kräutern bestreuen (290 Kalorien).

Nachmittags: 1 kleiner Apfel (50 Kalorien).

Abends:
100 g Chinakohl, 80 g gegarte Erbsen und 80 g gegarte Karotten, 1 Tomate, 2 Essiggurken, 1 Zwiebel, alles klein geschnitten, mit 100 g Magerjogurt, 1 TL Senf, 1 TL Ketchup, 2 EL Obstessig, Meersalz, Pfeffer, Paprikapulver, etwas Curry und Honig zu einem Salat mischen. 80 g gekochte Vollkornnudeln und 2 EL gehackten Schnittlauch dazurühren (320 Kalorien).

3. Tag – Sonntag

Morgens:
2 Tassen Hagebuttentee mit 2 TL Honig. 1 Scheibe Vollkornbrot. 50 g Magerquark mit 2 EL Magermilch, 2 Dörrpflaumen gehackt, 1 Karotte und 1/2 Apfel, beides geraspelt, etwas Zitronensaft, 5 g Honig und etwas Zimtpulver verrühren (195 Kalorien).

Vormittags: 1 Kiwi (40 Kalorien).

Mittags:
1/2 gehackte Zwiebel in 10 g Olivenöl glasig schwitzen, 1 Sellerieknolle, 1 Stück Lauch, 1 Blumenkohl, 1 Tasse grüne Bohnen, alles klein geschnitten, kurz mitdünsten, 1/4 l Gemüsebrühe aufgießen. 10 Minuten köcheln lassen. Mit Knoblauch, Salz, Pfeffer, Tomatenmark würzen, 30 g Vollkornnudeln einkochen (280 Kalorien).

Nachmittags: 1 kleiner Apfel (50 Kalorien).

Abends:
60 g Vollkornnudeln in Salzwasser garen, abschrecken, abtropfen lassen. 1 Knoblauchzehe, 1 Scheibe Vollkorntoastbrot, 4 EL gehackte Petersilie und 8 EL gehacktes Basilikum, 1 EL Obstessig, etwas Salz und 1 EL Olivenöl im Mixer pürieren, mit 3 EL heißem Wasser verdünnen. Dann mit den Nudeln servieren (430 Kalorien).

Dazu meine Spezialtipps:

- Trinken Sie täglich 2 bis 3 Liter Mineralwasser.
- Süßigkeiten sind an diesem Wochenende verboten.
- Die Vollkornnudeln müssen immer vor der Mahlzeit frisch zubereitet werden.

Das Forellen-Wochenende

Ein Ernährungsprogramm für alle Freunde von Fischgerichten

Es ist immer gut, wenn wir leicht verdauliche Nahrung aufnehmen, die aber dennoch hochwertiges Eiweiß liefert. Wir brauchen die regelmäßige Eiweißzufuhr für unsere körperliche und geistige Fitness sowie für alle biologischen Vorgänge in den Zellen. Machen Sie doch einmal ein Forellen-Wochenende. Die Forelle liefert bestes Eiweiß, reichlich Vitamin A für eine schöne Haut, besonders viel Mineralstoff Kalium für eine gute Verdauung und obendrein Phosphor fürs Gehirn. Mit Forellen-Rezepten bleiben Sie in körperlicher sowie seelischer Bestform und verwöhnen Ihren Gaumen.

Die Rezepte sind jeweils für eine Person berechnet.

1. Tag – Freitag

Mittags: letzte normale Mahlzeit.

Nachmittags: 1 Paprika (28 Kalorien).

Abends:
200 g Forelle, leicht salzen, mit Zitronensaft beträufeln. Dann mit einer Mischung aus 15 g gehackter Dille, 15 g gehacktem Fenchelgrün und 25 g gehackter Zwiebel füllen. Je 7 Minuten auf jeder Seite grillen (280 Kalorien).

2. Tag (Samstag

Morgens
2 Tassen Anistee mit 2 TL Honig. 4 EL Weizenkeime mit 25 g Magertopfen, 5 EL Magermilch, 125 g geriebenem Apfel und 1 EL geriebenen Mandeln zu einem Müsli vermischen (340 Kalorien).

Vormittags: 1 grüner Paprika (28 Kalorien).

Mittags:
75 g geräucherte Forelle mit 100 g geraspeltem Rettich und 75 g geraspeltem Apfel sowie 1 EL gehackten Walnüssen anrichten. Mit Marinade aus 50 g Magerjogurt, etwas Salz, Pfeffer, Honig und Zitronensaft übergießen. Dazu 1 Schnitte Vollkornbrot (346 Kalorien).

Nachmittags: 1 grünen Paprika (28 Kalorien).

Abends:
150 g Forelle mit Zitronensaft beträufeln, salzen und pfeffern, in 1 TL Vollkornmehl wenden, in 1 TL Olivenöl auf jeder Seite 5 Minuten braten.

Danach im Fett 1/2 Banane kurz braten, auf die Forelle legen. Mit 1 TL Ketchup und 3 EL gehackter Petersilie garniert servieren (388 Kalorien).

3. Tag – Sonntag

Morgens:
2 Tassen Pfefferminztee mit 2 TL Honig. 2 dünne Scheiben Vollkornbrot, 40 g Paprikaschoten, 75 g geräucherte Forelle, 1/8 l Orangensaft (305 Kalorien).

Vormittags: 1 grüner Paprika (28 Kalorien).

Mittags:
200 g Forelle leicht salzen, in 1 EL Vollkornmehl wenden, in 5 g Öl auf jeder Seite 5 Minuten braten.
25 g saure Sahne in 5 g erhitzte Butter einrühren, salzen und über die fertige Forelle gießen (380 Kalorien).

Nachmittags: 1 grüner Paprika (28 Kalorien).

Abends:
250 g Forelle leicht salzen, auf einen Teller legen, mit 1/8 l heißem Essig begießen, damit sie blau wird. In einen Topf 1/2 l Wasser gießen, 1/2 TL Salz und etwas Weißwein dazu. Aufkochen.
Forelle auf kleinster Hitze 15 Minuten darin ziehen lassen.
Mit 3 EL gehackter Kresse, 1 Zitronenspalte und 1/4 Tomate garnieren (265 Kalorien).

Dazu meine Spezialtipps:

- Die frischen Forellen sollten unmittelbar vor dem Verzehr gekauft werden. Niemals zu lange im Kühlschrank liegen lassen.
- Kein Fischgewürz verwenden, damit der zarte Geschmack der Forelle nicht gestört wird.
- Trinken Sie pro Tag 2 – 3 Liter Mineralwasser.
- Bei großem Hunger ist 1 Apfel zusätzlich erlaubt.

Das Keim- und Sprossen-Wochenende

Ein Ernährungsprogramm mit Soja, Weizen und Kresse

Gemüse, das in der kalten Jahreszeit die meisten Vitalstoffe enthält und das keiner Umweltbelastung ausgesetzt ist, muss man sich in der Wohnung selbst ziehen. Es handelt sich um Keime und Sprossen, die wenig Kalorien liefern und als Vitalstoff-Bomben bezeichnet werden können. Im winzigen Keim, der die Reserven für eine neue Pflanze enthält, sind Vitamine und Mineralstoffe hundertfach gespeichert. Nützen Sie dieses Phänomen. Stellen Sie sich zu Hause selbst Sprossen und Keime aus Sojabohnen, Weizenkörnern und Kressesamen her und machen Sie damit ein Wochenende, bei dem Sie neue Kraft für Körper und Geist tanken.

Die Rezepte sind jeweils für eine Person berechnet.

1. Tag – Freitag

Mittags: letzte normale Mahlzeit.

Vormittags: 100 g Sojasprossen (26 Kalorien).

Abends:
100 g Kartoffeln schälen und in Scheiben schneiden. 70 g Rote Bete (Rote Rübe) und 70 g Knollensellerie, weich gekocht, in Streifen schneiden. In einem Teller mit 200 g gekeimter Kresse und 300 g Sojasprossen mischen. Darüber eine Marinade aus 2 EL Distelöl, etwas Zitronensaft, Salz, Honig, Pfeffer, geriebenem Meerrettich gießen. Mit 1/2 hart gekochten Ei garnieren (400 Kalorien).

2. Tag – Samstag

Morgens:
1/8 l Milch mit 1 EL Sanddornsaft, 1 Tasse Kamillentee mit 1 TL Honig, 1 Schnitte Vollkornbrot mit 5 g Butter, dazu 40 g Magerquark, etwas Kräutersalz, Pfeffer, 2 EL Weizenkeime, 2 Radieschen und 1 Tomate (260 Kalorien).

Vormittags: 100 g Sojasprossen (26 Kalorien).

Mittags:
Auf einem Teller anrichten: 1 Schnitte heißen Vollkorn-Toast, darauf 120 g gegrilltes Rindersteak, darauf 200 g Sojakeime. Rundherum 100 g Kopfsalat mit Marinade (380 Kalorien).

Nachmittags: 1 EL Weizenkeime (40 Kalorien).

Abends: 50 g Erbsen dünsten. 110 g Jakobsmuscheln 20 Minuten in etwas Wasser mit 1 TL Weinessig und Honig sieden lassen. Dann das Muschelfleisch in Stücke schneiden. Auf einem Teller mit 20 g Kopfsalatblättern Erbsen, Muscheln und 300 g Sojasprossen anrichten. Dazu als Soße: 1 TL Ketchup, etwas Tabascosoße, 1/4 gehackte Senfgurke und 1/16 Liter steife Sahne vermischen (278 Kalorien).

3. Tag – Sonntag

Morgens: 1/8 l Jogurt mit 2 EL Schlehensaft, etwas Pfefferminztee mit 1 TL Honig, 1 Schnitte Vollkornbrot mit 5 g Butter, dazu 40 g Magerquark, vermischt mit etwas Salz, Pfeffer und 100 g Kressekeimen. Dazu 2 Radieschen und 1 Tomate (223 Kalorien).

Vormittags: 100 g Sojasprossen (26 Kalorien).

Mittags:
50 g gekochte, würfelig geschnittene Sellerieknolle, 2 Scheiben Ananas in Stücken, 12 g Walnusskerne und 2 EL Weizenkeime mit 1/2 TL Apfelessig, 1 TL Mayonnaise, 1 TL Ananassaft auf 2 Salatblättern anrichten. Dazu 100 g gegrillte Hähnchenbrust (285 Kalorien).

Nachmittags: 100 g Sojasprossen (26 Kalorien).

Abends:
50 g gedünsteter Naturreis wird mit 3 EL Weizenkeimen, 200 g Sojasprossen, 50 g Kressekeimen, 30 g Schafkäse und Marinade angerichtet (280 Kalorien).

Dazu meine Spezialtipps:

- An diesem Wochenende darf absolut nichts anderes dazu gegessen oder genascht werden.
- Trinken Sie täglich 2 bis 3 Liter Mineralwasser.
- Die Sojasprossen liefern dem Gehirn Lezithin, die Weizenkeime bringen Vitamine der B-Gruppe und E. Die Kresse liefert Vitamin C und Jod für die Schilddrüse.
- Weichen Sie grüne Sojabohnen, Weizenkörner und Kressesamen (Reformhaus) 12 Stunden in Wasser ein. Dann abspülen und in einem Glas, auf einem Teller oder in einem Keimapparat 4 Tage bei Zimmertemperatur unter täglichem Gießen keimen lassen. Vor dem Essen gründlich abspülen.

Das Apfel-Wochenende

Ein Ernährungsprogramm für optimales Wohlbefinden

Reife Äpfel sind süß und reich an Vitaminen, Mineralstoffen, Spurenelementen und Enzymen. Sie liefern dem Organismus alle lebensnotwendigen Vitalstoffe.
Dazu kommt noch der reiche Anteil an Pektin, der Magen und Darm entgiftet und die Verdauung reguliert.

Machen Sie daher ein Apfel-Wochenende. Nützen Sie die gesundheitlichen Vorteile des Apfels.
Er hilft, den Cholesterinspiegel zu senken, bekämpft Migräne und hebt das allgemeine Wohlbefinden. Die Rezepte sind jeweils für eine Person berechnet.

1. Tag – Freitag

Mittags: letzte normale Mahlzeit.

Nachmittags: 1 mittelgroßer Apfel (75 Kalorien).

Abends:
1/4 Zwiebel klein hacken, 1 Apfel, 50 g Schinkenwurst und 1/2 Essiggurke in Würfel schneiden. Salatsoße aus 1 TL Essig, 1 TL Olivenöl, etwas Salz, Pfeffer und Honig darüber gießen. Gut umrühren. 20 Minuten stehen lassen. Dazu 1 Vollkorntoast mit ganz wenig Butter (380 Kalorien).

2. Tag – Samstag

Morgens:
2 Tassen Apfelschalentee mit etwas Honig gesüßt. 1 EL Vollkornhaferflocken mit 1/8 l Buttermilch, 1 EL Rosinen, 1 EL gehackten Walnüssen, 5 g Cornflakes und 2 in kleine Stücke geschnittenen Äpfeln mischen (310 Kalorien).

Vormittags: 1 mittelgroßer Apfel (75 Kalorien).

Mittags:
1/4 klein gehackte Zwiebel, 1/2 klein geschnittener Apfel mit 1 TL Olivenöl schmoren. 1 EL Rosinen, 1 TL geschälte Mandeln, 1 TL gehackte Champignons sowie 3 Oliven dazugeben. Erhitzen. Mit etwas Salz, Honig und Curry würzen. Mit 60 g gedünstetem Naturreis verrühren. Servieren (434 Kalorien).

Nachmittags: 1 mittelgroßer Apfel (75 Kalorien).

Abends:
1/4 Sellerieknolle 20 Minuten kochen, abkühlen lassen, in Streifen schneiden, mit Zitronensaft beträufeln. 1 Apfel in Stücke schneiden, mit Honig bestreichen, mit dem Sellerie mischen. 1 geraffelte Karotte dazugeben. 1/4 Becher Jogurt mit 2 EL Sahne, etwas Salz und Pfeffer darüber gießen. Dazu 1 Schnitte Vollkornbrot mit etwas Butter (270 Kalorien).

3. Tag – Sonntag

Morgens:
2 Tassen Apfelschalentee mit etwas Honig süßen. 1 Schnitte Vollkornbrot mit 50 g Hüttenkäse bestreichen. Dazu 1 Apfel essen (296 Kalorien).

Vormittags: 1 mittelgroßer Apfel (75 Kalorien).

Mittags:
1/4 klein gehackte Zwiebel in etwas Öl glasig braten. 1/4 l Wasser zugießen, aufkochen, 1 Pfefferkorn, 1 Nelke, 8 g Honig und etwas Essig dazugeben. 180 g Rotkohl in Streifen und 1 klein geschnittenen Apfel hineinrühren. 60 Minuten dünsten, öfter umrühren. Mit 3 g Speisestärke binden. Mit 120 g gebratener Hühnerbrust servieren (350 Kalorien).

Nachmittags: 1 mittelgroßer Apfel (75 Kalorien).

Abends:
Auf einem Holzteller 2 Äpfel in Schnitten, 1 grünen Paprika in Streifen, 2 geviertelte Tomaten, 20 g Edamerkäse, 1 Schnitte Vollkornbrot mit 1 TL Butter anrichten (393 Kalorien).

Dazu meine Spezialtipps:

- Sie müssen beim Apfel-Wochenende täglich 2 Liter Mineralwasser und 1 Liter Apfelsaft trinken.
- Bei großem Hunger dürfen Sie abends vor dem Zubettgehen noch einen Apfel essen. Gut kauen oder raffeln.
- Äpfel, die nicht aus biologischem Anbau kommen, schälen.

IX. Teil:

Der große Einstieg in die gesunde Ernährung

So planen Sie auf lange Sicht Ihre Vollwerternährung

Wenn Sie die ersten Hürden der ausgewogenen Vollwerternährung geschafft haben, wenn es Ihnen Spaß macht, gesünder zu essen, dann werden Sie das Bedürfnis haben, Rezepte und Speisenfolgen auf längere Sicht zu planen. Vor allem werden Sie dann etwas ganz Wunderbares erleben: Ohne dass Sie eine Diät durchführen, werden Sie Schritt für Schritt auch zu Ihrem idealen Gewicht finden, werden weniger Gewichtsprobleme haben. Aus diesem Grund möchte ich Sie einen weiteren Schritt in die Philosophie der gesunden Ernährung einführen und Ihnen zwei große Programme als Anregung ans Herz legen.

Wenn Sie sich daranwagen, dann werden Sie viel Freude damit haben, werden Köstlichkeiten genießen und sich dabei sehr wohl fühlen.

Prof. Bankhofers Goldsam-Konzept

Ein 7-Tages-Plan mit den klassischen Produkten der Vollwertkost

Ernährungswissenschaftler und Mediziner in aller Welt bestätigen es längst: Richtige Ernährung kann viel zur Gesunderhaltung und zum Wohlbefinden des Menschen beitragen. Sie kann uns auf dem Weg zu Fitness, Vitalität und Lebensqualität enorm helfen. Vielen von uns ist das auch längst bewusst. Wir wissen, dass Gesundheit und Ernährung nicht voneinander zu trennen sind. Wir nehmen uns immer wieder vor, im Interesse unserer Gesundheit vernünftiger zu essen. Doch dann können wir uns doch nicht entschließen. Der Hauptgrund: Wir haben Scheu, vor dem »Umsteigen«. Wir haben Bedenken vor dem Einstieg in die gesunde

Ernährung, weil wir Angst haben, dass wir ab sofort auf alle Gaumenfreuden verzichten müssen.

Gerade das aber ist ein Irrtum. Sie werden es erleben: Gesundes kann hervorragend schmecken. Die gesunde Ernährung muss nicht Frust, sie kann Lust bereiten. Man muss nur zu den richtigen Naturprodukten greifen, muss sie richtig zubereiten.

Darum stelle ich Ihnen ein Programm mit einer eigenen Philosophie vor, mit dem für Sie der Einstieg in die gesunde, vernünftige Ernährung zu einem Vergnügen wird. Es ist das Goldsam-Konzept. Der Name Goldsam leitet sich vom hochwertigen goldgelben Leinsamen – auch Goldsam-Leinsamen genannt – ab, der vielfach die Basis für diese ballaststoffreiche Ernährungs-Philosophie darstellt. Ich habe das Konzept für Sie mit internationalen Ernährungsfachleuten ausgearbeitet. Es handelt sich dabei aber nicht um eine Diät, die man eine Zeit lang durchführt, um dann wieder unkontrolliert in alte, ungesunde Essgewohnheiten zu verfallen. Im Gegenteil: Es ist ein einfacher Weg in eine gesündere, vernünftigere Ernährung, auf die man immer wieder gerne zurückgreift, um gesund und fit zu bleiben. Sie werden begeistert sein und schon bald ein neues Lebensgefühl voll Vitalität und Schwung kennenlernen. Das Goldsam-Konzept steht für vollwertige Naturprodukte. In unserer schadstoffbelasteten Zeit ist es sehr wichtig geworden, dass man weiß, was man dem Organismus mit der Nahrung zuführt.

Ein vernünftiger, empfehlenswerter Ernährungsweg muss einige entscheidende Voraussetzungen erfüllen:

- Es muss eine ausreichende Versorgung mit den energieliefernden Nährstoffen und mit Vitaminen, Mineralstoffen, Spurenelementen, Enzymen und Ballaststoffen garantiert werden.
- Die Nahrung soll dabei aber auch nicht zu viel Kalorien haben, damit kein Übergewicht entstehen kann.
- Bei einem reduzierten Kalorienangebot sollte die Dichte an lebenswichtigen Substanzen in den einzelnen Nahrungsmitteln so groß wie möglich sein, damit die Versorgung der Zellen nicht gestört ist.
- Eine gesunde Nahrung muss aber auch gut schmecken.

Wenn all diese Voraussetzungen stimmen, dann wird jeder gerne bei einem solchen Ernährungsprogramm bleiben und nur mehr selten oder gar nicht in alte Ess-Sünden verfallen.

Wichtig ist, dass dabei viele positive Details für unsere Gesundheit zusammenwirken: Wir versorgen uns mit erstklassigen Naturprodukten, die reich

an lebenswichtigen Inhaltsstoffen sind. Anbau, Aufbereitung und Verarbeitung sind kontrolliert. Wir essen das volle Korn mit all seinen vielen wertvollen Inhaltsstoffen, die uns Kraft und Lebensfreude vermitteln. Wir essen reichlich Obst und Gemüse, vorwiegend roh und schonend zubereitet.
Wir essen auch Fleisch, aber in vernünftigen Mengen. Wir essen reichlich Fisch, vor allem Meeresfisch, weil er uns hochwertige Omega-3-Fettsäuren liefert. Wir sparen mit Zucker und Salz und ziehen Kräuter vor. Wir meiden tierische Fette und verwenden nur hochwertige Pflanzenöle mit einem hohen Anteil an ungesättigten Fettsäuren.

Ich möchte Ihnen im Folgenden die wichtigen Bausteine des Goldsam-Konzeptes vorstellen.

Der Ballaststoff-Hit: goldgelber Leinsamen

Rund 30 Millionen Menschen in Deutschland und Österreich leiden auf Grund einer mangelhaften, falschen Ernährung an Verdauungsstörungen.

Der Hauptfehler: Die meisten nehmen mit dem Essen zu wenig Ballaststoffe auf. Einem beachtlichen Teil unserer Nahrung sind bedauerlicherweise durch die industrielle Verarbeitung Ballaststoffe entzogen. Es ist ganz einfach, die tägliche Nahrung mit Ballaststoffen wieder aufzuwerten. Eine nicht unwesentliche Rolle dabei spielt der Leinsamen.

Der goldgelbe Leinsamen, auch Goldsam-Leinsamen genannt, ist ein besonders gezüchteter, hochwertiger Leinsamen. Durch ein spezielles Feinaufbrechverfahren wird er besonders quellfähig, und zwar dort, wo es wichtig ist: nämlich im Darm. Dieser goldgelbe Leinsamen enthält hochwertiges Eiweiß, hochwertige Fettsäuren wie Linol- und Linolensäure, Schleimstoffe, Mineralstoffe, Vitamine vor allem der Gruppe B sowie Spurenelemente. Der Anteil an Kohlenhydraten ist geringer. Deshalb ist der goldgelbe Leinsamen auch für Diabetiker geeignet.

Man sollte im Rahmen einer gesunden Ernährung täglich 2 bis 3 Esslöffel Leinsamen mit reichlich Flüssigkeit essen. Ideale Kombinationen mit Leinsamen bilden Milch, Jogurt, Sauermilch, Fruchtsaft und Mineralwasser.

Gesundes Naschen mit Knusper-Leinsamen

Damit der tägliche Leinsamen-Konsum auch zur Gaumenfreude werden kann und Abwechslung bringt, wurde der Knusper-Leinsamen mit nussigmildem Geschmack entwickelt. Sein besonderer ernährungswissenschaftlicher Wert liegt in der Aufbereitung mit mineralstoffreichem Dattelmark, Sojamehl und Milchzucker, der sich besonders positiv auf die Darmflora auswirkt. Das Ganze ist knusprig geröstet und schmeckt vorzüglich. Man kann den Knusper-Leinsamen pur, im Müsli oder im Obstsalat genießen, am besten 3 bis 4 Esslöffel am Tag. Da es sich dabei auch um quellintensive Ballaststoffe handelt, muss man dazu reichlich trinken.

Sinnvolle Ernährung mit Weizenkleie

Mit der Weizenkleie steht zur weiteren Abwechslung in der gesunden Ernährung ein besonderes Produkt zur Verfügung. Die Weizenkleie besteht aus wertvollen Randschichten des Weizenkorns, hat einen hohen Anteil an Ballaststoffen und regt dadurch die Darmbewegungen vorbildlich an. Zusätzlich liefert sie dem Organismus Vitamine, Mineralstoffe und Spurenelemente.
Da die Weizenkleie einen neutralen Geschmack aufweist, kann man sie problemlos unter viele Speisen mischen und in Getränke einrühren und auf diese Weise viele Mahlzeiten aufwerten. Für eine ausgewogene Verdauung sollte man über den Tag verteilt 3 bis 6 Esslöffel Weizenkleie zu sich nehmen. Auch dazu muss reichlich Flüssigkeit aufgenommen werden.

Gesunder Tagesanfang mit Haferkleie-Müsli

Der beste Einstieg in die Vollwertkost und der beste Beginn für den Tag überhaupt ist wohl das weltberühmte Müsli, das in den letzten Jahren Millionen neuer Anhänger gewonnen hat. Mit dem Müsli kann man viele wertvolle Inhaltsstoffe des vollen Korns aufnehmen. Allerdings ist Müsli nicht gleich Müsli. Der Gesundheit und Fitness wirklich förderlich ist nur ein Müsli, das aus hochwertigem und streng kontrolliertem Vollkorn besteht, und zwar aus verschiedenen Vollkornflockenarten, die schonend aus dem vollen Korn ausgewalzt wurden: Haferflocken, Weizenflocken, Roggenflocken, Dinkelflocken, Sonnenblumenkerne, Sesam, Hafervollkornmehl, Leinsamen, Sojaflocken und zusätzlich Bananenstücke, Pflaumenstücke und vor allem Haferkleie. Daher auch der Name: Haferkleie-Müsli.
Die Haferkleie liefert nicht nur reichlich Ballaststoffe. Man weiß aus zahllosen wissenschaftlichen Studien, dass es in der Haferkleie Substanzen gibt, welche zur Senkung des schädlichen LDL-Cholesterins beitragen und daher einen Schutz für Herz und Kreislauf darstellen.

Rad fahren ist für Prof. Hademar Bankhofer eine der liebsten Freizeit-Sportarten. Er empfiehlt deshalb das Radfahren in seinem 3-Wochen-Programm ganz besonders.
Lesen Sie Seite 250ff.

Mit dem Forellen-Wochenende
bleiben Sie in Bestform und verwöhnen Ihren Gaumen.
Die köstlichen Rezepte
finden Sie auf Seite 223 f.

Das Haferkleie-Müsli
sorgt für einen gesunden Tagesanfang.
Lesen Sie
auf Seite 232!

Blütenpollen sind eine kostbare
Kombination biologischer Abwehrstoffe.
Werten Sie Ihr Morgenmüsli
damit auf!
Lesen Sie auf Seite 242!

Verwöhnen Sie sich
mit einem
überbackenem Champignon-Gemüse.
Rezept Seite 245 f.

Der Goldsam-Pfannkuchen mit Apfelkompott schmeckt delikat! Dazu genießen Sie Sauerkirschsaft mit Mineralwasser und Milchzucker.
Rezept Seite 246.

Die Kabeljau-Pfanne sorgt für die notwendige gesunde Eiweißzufuhr.
Rezept Seite 264.

Den 7-Tageplan
für Ihren Einstieg in die gesunde Ernährung
erarbeitete Prof. Bankhofer
mit der fachlichen Unterstützung
von Küchenchef Andreas Miessmer,
vielfach preisgekrönter »Deutscher Koch des Jahres 1992«.
Lesen Sie Seite 243 ff.

Machen Sie allerdings nicht den Fehler, den fast alle Müsli-Anfänger begehen. Nehmen Sie sich nicht zu viel auf den Teller: Höchstens 3 Esslöffel vom Haferkleie-Müsli anrichten, kalte oder warme Milch oder Jogurt dazu, umrühren, ein paar frische Früchte je nach Saison – und ein wertvolles Frühstück ist fertig.

Haferkleie sorgt für gesunde Cholesterinwerte

Auch wenn jemand nicht krank ist, so sollte er sich doch um seine Blutfettwerte, um seinen Cholesterinspiegel, kümmern. Cholesterin ist ein Fettbegleitstoff. Die wachsartige, lebenswichtige Substanz ist Bestandteil der menschlichen Zellen, baut sie auf und sorgt für ihre Elastizität. Cholesterin ist Grundstoff für unsere Hormone und damit auch für unser Sexualleben. Cholesterin ist die Basissubstanz von Gallensäuren.

Der Organismus erzeugt Cholesterin selbst, und zwar vorwiegend in der Leber. Wir nehmen aber auch Cholesterin mit der Nahrung auf. Und darin liegt das Problem unserer Zeit: Wir nehmen vielfach unbeachtet mit der Nahrung mehr Cholesterin auf, als es der Gesundheit zuträglich ist. Ein bestimmter Cholesterinspiegel im Blut soll nicht überschritten werden. Mit einer kontrollierten Ernährung, die reichlich Ballaststoffe enthält, kann man dazu beitragen, den Cholesterinspiegel im gesunden Bereich zu halten. Dafür ist der Hafer besonders empfehlenswert.

Haferkleie besteht aus den Randschichten, dem Keim und den äußeren Schichten des Hafermehlkörpers. Das bedeutet: Die Haferkleie hat die wertvollsten Bestandteile des Hafers. Sie enthält reichlich Vitamin B1 und B6, die Mineralstoffe Kalium und Magnesium, die Spurenelemente Phosphor, Eisen, Zink und Selen, aber auch einen hohen Anteil an löslichen und unlöslichen Ballaststoffen, was für die Verdauung von großer Bedeutung ist. Haferkleie wird am besten im Rahmen eines sinnvollen und gesunden Ernährungsprogrammes konsumiert. Aus Haferkleie lassen sich viele Köstlichkeiten zaubern: Müslis, Suppen, Hauptgerichte, Zwischenmahlzeiten, Desserts und Backwaren.

Mit Kürbiskernen gegen Umweltgifte

Man kann mit speziell gezüchteten weichschaligen Kürbiskernen einiges für den Organismus tun. Ernährungswissenschaftler empfehlen täglich 3 bis 4 Esslöffel Kürbiskerne. Das Geheimnis ist der Inhaltsstoff dieser

Kürbiskerne: das Sitosterin. Kürbiskerne sind reich an mehrfach ungesättigten Fettsäuren, an hochwertigem, leicht verdaulichem Eiweiß und an lebenswichtigem Vitamin E als Schutz gegen Umweltgifte. Als Hausmittel zur Stärkung der Blasenfunktion haben sich Kürbiskerne längst bewährt. Da Kürbiskerne weichschalig sind, kann man sie ideal knabbern, wie sie sind. Man kann sie aber auch gemeinsam mit Jogurt, Quark, mit Müsli, Obstsalat und anderen Speisen zu sich nehmen. Wer das Besondere liebt und wer gern Gesundes nascht, für den gibt's Knusper-Kürbis. Das sind geröstete Kürbiskerne.

Blütenpollen – ein Kraftpaket der Natur

Wer sich gesund und vernünftig ernähren will, der sollte auf eine ganz spezielle konzentrierte Vitalkraft der Natur nicht verzichten. Das sind die Blütenpollen, die in freier Natur von den Bienen aus Blütenständen eingesammelt und in den Bienenstock gebracht werden. Die Bienen binden den Blütenstaub mit körpereigenen Sekreten und machen die goldgelben Klümpchen zu besonders wertvollen Produkten. Der Imker darf den Bienen nur 15 Prozent Blütenpollen wegnehmen, sonst ist der Bienenstock in seiner Existenz gefährdet. Blütenpollen sind eine natürliche Kombination kostbarer biologischer Aktivstoffe. Sie liefern dem Organismus hochwertiges Eiweiß, ungesättigte Fettsäuren, reichlich Vitamine, ätherische Öle, Mineralstoffe und Spurenelemente, darunter die für die körperliche Widerstandskraft so wertvollen Substanzen Vitamin E, Magnesium, Zink und Selen.
Blütenpollen – das konnte in den letzten Jahren von Wissenschaftlern festgestellt werden – fördern die natürliche Regeneration des Organismus, steigern die körperliche und geistige Leistungsfähigkeit und erhöhen die Widerstandskraft. Im Interesse unserer Gesundheit sollten wir täglich 3 bis 5 Esslöffel Blütenpollen zu uns nehmen: entweder pur gut kauen und dann im Mund zergehen lassen, oder im Müsli, im Jogurt, in einem Glas Milch oder im Obstsalat sowie auf dem Honigbrot genießen. Pollenallergiker sollten keine Blütenpollen essen.

Milchzucker für Magen und Darm

Ein ganz besonders wichtiges Naturprodukt im Rahmen der gesunden Ernährung – von vielen unterschätzt, bei vielen nicht bekannt – ist der Milchzucker. Er wird – wie der Name sagt – aus Milch gewonnen und zeichnet sich durch besonders milde Süßkraft aus. Milchzucker hilft, eine gesunde Darmflora zu erhalten. Er ist an der Bildung der für den Organismus so wichtigen Milchsäure beteiligt. Milchzucker ist kein Abführmittel, sondern unterstützt die Darmtätigkeit auf natürliche Weise mild aber zuverlässig.

Weizenkeime – die »Tankstelle« fürs Vitamin E

Dr. Jürgen Reimann, der Leiter des deutschen Institutes für medizinische Vitamin- und Mineralstoff-Forschung in München hat einmal gesagt: »Alle Vitamine wirken in einer großen Harmonie gemeinsam für unsere Gesundheit wie in einem Ballett. Das Vitamin E allerdings ist in diesem Ballett die Prima-Ballerina!«

Das Vitamin E erfüllt in der Tat enorm wichtige Aufgaben in unserem Organismus. Es schützt die Wand jeder einzelnen Körperzelle und verhindert damit das Eindringen von Umweltschadstoffen und sogenannten »freien Radikalen«. Vitamin E stärkt Herz und Kreislauf, beugt einer vorzeitigen Arterienverkalkung vor und schützt vor Herzinfarkt und Schlaganfall.

Darum sind Weizenkeime so wichtig für die gesunde Ernährung. Sie sind die klassische »Tankstelle« für natürliches Vitamin E. Außerdem sind sie reich an Mineralstoffen, wie etwa Magnesium, und den Vitaminen der B-Gruppe. Sie liefern die Spurenelemente Zink, Selen und Eisen.

Man kann Weizenkeime in Jogurt verrührt essen oder über den Obstsalat streuen. Viele Speisen wie Salate und Soßen kann man damit würzen. Wichtig ist, dass sie nicht erhitzt, sondern immer roh verzehrt werden. Weizenkeime sind ein wichtiger Bestandteil des Goldsam-Konzeptes.

Ein 7-Tage-Plan für Ihre Gesundheit

Jetzt wissen Sie alles Wesentliche über die Grundpfeiler der gesunden Ernährung, Sie kennen nun die wertvollen Produkte und haben sich mit den wichtigsten Regeln vertraut gemacht. Gehen Sie nun den neuen Weg in eine vernünftige Ernährung für Ihre Gesundheit und für Ihr Wohlbefinden. Sie werden begeistert sein.

Die Rezepte sind jeweils – zur besseren Übersicht – für eine Person berechnet.

Als Beispiel habe ich Ihnen hier einen Wochenfahrplan meines Goldsam-Konzeptes zusammengestellt. Sie können selbstverständlich die Tage tauschen oder jede Woche nur einige Tage dieses Programms durchführen. Ihrer Kreativität bei den Rezepten sind keine Grenzen gesetzt. Für einen richtigen Einstieg in die neue Ernährung und für ein spürbares Erlebnis und Ergebnis empfehle ich aber diesen Fahrplan einmal konsequent einzuhalten.

1. Tag

Morgens:
2 Tassen Pfefferminztee mit 2 TL Honig oder Süßstoff süßen. 5 g Butter auf 1 Schnitte Vollkornbrot. Quark-Müsli: 1 EL goldgelben Leinsamen kurz in 3 EL Wasser einweichen, 3 EL Magermilch-Pulver mit 1/8 l Wasser und 1 TL Zitronensaft verrühren. 2 EL Magerquark und 1/2 zerdrückte Banane mit der Milch glatt rühren, den Leinsamen dazumischen, mit 1 TL Honig und 1 TL Milchzucker süßen. 1 EL Blütenpollen dazugeben (382 Kalorien).

Vormittags:
1 EL Kürbiskerne knabbern, 2 Tassen Pfefferminztee trinken (76 Kalorien).

Mittags:
60 g gehackte Zwiebel mit 60 g Rindfleisch, 30 g Hühnerfleisch und 30 g Kalbfleisch durch den Fleischwolf drehen. Mit 1/4 Knoblauchzehe, 1/4 Ei, Salz, Pfeffer, Majoran, Paprika, Petersilie mischen. 1 EL Haferkleie, 1 EL Weizenkleie und 1 EL gemahlene Kürbiskerne dazugeben. Laibchen (Frikadellen) formen. In 8 g Fett braten. Auf einem Salatblatt mit 30 g Magerhartkäse und 1 EL ganzen Kürbiskernen servieren (380 Kalorien).

Nachmittags:
1 EL Knusper-Kürbis knabbern, dazu 2 Tassen Pfefferminztee trinken (79 Kalorien).

Abends:
1 Schale oder 1 Teller mit 200 g Kopfsalatblättern auslegen. Darauf 100 g Grapefruit in Stücken, 100 g Trauben, 100 g Kiwi in Scheiben mit 1/2 Becher Magerjogurt und 2 EL Blütenpollen sowie 1 EL Knusper-Leinsamen mischen. Mit 1 EL Kürbiskernen garnieren (380 Kalorien).

2. Tag

Morgens:
2 Tassen Hibiskusblütentee (Malve) mit 2 TL Honig oder Süßstoff süßen. 1/16 l Buttermilch mit 2 gehäuften EL Haferkleie-Müsli, 1 EL Knusper-

Kürbis, 1 EL Weizenkleie, 1 TL Haferkleie, 1/2 Birne, 15 g Dörrpflaumen, 1 EL Honig, 1/2 Banane in Stücken mischen (340 Kalorien).

Vormittags:
1 EL Knusper-Leinsamen knabbern, 2 Tassen Hibiskusblütentee (76 Kalorien).

Mittags:
1 fein gehackte Zwiebel in einer Pfanne glasig schwitzen. 100 g Champignons, gut gesäubert und gewaschen, blättrig schneiden, dazugeben, mitschwitzen.

250 g Mischgemüse, 60 g Krabben dazugeben, kurz nachschwitzen. Mit Zitronensaft, Worcestersoße, Salz, 1 TL Milchzucker, Pfeffer, Muskat abschmecken. 1 EL Haferkleie, 1 EL Weizenkleie und 1 EL Blütenpollen dazumischen.

1 Ei darauf schlagen und im vorgeheizten Backofen (180 Grad) das Ei zum Stocken bringen. Mit gehackter Dille, Schnittlauch und 1 EL gehackten Kürbiskernen bestreuen und servieren (310 Kalorien).

Nachmittags:
1 EL Knusper-Leinsamen knabbern, dazu 2 Tassen Hibiskusblütentee trinken (76 Kalorien).

Abends:
200 g Forellenfilet 10 Minuten in 2 l kochend heißem Wasser mit Salz, Lorbeerblatt, Pfefferkörnern, Wacholderbeeren, 1/12 l Obstessig ziehen lassen.

Dazu 200 g Kartoffeln mit Petersilie und 1 EL gehackte Kürbiskerne servieren. Danach: 1 EL Knusper-Kürbis mit 1/8 l Magerjogurt (460 Kalorien).

3. Tag

Morgens:
2 Tassen Kamillentee mit 2 EL Honig oder Süßstoff zum Süßen. Müsli: 100 g geraspelte Äpfel, 1 TL Zitronensaft, 2 EL Honig, 2 EL Weizenkleie, 1 EL Haferkleie, 1 EL Haferkleie-Müsli und 1 TL Milchzucker vermischen, mit 1/8 l Milch aufgießen (380 Kalorien).

Vormittags: 1/2 Müsli-Riegel, 2 Tassen Kamillentee (50 Kalorien).

Mittags:
150 g frische Champignons waschen, blättrig schneiden, mit Zitronensaft einreiben. 1/2 gehackte Zwiebel in 5 g Olivenöl in der Pfanne dünsten, die Champignons dazugeben, ebenfalls etwas dünsten.

1/16 l Milch, Eiweiß von 1/2 Ei und 4 bis 5 EL Haferkleie verrühren, 7 EL gehackte Petersilie dazugeben, den Milch-Mix über die Champignons gießen, mit geriebenem Käse bestreuen.
Im vorgeheizten Backofen etwa 30 Minuten backen. Mit Kürbiskernen bestreut servieren (286 Kalorien).

Nachmittags: 1/2 Müsli-Riegel, 2 Tassen Kamillentee (50 Kalorien).

Abends:
5 TL Haferkleie, 2 TL Weizenvollkornmehl, 1/16 l Milch, Eiweiß von 1/2 Ei, 1 EL Magerquark und 1 Prise Salz gut durchkneten. In einer Pfanne 1 TL Distelöl erhitzen, aus dem Teig Pfannkuchen bereiten, auf jeder Seite etwa 1 Minuten braten.

Dazu 150 g Apfelkompott oder Apfelmus aus der Dose oder aus dem Glas. Als Getränk: 4 EL Haferkleie und 2 EL Milchzucker in ein Glas geben, 1/10 l Diät-Sauerkirschsaft und 1/10 l Mineralwasser aufgießen, mit etwas Süßstoff süßen (366 Kalorien).

4. Tag

Morgens:
2 Tassen Früchtetee mit 2 TL Honig oder Süßstoff zum Süßen. 100 g Magerquark auf einem Teller anrichten, 1 reife Banane in Räder schneiden und darauf verteilen. 1 EL goldgelber Leinsamen ,1 EL Haferkleie und 1 EL Knusper-Kürbiskerne darüber streuen oder darunter mischen (310 Kalorien).

Vormittags: 1/2 Müsli-Riegel mit Kürbiskernen (50 Kalorien).

Mittags:
100 g gebratene oder gekochte Hühnerbrust ohne Haut. Dazu Kartoffelsalat: 150 g Kartoffeln schälen, in Scheiben schneiden, mit 1/16 l Gemüsebrühe übergießen.

Mit 1 EL Distelöl, 1 EL Apfelessig, etwas Salz, Pfeffer, Honig, 1 EL Milchzucker und Senf anrichten. Alles mit 1/2 klein gehackten Zwiebel, gehackter Petersilie und 1 EL Haferkleie und Kürbiskernen vermischen. Mit 1/4 hart gekochtem Ei und 1/4 Tomate garnieren (412 Kalorien).

Nachmittags: 1/2 Müsli-Riegel mit Kürbiskernen (50 Kalorien).

Abends:
100 g Vollkornbrot, darauf 80 g Magerquark mit 1 EL gehackten Kräutern, garniert mit 1 EL Kürbiskernen und 100 g Grapefruit-Scheiben. Danach 1/2 Becher Magerjogurt mit 1 EL Haferkleie-Müsli (400 Kalorien).

5. Tag

Morgens:
2 Tassen Hagebuttentee mit 2 TL Honig oder Süßstoff zum Süßen. 250 g Quark mit 250 g Erdbeeren mit 2 EL Honig oder Süßstoff, dem Saft 1/2 Zitrone und 2 EL Goldsam-Leinsamen sowie 1 EL Haferkleie-Müsli mischen. Man kann die Erdbeeren püriert oder in Stücken dazugeben (395 Kalorien).

Vormittags:
1/8 l Magermilch mit 1 EL Weizenkleie und 1 TL Milchzucker (70 Kalorien).

Mittags:
100 g Lammkotelett (oder Putenbrust) grillen oder braten. Dann mit 100 g Trauben, 20 g Zwiebelringen und je 50 g Apfel-, Birnen- und Ananasstücken etwas dünsten. Mit 1 EL Kürbiskernen garnieren und mit 50 g Kopfsalat in etwas Marinade servieren (485 Kalorien).

Nachmittags:
1/8 l frisch gepresster Orangensaft mit 1 EL Haferkleie und 1 TL Milchzucker (68 Kalorien).

Abends:
1/2 Zwiebel in Streifen schneiden und in 10 g Olivenöl goldbraun rösten, 200 g Sauerkraut dazugeben, Wasser aufgießen, alles mit 1 Gemüsebrühewürfel dünsten. Dann 100 g rohes Sauerkraut mit 1 Tasse würfelig geschnittener Ananas darunter mischen.

Alles mit Salz und Pfeffer abschmecken und mit 1 EL Kürbiskernen und 1 EL Blütenpollen garnieren. Dazu 1 Vollkornknäckebrot (340 Kalorien).

6. Tag

Morgens:
2 Tassen Apfelschalentee mit 2 TL Honig oder mit etwas Süßstoff süßen. Auf einem Teller 1/2 Tasse Cornflakes mit 1/8 l Milch, 1 TL Milchzucker, 1 EL Weizenkleie, 1 EL Knusper-Leinsamen, 50 g Apfel und 50 g Ananas in Stücken mischen (345 Kalorien).

Vormittags: 2 Leinsamen-Tabletten mit 1/4 l Mineralwasser (18 Kalorien).

Mittags:
80 g Rindfleisch (Schulterfilet) in kleinen Stücken mit 1 EL gehackter Zwiebel in etwas Öl anbraten, je 100 g Gurkenscheiben, Karottenscheiben und 1 Tomate sowie 1 EL goldgelben Leinsamen, 1 EL Haferkleie und 1 EL Weizenkleie dazugeben. Mit etwas Wasser gar dünsten.

Mit 40 g gedünstetem Naturreis oder Hirse – gewürzt mit 4 EL Petersilie und Basilikum – servieren (330 Kalorien).

Nachmittags:
2 Leinsamen-Tabletten mit 1/4 l Mineralwasser (18 Kalorien).

Abends:
30 g Naturreis 5 Minuten in 1/4 l Wasser kochen, abgießen. Den Naturreis mit 1/8 l Milch, der geriebenen Schale einer unbehandelten Zitrone, einer Prise Salz, 1 EL Knusper-Kürbis, etwas Vanillezucker 30 Minuten dünsten.

1 EL Honig, 10 g Butter, 1 Eigelb schaumig rühren, alles dem Reis beimischen. Das Eiklar zu Schnee schlagen und darunter mischen. Alles in einer gebutterten Auflaufform 30 Minuten backen. Vor dem Servieren mit 1 EL Milchzucker und 1 EL Knusper-Kürbiskernen bestreuen (440 Kalorien).

7. Tag

Morgens:
2 Tassen Melissentee mit 2 TL Honig oder etwas Süßstoff zum Süßen. 1 EL goldgelber Leinsamen, 1 EL Haferkleie- Müsli, 1 EL Milchzucker, 2 EL Magerquark, 4 EL Buttermilch, 2 EL Magermilchpulver, 1 EL Sanddornsaft (Reformladen), 1/2 EL Zitronensaft und 1 TL Knusper-Kürbiskerne mit 1 geriebenen Apfel mischen. Mit 1 EL Blütenpollen garnieren (310 Kalorien).

Vormittags:
1 EL geröstete Knusper-Kürbiskerne und 2 Tassen Melissentee (80 Kalorien).

Mittags:
1/8 l Wasser und 5 g Butter aufkochen, 70 g Vollkornhaferflocken, 1 TL Weizenkleie, 1 TL Haferkleie sowie 1 TL geriebenen goldgelben Leinsamen dazugeben, wegstellen, 15 Minuten ausdämpfen lassen.

Jetzt kommen 1 TL Bierhefe und 4 TL gehackte Petersilie dazu. Aus der Masse Laibchen formen, in 2 TL Öl braten. Dazu 100 g Kopfsalat mit etwas Marinade servieren (430 Kalorien).

Nachmittags:
1 EL geröstete Knusper-Kürbiskerne mit 2 Tassen Melissentee (80 Kalorien).

Abends:
In einer Schüssel 20 g gehackte Zwiebel, 20 g Radieschen in Rädern oder geschabt, 40 g Sellerie, geschabt, 40 g Apfel in Stücken, 40 g Karotten in

Rädern oder geschabt, 20 g Kopfsalat, geschnitten, gehackten Schnittlauch mit 1 EL Distelöl und 2 EL Obstessig anrichten. Vor dem Servieren 1 EL Milchzucker, 1 EL Goldsam-Leinsamen und 1 EL Kürbiskerne darunter rühren (470 Kalorien).

Meine Spezialtipps:

- Sie können das Programm über 14 Tage oder gar 4 Wochen durchführen.
- Sie können auch eigene Rezepte erfinden und ausprobieren.
- Bei großem Hunger zwischendurch 1 Esslöffel Weizenkeime kauen und danach 1/4 l Mineralwasser trinken.
- Als zusätzliche Kräftigung für den Körper sollten Sie jeden Morgen 1 Teelöffel voll Blütenpollen in den Mund nehmen und dort einige Minuten langsam zergehen lassen, damit die Mundschleimhäute die wertvollen Inhaltsstoffe rasch aufnehmen können.
- Kauen Sie sämtliche Naturprodukte intensiv und langsam. Damit leisten Sie wertvolle Vorarbeit für die Verarbeitung in Magen und Darm.
- Trinken Sie täglich mindestens 1 1/2 bis 2 Liter Mineralwasser.
- Nähere wissenschaftliche Details zu diesem Konzept erfahren Sie beim Goldsam-Ernährungsstudio, Postfach 10 21 55 in D-50461 Köln.

Prof. Bankhofers 3-Wochen-Programm

Der totale Einstieg in die ausgewogene Vollwerternährung

Wollen Sie alles, was Sie bisher in diesem Buch gelesen haben, für sich persönlich in die kulinarische Praxis umsetzen? Dann steigen Sie doch mutig in ein 3-Wochen-Programm ein. Wenn Sie das gemeistert haben, dann haben Sie sozusagen Ihre »Meister-Prüfung« für die gesunde Ernährung gemacht. Ich habe für Sie ein 3-Wochen-Programm zusammengestellt, das Ihnen Spaß machen wird.
Sie können es auch durchführen, wenn Sie einen Beruf ausüben. Mittags habe ich für die Berufstätigen in vielen Fällen ein Spezialrezept zusammengestellt.

Hier noch ein paar Anregungen und Informationen für dieses Ernährungsprogramm:

- Sie essen ganz genau die vorgeschriebenen Mengen, an die Sie sich eisern halten müssen. Sie haben daher eine optimale Kalorienkontrolle, ohne nachzählen zu müssen.
- Sie reduzieren mit diesen Rezepten den Fleischkonsum und damit die Zufuhr von tierischem Fett.
- Sie konsumieren reichlich Frischgemüse und Frischobst.
- Sie führen mit dieser Diät dem Organismus gezielt und genau berechnet jeden Tag eine bestimmte Menge an Vitamin A, C und E sowie Betakarotin zu. Genau diese 3 Vitamine sorgen nach neuesten ernährungswissenschaftlichen Erkenntnissen für den Aufbau unserer Immunkraft.
- Fisch und Milchprodukte liefern Ihnen mit den Rezepten hochwertiges Eiweiß.
- Sie meiden für die Zeit der Diät gänzlich den Haushaltszucker und ziehen den Honig vor, allerdings auch in geringen Mengen.
- Sie streichen in dieser Zeit gänzlich alkoholische Getränke und konsumieren jeden Tag 2 bis 3 Liter Mineralwasser.
- Da ein altes Sprichwort besagt: »Essen und Trimmen: Beides muss stimmen!« bauen Sie in diese Diät ein genau berechnetes Bewegungs-Programm ein.

- Sie sollten zu den vorgegebenen Rezepten zusätzlich nichts essen
- Wenn Sie der Hunger zwischendurch ganz fürchterlich plagt, dann dürfen Sie zu frischem, rohem Obst und Gemüse greifen.
- Wichtig für die praktische Durchführung des 3-Wochen-Programmes: Die Rezepte sind jeweils für 1 Person berechnet.

1. WOCHE

1. Tag

Morgens:
2 Tassen Melissentee mit 2 TL Honig, 2 Scheiben Roggenknäcke mit 5 g Butter, 1 Tomate, 20 g Schinkenwurst (205 Kalorien).

Vormittags: 1 Kiwi (40 Kalorien).

Mittags:
80 g Rindfleisch (Schulterfilet) in Stücken mit 1 EL Zwiebelstücken in etwas Öl anbraten, je 100 g Gurken, Bohnen, Karotten und 1 Tomate, alles in kleinen Stücken, dazugeben. Mit etwas Wasser gar dünsten. Dazu 40 g gedünstete Goldhirse mit 4 EL Basilikum und Petersilie, beides frisch gehackt (339 Kalorien).

Spezialtipp für Berufstätige:
2 Scheiben Vollkornbrot, mit 1 EL Tomatenmark bestreichen, 70 g Corned Beef darauf legen. Darauf 1 hart gekochtes Ei in Scheiben, mit 3 TL gehacktem Schnittlauch oder Petersilie garnieren (390 Kalorien).

Nachmittags: 80 g Apfel (40 Kalorien).

Abends:
1 küchenfertige Forelle waschen, trocknen, Bauch mit gehackter Petersilie füllen. 1/8 l Wasser mit 3 EL Weinessig, 1/2 EL Salz, Saft von 1/2 Zitrone mischen.

Forelle darin 15 – 20 Minuten garen, herausnehmen, Haut abziehen, auf einem Teller mit 1 Kiwi in Scheiben und 50 g Jogurt mit gehackten Kiwistücken servieren (370 Kalorien).

Bewegungsprogramm: Treppensteigen, so lange Sie es schaffen.

2. Tag

Morgens:
2 Tassen Kräutertee mit 2 TL Honig, 1/16 l Buttermilch, 20 g Müsliflocken,

10 g Walnüsse, 1/2 Birne, 15 g Dörrpflaumen, 1 EL Honig, 1/2 Banane vermischen (300 Kalorien).

Vormittags: 1 Kiwi (40 Kalorien).

Mittags:
100 g Sellerieknolle in Scheiben schneiden, in etwas Öl braten. Auf einem Teller mit 100 g gebratener Kalbsleber und 2 Apfelscheiben belegen.

Dazu 100 g Kopfsalat und 1 Knäckebrot (340 Kalorien).

Spezialtipp für Berufstätige:
2 Scheiben Vollkornbrot mit 1 EL saurer Sahne bestreichen, auf 1 Brot 40 g gekochten Schinken und 30 g Goudakäse legen.

Darauf 4 Salatblätter und das andere Brot darüber (230 Kalorien).

Nachmittags: 80 g Apfel (40 Kalorien).

Abends:
100 g Vollkornbrot, darauf 80 g Quark mit 1 EL gehackten frischen Kräutern. Garniert mit 100 g Grapefruit-Scheiben und 1 EL gehackten Nüssen (370 Kalorien).

Bewegungsprogramm: 1 Stunde Tanzen. Verlust: 360 Kalorien.

3. Tag

Morgens:
2 Tassen Hagebuttentee mit 2 TL Honig, 2 Schnitten Vollkornbrot, 50 g Magerquark, gehackter Schnittlauch, 1 Tomate (300 Kalorien).

Vormittags:
1 Kiwi (40 Kalorien).

Mittags:
1/2 Zwiebel in Streifen in 10 g Öl goldbraun rösten, 200 g Sauerkraut 20 Minuten in Wasser mit 1 Gemüsebrühe-Würfel dünsten. 100 g rohes Sauerkraut mit 1 Tasse Ananasstücke darunter mischen.

Mit Salz und Pfeffer würzen. Dazu 1 Schnitte Vollkornbrot (290 Kalorien).

Spezialtipp für Berufstätige:
1 Paprikaschote und 1 Fleischtomate in Stücke schneiden, mit 1 kleinen gehackten Zwiebel und etwas Weizenkeimöl, Salz, Honig und Zitronensaft in einer Schale verrühren, Pfeffer und Kräuter darüber. Dazu 1 kaltes Fleischlaibchen (230 Kalorien).

Nachmittags: 80 g Apfel (40 Kalorien).

Abends:
50 g frische Champignons blättrig schneiden, 10 Minuten dünsten, mit etwas Zitronensaft, 60 g Krabben, 1/2 hart gekochten Ei, etwas Honig, Salz, Pfeffer, Worcestersoße, gehackter Dille in einer Dessertschale zu einem Salat mischen. Dazu 1 Schnitte Vollkornbrot (310 Kalorien).

Bewegungsprogramm: Treppensteigen, so lange Sie es schaffen.

4. Tag

Morgens:
1/2 Tasse Cornflakes mit 1/8 l Milch, 50 g Apfelstücken, 50 g Ananasscheiben und 100 g Trauben mischen. 2 Tassen Pfefferminztee mit 2 TL Honig (340 Kalorien).

Vormittags: 1 Kiwi (40 Kalorien).

Mittags:
100 g Lammkotelett (oder Schweinekotelett) grillen oder braten. 100 g Trauben, 20 g Zwiebel und 50 g Apfel-, Birnen- und Ananasstücken etwas dünsten. Mit 100 g Kopfsalat in etwas Marinade servieren (460 Kalorien).

Spezal-Tipp für Berufstätige:
100 g kaltes gebratenes Lammkotelett (oder Schweinekotelett) auf 1 Schnitte Vollkornbrot.

Dazu 100 g Trauben, 100 g Apfel und 100 g Ananas (440 Kalorien).

Nachmittags: 80 g Apfel (40 Kalorien).

Abends:
100 g Radicchio-Salat zerpflücken, 100 g Gurke in Scheiben mit 25 g saurer Sahne, 1 TL Milch, 1 TL Distelöl, etwas Zitronensaft, Salz, Pfeffer, Honig, Petersilie, Dille und Senf vermischen.

Dazu 150 g gekochte Hühnerbrust (280 Kalorien).

Bewegungsprogramm:
2 Stunden Spazierengehen. Verlust: 340 Kalorien

5. Tag

Morgens:
2 Tassen Malventee mit 2 TL Honig, 1 Schnitte Vollkornbrot mit 8 g Butter und 50 g Magerquark. Dazu 200 g Endiviensalat mit Marinade und 1 Apfel (300 Kalorien).

Vormittags: 1 Kiwi (40 Kalorien).

Mittags:
40 g Goldhirse mit etwas Salz und 1 Tasse Wasser aufkochen, 10 Minuten köcheln lassen, bis das Wasser verkocht ist.

Dann 1 Stunde quellen lassen. Mit 100 g gedünsteten grünen Erbsen, 4 EL gehackter Petersilie vermischen. Dazu 200 g Kopfsalat mit Marinade (275 Kalorien).

Spezialtipp für Berufstätige:
Diese Speise kann am Tag zuvor zubereitet und am Arbeitsplatz kalt gegessen werden. Anstelle des Salates: 1 Apfel.

Nachmittags:
80 g Apfel (40 Kalorien).

Abends:
2 Eigelbe mit etwas Zimt und Süßstoff, 80 g bereits gedünstete Goldhirse und 1 Apfel in kleinen Stücken verrühren. In eingefetteter Auflaufform bei mittlerer Hitze 30 Minuten backen (310 Kalorien).

Bewegungsprogramm:
90 Minuten Tischtennis spielen. Verlust: 550 Kalorien.

6. Tag

Morgens:
2 Tassen Kamillentee mit 2 TL Honig. Müsli: 30 g Hirseflocken, 1 Becher Magerjogurt, 1 Apfel und 1/2 Banane in Stücken, 1 TL Honig (302 Kalorien).

Vormittags: 1 Kiwi (40 Kalorien).

Mittags:
100 g Hühnerbrust gebraten. Dazu Kartoffelsalat: 250 g gekochte Kartoffeln in Scheiben mit 1/16 Gemüsebrühe übergießen, mit 1 EL Distelöl, 1 EL Apfelessig, etwas Salz, Pfeffer, Honig, Senf, 1/2 klein gehackten Zwiebel und gehackter Petersilie vermischen. Mit 1/4 Tomate garnieren (400 Kalorien).

Spezialtipp für Berufstätige:
Das Gericht kann am Abend zuvor zubereitet und am nächsten Tag am Arbeitsplatz gegessen werden.

Nachmittags: 60 g Apfel (40 Kalorien).

Abends:
1 EL Olivenöl mit 1/2 eingesalzenen Knoblauchzehe anbraten. 1/2 Zwiebel, 1/4 Paprikaschote, 1/4 Zucchini, 1/4 Aubergine, alles in Würfeln, salzen

und 10 Minuten dünsten. 25 g Champignons 5 Minuten im Knoblauchöl dünsten. 1 TL Tomatenmark, etwas Weißwein und 1/16 l Bratensoße 5 Minuten köcheln lassen.

Mit Oregano, Basilikum, Salz, Pfeffer, Sojasoße, Zitronensaft würzen und über 100 g Vollkornspagetti gießen (350 Kalorien).

Bewegungsprogramm:
1 Stunde Radfahren (20 km/h) Verlust: 500 Kalorien.

7. Tag

Morgens: 2 Tassen Früchtetee mit 2 TL Honig. 1/16 l Buttermilch, 20 g Müsliflocken, 10 g Walnüsse, 1/2 Birne, 15 g Dörrpflaumen, 1 EL Honig, 1/2 Banane (300 Kalorien).

Vormittags: 1 Kiwi (40 Kalorien).

Mittags:
Eine Schüssel mit 200 g Kopfsalat in Einzelblättern auslegen. Darauf 100 g Trauben, 100 g Kiwi in Scheiben mit 1/2 Becher Magerjogurt mischen. Mit 10 g Haselnüssen garnieren (300 Kalorien).

Spezialtipp für Berufstätige:
Dieses Gericht kann man zu Hause am Morgen zubereiten und an den Arbeitsplatz mitnehmen.

Nachmittags:
80 g Apfel (40 Kalorien).

Abends:
200 g Forelle 10 Minuten in 1 l kochendem Wasser mit Salz, Lorbeerblatt, Pfefferkörnern, Wacholderbeeren, 1/12 l Obstessig ziehen lassen. Dazu 250 g Kartoffeln mit Petersilie. Danach: 1 Apfel (440 Kalorien).

Bewegungsprogramm:
2 Stunden Spazierengehen. Verlust: 340 Kalorien

Dazu meine Spezialtipps:

- Schlafen Sie nachts mindestens 8 Stunden.
- Trinken Sie mindestens 2 Liter Mineralwasser pro Tag.
- Nehmen Sie eventuell täglich 1 Multivitamin- Mineralstoff-Brausetablette ohne Zucker aus der Apotheke.

2. WOCHE

Für die 2. Woche des Vollwertprogrammes ist jeder Tag genau auf eine Nahrungszufuhr von 1200 Kalorien berechnet. Die Bewegungsanregungen können Sie von der 1. Woche übernehmen, sie gelten dann auch für die 3. Woche. Natürlich können Sie auch Ihre Lieblingssportart wählen oder Gymnastik machen.

8. Tag

Morgens:
2 Tassen Kamillentee mit 2 TL Honig, 3 Scheiben Vollkornbrot, 70 g Magerquark mit 25 g gehackter Schinkenwurst vermischt, dazu etwas Kräutersalz und gehackte Petersilie. Dazu 200 g Gurke in Scheiben.

Vormittags: 100 g Paprikaschote.

Mittags:
100 g Magerquark, 1 TL Sahne, 1 EL gehackte frische Kräuter, 250 g klein gehackte Gurke verrühren, mit Kräutersalz und Pfeffer würzen, mit Gurkenscheiben, Radieschenscheiben und Paprikaschotenstücken garnieren. Dazu 2 große Backkartoffeln aus der Folie.

Spezialtipp für Berufstätige:
In einer Schüssel vermengt man 1 kleinen Apfel in Stücken, 50 g mageren Schinken in Streifen, 1/4 Salatgurke in Streifen. Mit 1 TL gehackter Zwiebel vermengen. Vor dem Essen die Marinade darüber gießen: 1 EL Distelöl und 1 EL Obstessig, 1 TL gehackte Petersilie, etwas Salz, Pfeffer, Honig, Zitronensaft. Dazu 1 Scheibe Vollkornbrot.

Nachmittags: 2 Mandarinen.

Abends:
1 fein gehackte Zwiebel in der Pfanne glasig schwitzen, 1 kleine Dose Spargelstücke, 1 kleine Dose Champignonköpfe und 30 g gekochte, in Würfel geschnittene Schinkenwurst dazugeben und erhitzen. Mit Salz, Pfeffer, 1 Prise Muskat und Cayennepfeffer würzen. 2 Eier verschlagen, salzen, pfeffern und 2 EL gehackten Schnittlauch dazugeben. Die Eier in einer Pfanne zu einem Omelett ausbacken, mit dem Gemüse füllen.

9. Tag

Morgens:
2 Tassen Melissentee mit 2 TL Honig, 1 Scheibe Vollkornbrot, 10 g Butter, ein 4-Minuten-Ei, 1 Banane.

Vormittags: 100 g Paprikaschote.

Mittags:
70 g Fertigmüsli mit 1/16 l Milch oder Jogurt mischen.

Dazu 1 Apfel und 1 Birne in Stücken. 1/2 l stilles Mineralwasser.

Spezialtipp für Berufstätige:
Das Müsli lässt sich leicht auch am Arbeitsplatz zubereiten.

Nachmittags: 2 Mandarinen.

Abends:
1 Hähnchenkeule gebraten, 2 Kartoffeln und 200 g gedünstetes Mischgemüse, 2 rohe Paprikaschoten in Streifen geschnitten.

10. Tag

Morgens:
60 g Erdbeeren, 30 g Vollkornhaferflocken, 1 EL Weizenkeimflocken mit 1/4 l Buttermilch und 2 EL Honig verrühren.

Dazu 2 Tassen Pfefferminztee mit 2 TL Honig.

Vormittags: 100 g Paprikaschote.

Mittags:
150 g Mischsalat aus Radicchio, Kopfsalat, Paprikaschoten, Gewürzgurken in eine Schüssel geben. 15 g fettarme Fleischwurst und 15 g fettarmen Käse in Streifen schneiden und dazugeben. 1 fein gehackte Zwiebel und 1 gehackte Essiggurke dazugeben. Marinade darüber:

1 Becher Magerjogurt, 1 TL scharfer Senf, etwas Obstessig, Zitronensaft, Worcestersoße, 1/2 TL Curry, etwas Cayennepfeffer, Salz, Pfeffer und etwas Honig.

Mit 1 hart gekochten, geviertelten Ei dekorieren. Mit Kräutern bestreuen. Dazu 1 Scheibe Knäckebrot.

Spezialtipp für Berufstätige:
2 Scheiben Vollkornbrot mit 20 g Butter bestreichen, mit 50 g gekochtem Schinken oder Schinkenwurst und 1 dünnen Scheibe Käse belegen.

2 rohe Karotten. Dazu 1/2 l Mineralwasser.

Nachmittags: 2 Mandarinen.

Abends:
150 g mageres Roastbeef. Dazu 1 Schnitte Vollkornbrot und 50 g Kopfsalat mit etwas Marinade.

11. Tag

Morgens:
2 Tassen Heidekrauttee (Erikatee) mit 2 TL Honig, 1 Schnitte Vollkornbrot, 2 EL Quark, 1/4 l Milch mit pürierten Kräutern (Petersilie und Dille), 1 Orange.

Vormittags:
100 g Paprikaschote.

Mittags:
Auf einem Teller anrichten: 200 g rohen Blattspinat mit einer Marinade aus Kräuteressig, Zitronensaft, Distelöl, Pfeffer, Salz, etwas Süßstoff, 2 EL gehackter Petersilie.
Dazu 100 g gegrillte Hühnerleber, mit 1 Orange in Stücken garniert.

Spezialtipp für Berufstätige:
In einer Schüssel zum Mitnehmen mischen: 90 g gedünsteten Naturreis, 1 Birne in Stücken, 1/2 Bund Radieschen und 50 g Champignons in Scheiben aus der Dose.
Darüber die Marinade aus 2 EL Obstessig, etwas Pfeffer, Curry, Mineralwasser, Zitronensaft, Honig, 1 EL gehacktem Schnittlauch.

Nachmittags:
2 Mandarinen.

Abends:
200 g gegrillte Hähnchenbrust mit 100 g Kopfsalat in einzelnen Blättern, 2 Orangen in Stücken und 3 Cocktailkirschen. Über alles Cayennepfeffer streuen. Kalt servieren.

12. Tag

Morgens:
2 Tassen Malvenblütentee mit 2 TL Honig, 2 EL Vollkornhaferflocken, 4 EL Milch, 1 TL Honig und 2 EL goldgelben Leinsamen, 1 TL gemahlenen Haselnüssen, 3 Orangen in Stücken zu einem Müsli mischen.

Vormittags:
100 g Paprikaschote.

Mittags:
200 g gedünsteter Naturreis mit 200 g gedünsteten frischen Champignons und 1/4 gehackten Zwiebel mit ganz wenig Öl anrösten, durchrühren. Mit 1 geviertelten Tomate und 2 EL gehackter Petersilie anrichten. Als Dessert: 1 Grapefruit.

Spezialtipp für Berufstätige:
1 Scheibe Vollkornbrot mit 5 g Butter bestreichen, 3 Salatblätter auf die Butter legen, 80 g Krabben aus dem Glas darauf legen und 10 g Jogurt mit gehackter Dille, Zitronensaft, Salz und Pfeffer und ganz wenig Mayonnaise garnieren.

Nachmittags: 2 Mandarinen.

Abends:
1 Zwiebel, 1 kleine Stange Lauch, 2 Karotten, 1 Stück Sellerieknolle waschen, putzen, in Streifen schneiden, in einem Topf anschwitzen. 50 g Champignons in Streifen geschnitten dazugeben, mitschwitzen.
Mit etwas Weißwein ablöschen und 1/4 l Gemüsebrühe (Reformladen) dazugießen. Mit etwas Sojasoße, Zitronensaft, Salz, Pfeffer, Süßstoff würzen und 10 Minuten zugedeckt köcheln.

100 g Kabeljau in Würfeln dazugeben, weitere 10 Minuten ziehen lassen. Parallel 2 Eier aufschlagen, verquirlen, mit Salz, Pfeffer und Schnittlauch würzen.
Daraus ein Omelett backen, in Stücke reißen und vor dem Servieren in die Suppe geben.

13. Tag

Morgens:
2 Tassen Malvenblütentee und 2 TL Honig. 1 Schnitte Vollkornbrot, 10 g Butter, 2 EL Honig, 1/4 l Milch mit 1/2 pürierten Banane löffeln. 250 g Trauben.

Vormittags: 100 g Paprikaschote.

Mittags:
Rohkostplatte mit je 100 g Radicchio, Kopfsalat, Kresse, Gurkenscheiben, Paprikastreifen, 50 g fettarmer Fleischwurst in Würfeln, 2 Scheiben hart gekochtem Ei. Alles mit Marinade übergießen. Dazu 1 Vollkornknäcke.

Spezialtipp für Berufstätige:
Dieses Gericht lässt sich leicht morgens vorbereiten und in einem Gefäß an den Arbeitsplatz mitnehmen. Marinade erst vor dem Essen darüber gießen.

Nachmittags: 2 Mandarinen.

Abends:
100 g gekochte Rote Bete (Rote Rübe) in Stücke schneiden. 50 g Feldsalat waschen und auf einen Teller legen. Mit Marinade übergießen: 1 EL

Obstessig, etwas scharfer Senf, Salz, Pfeffer, Honig, 2 EL Distelöl, 1/2 Schalotte fein gehackt, 2 EL gehackter Schnittlauch, 10 g gehackte Walnusskerne. Um den Salat 1 Kiwi in Scheiben legen, auf jede Scheibe 1 Stück Rote Bete. Dazu 1 Schnitte Vollkornbrot mit 8 g Butter.

14. Tag

Morgens:
2 Tassen Hagebuttentee mit 2 TL Honig, 1 Schnitte Vollkornbrot, 50 g Magerquark mit Schnittlauch, 1 Grapefruit.

Vormittags: 100 g Paprikaschote.

Mittags:
270 g Kartoffelsalat mit 100 g Kresse. Dazu 110 g kalte gebratene Hähnchenbrust, 2 rohe Karotten.

Spezialtipp für Berufstätige:
Dieses Gericht ist einfach am Tag vorher vorzubereiten und in einem Gefäß an den Arbeitsplatz mitzunehmen.

Nachmittags: 2 Mandarinen.

Abends:
200 g Seelachs oder Dorschfilet mit etwas Zitronensaft und Sojasoße beträufeln, stehen lassen. 150 g Chinakohl in Streifen in 10 g Butter dünsten, herausnehmen, den Fisch in dem Fett braten, dann wieder Chinakohl und 30 g Crème fraiche dazugeben, mit Salz würzen.

Meine Spezialtipps:

- Auch in der zweiten Diät-Woche sollten Sie ein genaues Bewegungsprogramm durchführen. Wählen Sie jeden Tag aus dem Plan der Vorwoche: 1 Stunde Treppensteigen, 1 Stunde Tanzen, 2 Stunden Spazierengehen, 90 Minuten Tischtennis spielen, 1 Stunde Radfahren oder 1 Stunde 6 Kilometer laufen.
- Trinken Sie täglich mindestens 2 Liter Mineralwasser.

3. WOCHE

Auch in dieser Woche das Bewegungsprogramm nicht vernachlässigen – täglich 1 Stunde!

15. Tag

Morgens:
2 Tassen Apfelschalentee mit 2 TL Honig, 2 Schnitten Vollkornbrot, 50 g Magerquark mit 2 EL gehacktem Schnittlauch. 1/2 Grapefruit (470 Kalorien).

Vormittags:
80 g Apfel (40 Kalorien).

Mittags:
200 g Kabeljaufilet mit wenig Öl dünsten. Dazu 100 g Kiwi, 120 g Ananas, 70 g Orange, alles in Stücken. Dazu der Saft von 1/4 Zitrone, etwas Curry. Dazu 100 g Kartoffeln (380 Kalorien).

Spezialtipp für Berufstätige:
2 Schnitten Vollkornbrot mit 1 EL Jogurt bestreichen und dazwischen 120 g gebratene Hähnchenbrust in Scheiben und 1/2 Apfel in Scheiben legen (380 Kalorien).

Nachmittags: 1/2 Grapefruit (42 Kalorien).

Abends:
1/2 Zwiebel gehackt, 1/2 Knoblauchzehe mit Salz zerdrückt. 70 g Champignons in Scheiben, 60 g Tomaten gehäutet und gewürfelt mit 10 g Butter anbraten, 5 Minuten dünsten. Mit gehackter Petersilie und Kerbel servieren, darauf 1 Spiegelei. Dazu 1 Schnitte Vollkornbrot (340 Kalorien).

16. Tag

Morgens:
60 g Erdbeeren pürieren, mit 1 TL Honig, 1 Becher Jogurt, 1/16 l Orangensaft und 1 Kiwi mixen. In einer Schale mit 1 Kiwi in Stücken und 3 EL Cornflakes servieren (260 Kalorien).

Vormittags: 80 g Apfel (40 g Kalorien).

Mittags:
100 g gekochter Schinken, 10 g Meerrettich, 1 Essiggurke mit 1 Schnitte Vollkornbrot auf einem Teller anrichten. Danach 1/4 l Fruchtjogurt (380 Kalorien).

Spezialtipp für Berufstätige:
Dieses Gericht kann man ganz leicht am Arbeitsplatz anrichten.

Nachmittags:
1/2 Grapefruit (42 Kalorien).

Abends:
1/4 Kopfsalat in Streifen, 30 g Champignons in Scheiben mit dem Saft von 1/4 Zitrone mischen, 60 g Bismarck-Hering, klein geschnitten, mit 1/4 gehackter Zwiebel vermischen. Darüber 5 EL Jogurt mit 1 EL Distelöl, 1/4 zerdrückten Knoblauchzehe, Salz, Pfeffer, gehackter Dille. Dazu 1 Schnitte Vollkornbrot (280 Kalorien).

17. Tag

Morgens:
2 Tassen Früchtetee mit 2 TL Honig, 2 Schnitten Vollkornbrot, 1 Rührei, 200 g Karotten (425 Kalorien).

Vormittags:
100 g Apfel (40 Kalorien).

Mittags:
70 g Kopfsalat, 100 g Gurkenscheiben, 2 geviertelte Tomaten, 6 Oliven, 2 EL Schnittlauch, 50 g Schafkäse in kleinen Stücken, alles mit Marinade anrichten. Dazu 1 Schnitte Vollkornbrot (365 Kalorien).

Spezialtipp für Berufstätige:
Dieses Gericht ist ganz einfach zu Hause vorzubereiten und in einem Gefäß an den Arbeitsplatz mitzunehmen.

Nachmittags: 1/2 Grapefruit (42 Kalorien).

Abends:
200 g Zucchini-Scheiben salzen, in etwas Öl dünsten, anbraten, in einer Schale mit gehackten frischen Kräutern, 100 g Pflücksalat und Marinade servieren. Dazu 1 Schnitte Vollkornbrot (300 Kalorien).

18. Tag

Morgens:
2 Tassen Pfefferminztee mit 2 TL Honig, 2 Schnitten Vollkornbrot, 10 g Butter, 2 Radieschen, 1/8 l Magerjogurt (380 Kalorien).

Vormittags:
100 g Apfel (40 Kalorien).

Mittags:
120 g Rinderhackfleisch mit 1/4 Knoblauchzehe, 1/4 Ei, etwas Salz, Pfeffer, Majoran, Paprikapulver, frisch gehackter Petersilie mischen, Laibchen (Frikadellen) formen, in 8 g Fett beidseitig braten. Auf einem Salatblatt mit 30 g Käse in Würfeln garniert servieren (310 Kalorien).

Spezialtipp für Berufstätige:
Man kann die Frikadellen (Laibchen) am Abend zuvor zubereiten und am nächsten Tag kalt am Arbeitsplatz genießen.

Nachmittags: 1/2 Grapefruit (42 Kalorien).

Abends:
30 g Naturreis 5 Minuten in 1/4 l Wasser kochen. Wasser abgießen, Reis mit 1/8 l Milch, der Schale von 1/4 Bio-Zitrone, 1 Prise Salz, etwas Vanillepulver 30 Minuten dünsten. 1 EL Honig, 10 g Butter, 1 Eidotter schaumig rühren, unter den Reis mischen. Eiklar zu Schnee schlagen und darunter heben. Alles in gebutterter Auflaufform 30 Minuten backen. Mit 10 g Milchzucker bestreuen (400 Kalorien).

19. Tag

Morgens:
2 Tassen Malvenblütentee, 2 TL Honig dazu, 4 Schnitten Knäckebrot, 40 g Edamerkäse, 100 g Tomaten, 1/2 Paprikaschote (450 Kalorien).

Vormittags: 100 g Apfel (40 Kalorien).

Mittags:
200 g Rosenkohl in Salzwasser garen. 1/4 gehackte Zwiebel in 1 TL Öl bräunen. Mit dem Rosenkohl mischen, mit Ingwer und Salz würzen, in Auflauf-Form füllen, mit 1/32 l Gemüsebrühe übergießen, mit geraspeltem Käse und 2 gehäuteten Tomaten belegt 10 Minuten im Ofen backen. Dazu 50 g Kopfsalat in Marinade und 1 Schnitte Vollkornbrot (320 Kalorien).

Spezialtipp für Berufstätige:
1 Scheibe Vollkornbrot mit 8 g Butter bestreichen, mit 2 Salatblättern belegen. Darauf 1 hart gekochtes Ei in Scheiben, 2 Tomaten in Scheiben, 1/4 Gurke in Scheiben legen. Mit Senf und 2 EL Kresse garnieren (330 Kalorien).

Nachmittags: 1/2 Grapefruit (42 Kalorien).

Abends:
200 g Rindersteak oder 200 g Schweinekotelett mehrere Stunden in 1/2 TL Sesamöl mit 1 EL Sonnenblumenöl und 1/2 roten Chilischote marinieren.

Dann mit Küchenkrepp abtupfen und beidseitig 3 – 4 Minuten in etwas Sonnenblumenöl braten. Dazu 1 Kiwi schälen, in Scheiben schneiden, dann kurz in folgender Soße erhitzen: 20 g Butter mit 1 EL Zucker und 1 EL Honig, 1 Prise Salz und 1 Messerspitze Ingwer karamelisieren, mit 240 ml Orangensaft aufgießen.

Dann das Steak mit den Kiwi-Scheiben und etwas Soße servieren (390 Kalorien).

20. Tag

Morgens:
2 Tassen Hagebuttentee mit 2 TL Honig. 1/16 l Buttermilch mit 20 g Müsliflocken, 10 g gehackten Walnüssen, 1/2 Apfel geraspelt, 15 g aufgeweichten Dörrpflaumen, 1 EL Honig und 1/2 Banane in Rädern (300 Kalorien).

Vormittags: 100 g Apfel (40 Kalorien).

Mittags:
100 g Kabeljau-Filet mit etwas Zitronensaft und Worcester-Soße beträufeln, mit etwas Salz und Pfeffer würzen und mit 1 TL Senf einreiben. 2 Tomaten und 1/4 Salatgurke in Scheiben auf den Fisch legen. 2 hart gekochte Eier darauf verteilen und mit geriebenem fettarmen Käse abdecken. Mit einem Schuss Weißwein begießen und bei 180 Grad im vorgeheizten Backofen 15 – 20 Minuten garen, mit Kräutern bestreut servieren. Dazu 1 Schnitte Knäckebrot (360 Kalorien).

Spezialtipp für Berufstätige:
200 g kalte, gebratene Hähnchenbrust mit 100 g Kartoffelsalat, gemischt mit 100 g Gurkensalat. (360 Kalorien).

Nachmittags: 1/2 Grapefruit (42 Kalorien).

Abends:
4 große, feste Tomaten, davon Hüte abschneiden. Die Tomaten aushöhlen. Etwas Milch, 50 g Quark, 30 g Edelpilzkäse, 100 g geriebene rohe Sellerie, gehackte Kräuter, etwas Salz, Pfeffer, Paprikapulver gut verrühren.

Die Masse in die Tomaten einfüllen. Dazu 1 Schnitte Vollkornbrot (320 Kalorien).

21. Tag

Es ist ganz wichtig, dass dieser 21. und letzte Tag des 3-Wochen-Programmes mit den Rezepten und Bewegungsprogramm des 4. Tages aus der 1. Woche durchgeführt wird. Damit schließt sich in sinnvoller Harmonie der Kreis für ein stufenweise aufgebautes Ernährungsprogramm mit ausgewogenen Naturprodukten in einer gezielten Reihenfolge für unsere Gesundheit und Vitalität.

Meine Spezialtipps:

☛ Führen Sie Ihr Bewegungsprogramm immer erst 1 Stunde nach dem Essen durch.

☛ Sie können an Stelle von 2 – 3 Litern Mineralwasser pro Tag auch 2 Liter Kräutertee trinken, aber ungesüßt.

X. Teil:

Prof. Bankhofer's Schlankheits-Schule

So bauen Sie auf gesunde Weise in 12 Lektionen Ihr Übergewicht ab.

Die Waage zeigt vielen von uns unbarmherzig, dass wir wieder einmal zugenommen haben. Jeder, der davon betroffen ist, hat den berechtigten Wunsch, sein Übergewicht schnell und einfach für lange Zeit wieder loszuwerden. Ich will Ihnen dabei ein wenig helfen. Lassen Sie sich nicht auf eine radikale, einseitige Diät ein. Sie kann Ihnen mehr Schaden als Nutzen bringen. Sehr oft stellen sich unerwünschte Nebenwirkungen ein. Die Immunkraft wird geschwächt und Ihr Organismus erleidet einen Mangel an lebenswichtigen Substanzen. Besonders gefährlich kann es sein, wenn man mit irgendwelchen obskuren Schankheits-Pillen abzuspecken versucht. Das kann zu schweren Kreislaufstörungen und Organschäden, ja mitunter sogar zum Tod führen. Vergessen Sie das alles. Gehen Sie den seriösen Weg. Und der heisst: Schlank ohne Diät. Eine Methode, nach der Univ.-Prof. Dr. Rudolf Schoberberger vom Institut für Sozialmedizin an der Universität Wien, mit seinem Team seit Jahren arbeitet. Ich möchte Sie mit den neuesten Tricks aus der Ernährungswissenschaft vertraut machen, damit Sie ohne spezielle Rezepte abnehmen und dann für lange Zeit schlank bleiben können! Ich lade Sie in meine Schlankheits-Schule ein. In 12 Lektionen können Sie erlernen, wie einfach gesundes Abnehmen sein kann.

1. Lektion: So nehmen Sie beim Essen nicht zu

Wer abnehmen oder schlank bleiben möchte, der ist bereit, eine Menge dafür zu tun. Aber: So viel, wie man uns oft einreden möchte, ist das gar nicht. Wir müssen einzig und allein die Gründe kennen, warum wir so viele Kilos ansammeln.

Und auch das ist kein Geheimnis: Wir nehmen Tag für Tag Nahrungsmittelmengen zu uns, die einfach zu viele Kalorien anliefern. Wir müssen daher viel kalorienbewusster leben.

Doch aufgepaßt: Es gibt für jeden Menschen eigene, individuelle Kalorien-Gesetze. Berechnen Sie also Ihren ganz persönlichen Kalorien-Haushalt für ein Leben ohne Übergewicht.

- Wenn Sie Ihren ureigenen Energie-Bedarf kennen, dann können Sie mit dem Essen und Trinken Kalorien tanken, ohne dass Sie dick werden.
- Dieser Energie-Bedarf setzt sich aus zwei Komponenten zusammen: aus dem Grundumsatz und dem Arbeitsumsatz.
- Der Grundumsatz ist jene Menge an Energie, die der Körper für Herzschlag, Atmung, Leber, Nieren und Gehirn benötigt. Und so berechnen Sie Ihren Grundumsatz: Ihr Körpergewicht wird mal 25 multipliziert. Ein Beispiel: Wer 70 Kilo wiegt, hat einen Grundumsatz von 1750 Kalorien. Der Kalorienverbrauch für Verdauung und Wärme beträgt davon etwa 13 Prozent.
- Der Arbeitsumsatz ist jene Energiemenge, die durch die Aktivitäten im Beruf und im Privatleben entsteht. Er ist von Beruf und Alter abhängig.

Zu der Frage, wie viele Kalorien jeder von uns aufnehmen kann, ohne dass er zunimmt, kann man verantwortungsbewusst nur ungefähre Richtlinien vorgeben. Der individuelle Bedarf und Verbrauch an Kalorien ist sehr unterschiedlich.

Am besten lässt er sich feststellen, wenn man sich die Zeit nimmt und Buchhaltung führt: über Einnahmen und Ausgaben von Kalorien durch Essen und Bewegung. Wenn sich dabei das Körpergewicht nicht verändert, dann kennt man seinen idealen, persönlichen Energiebedarf.

Das ist die Grundphilosophie der erfolgreichen Methode »Schlank ohne Diät«, die auf wissenschaftlicher Basis vom Institut für Sozialmedizin an der Universität Wien erarbeitet wurde.

In Zahlen ausgedrückt, könnte man sagen: Frauen im Alter von 19 bis 50 Jahren können pro Tag bis zu 2000 Kalorien aufnehmen, Männer zwischen 19 und 50 Jahren von 2200 bis zu 2400 Kalorien. Zwischen 51 und 60 sind es bei den Frauen etwa 1800, bei den Männern 2200 Kalorien.

Diese Zahlen gelten für Frauen und Männer mit leichter, sitzender Tätigkeit: Menschen mit mittelschwerer Tätigkeit dürfen pro Tag 600 Kalorien dazuzählen. Schwangere Frauen ab dem 4. Monat dürfen um 300 Kalorien, stillende Mütter 700 Kalorien mehr essen.
Sie sehen: Es ist gar nicht so wenig, was man – ohne Angst vor dem Dickwerden – genießen darf.

2. Lektion: Die 7 Gründe fürs Schlankwerden

Es gibt Tabellen, aus denen man ersehen kann, ob man Normalgewicht oder Übergewicht hat. Vergessen Sie das alles. Diese Zahlen sind nicht der Weisheit letzter Schluss. Viel wichtiger sind psychologische, gesundheitliche oder kosmetische Gründe.

Für den Arzt sieht die Angelegenheit so aus:

- Ein Patient muss abspecken, wenn durch das Übergewicht gesundheitliche Probleme entstehen: Herzbeschwerden, Atemnot, Wirbelsäulenschmerzen, Bluthochdruck, Diabetes, zu hohe Cholesterinwerte.
- Ein Patient muss abnehmen, wenn er vor einem lebensnotwendigen operativen Eingriff steht und schlanker sein muss, weil die Operation sonst für den Organismus eine zu große Belastung darstellt.
- Abnehmen sollte jeder, der jünger als 30 Jahre ist und unter seinem Körpergewicht vom Aussehen her seelisch leidet.

Für uns selbst zu Hause gibt es aber auch ganz deutliche, einfache Kriterien, die uns die Entscheidung erleichtern, ob wir abnehmen sollten oder nicht:

- Sie sollten abnehmen, wenn Sie beim Treppensteigen permanent Atemprobleme haben.
- Sie sollten abnehmen, wenn Sie einer sitzenden, beruflichen Tätigkeit nachgehen und Jahr für Jahr mehr Kilos auf die Waage bringen.

- Männer sollten abnehmen, wenn sie vom Hosengürtel auf Hosenträger »umsteigen« müssen.
- Jeder von uns sollte abnehmen, wenn er sich morgens nackt im Spiegel betrachtet und sich zu dick fühlt. Ehrlich sein: Würden Sie auf einer einsamen Insel auch für sich selbst abnehmen? Wenn Sie darauf mit »Ja!« antworten, dann beginnen Sie mit dem Abnehmen, bei »Nein!« lassen Sie es bleiben. Wenn man sich selbst wohl fühlt, ist es widersinnig, nur für die »anderen« schlank zu werden.

Vergessen wir nicht: Die Natur hat jedem von uns eine körperliche Grundstruktur mitgegeben. Es kann gesundheitsschädlich sein, dagegen mit Gewalt anzukämpfen.

Zwei Beispiele:
Eine mollige, kleine, hübsche Frau mit breitem Becken wird durchs Abnehmen schlanker. Aber sie wird niemals das Becken eines Mannequins bekommen!

Bedenken Sie: Abnehmen kann auch Probleme bringen. Wenn Sie ohne ärztliche Kontrolle über viele Wochen eine einseitige Diät durchführen, um viele Kilos abzunehmen, können Sie krank werden, schwere Mangelerscheinungen bekommen. Wenn Sie in kurzer Zeit zu viel abnehmen, kann das zu Depressionen, Aggressionen sowie zu Störungen im Liebes- und Sexualleben führen.

3. Lektion: Der einfache Weg zum Ideal-Gewicht

Millionen Menschen wollen abnehmen, weil sie der Meinung sind: »Ich bin zu dick!«. Sie jubeln über jedes Kilo, das sie loswerden. Aber viele von uns wissen gar nicht: Wie viel sollte ein gesunder Mensch wiegen?

Nur dann, wenn man das ganz genau für sich selbst weiß, kann man sich sinnvolle Ziele setzen, kann gezielt ans Abnehmen gehen.

In der Ernährungsmedizin muss man zwischen drei verschiedenen, wesentlichen Begriffen unterscheiden: dem Übergewicht, dem Normalgewicht und dem Idealgewicht.

Die Ausgangsposition für diese drei Begriffe ist das Normalgewicht. Und das ist ganz leicht zu berechnen: Ziehen Sie von Ihrer Körpergröße in

Zentimetern die Zahl 100 ab. Zehn Prozent auf oder ab sind erlaubt. Ein Beispiel: Wenn Sie 173 Zentimeter groß sind, beträgt Ihr Normalgewicht zwischen 64 und 80 Kilo. Man nennt dies auch die Broca-Formel.

Wenn Sie nun 10 Prozent oder mehr schwerer sind – in unserem Beispiel wären das ab 80 und mehr Kilo -, dann ist das bereits Übergewicht. Abnehmen ist angesagt.

Das Normalgewicht ist nach Ansicht von Ärzten und Ernährungsfachleuten ein durchaus zufrieden stellendes Gewicht. Das Ideal-Gewicht wäre:

- Männer müssen 10 Prozent vom Normalgewicht abnehmen.
- Frauen müssen 15 Prozent vom Normalgewicht abnehmen.

Ärzte betonen aber in jüngster Zeit immer wieder: Das Ideal-Gewicht ist nicht ideal. Heute spricht man vom Realgewicht. Die Voraussetzungen dafür: Der Betreffende sollte sich im Bereich des Normalgewichtes bewegen. Es sollten keine medizinischen Probleme fürs Abnehmen vorhanden sein. Und man muss sich einfach wohl fühlen.

Das Umsteigen vom Normal- zum Idealgewicht kann allzu leicht übertrieben werden. Wenn das Normalgewicht um 20 Prozent unterschritten wird, ist das bereits Untergewicht, ein Fall für den Arzt.

Viele aber nehmen den Weg vom Übergewicht zum Normalgewicht. Wertvoller Begleiter dabei ist die Waage. Sie hat aber nur Sinn, wenn Sie damit richtig umgehen: Stellen Sie sich nicht zu oft auf die Waage. Das macht nervös. Wiegen Sie sich z. B. einmal pro Woche. Stellen Sie sich immer zur gleichen Tageszeit auf die Waage. Die ideale Zeit: morgens oder vormittags, unmittelbar nach dem Stuhlgang. Verwenden Sie eine moderne, digitale Waage und immer dasselbe Gerät, oder lassen Sie sich beim Apotheker oder Arzt wiegen.

4. Lektion:
Alles klar: Dicke essen zu wenig!

Wer immer wieder versucht, von seinem Übergewicht wegzukommen, und es vorübergehend oder gar nicht schafft, der wird oft zu der Aussage verleitet: »Ich kann nichts dafür, dass ich dick bin. Es ist bei mir Erbanlage!« Bedenken Sie: Wer so redet, der nimmt sich selbst den Mut zum Abnehmen. Die Natur hat manchen von uns ein etwas »kräftigeres«

Aussehen zugedacht, aber kein gesundheitsschädliches Übergewicht. Die Medizin beweist: Erbbedingte Hormonstörungen oder Drüsenstörungen, die eine enorme Gewichtszunahme verursachen, sind sehr selten. Nur 1 Prozent der Dicken ist davon betroffen.

Die Vererbung von Übergewicht ist oft eine bequeme Ausrede. Offen gesagt: Vererbt wird in den meisten Familien nicht die Veranlagung zum Dicksein, sondern vielmehr der falsche Ess- und Lebensstil.

Vielleicht haben Sie auch schon oft jemand sagen gehört: »Ich weiß, ich sollte viel weniger essen!« Vielleicht haben Sie das selbst schon festgestellt. Allerdings: Die Formulierung ist im Grunde genommen falsch. Es geht nämlich beim Übergewicht in erster Linie nicht um das Viel-Essen.

Ich möchte sogar behaupten, wie das schon seinerzeit mein großer Lehrer und Freund, der Spitzensportler und Ernährungsexperte Ferry Dusika, betont hat: Dicke essen zu wenig!

Die Worte irritieren beim ersten Hinhören. Doch sie beinhalten viel Wahres. Die Kernfrage ist nämlich: Wovon essen die Dicken zu wenig? Sie essen ohne Zweifel viel zu wenig von der unverfälschten, natürlichen Frischkost mit reichlich Vitaminen, Mineralstoffen, Spurenelementen, Enzymen und Ballaststoffen zur Versorgung des Organismus mit lebenswichtigen Vitalstoffen und zur besseren Verdauung.

Dagegen essen Übergewichtige zu kalorienreich, zu viel tierisches Eiweiß, zu viel versteckte Fette, zu große Mengen an Zucker und weißem Mehl.

Sie können das selbst ausprobieren: Wenn Sie schlank werden und dann auch schlank bleiben wollen, müssen Sie gar nicht weniger essen. Sie müssen nur etwas anderes essen.

Wenn Sie sich daran halten, werden Sie wie von selbst abnehmen. Was wieder beweist: Dicke essen zu wenig – von den wertvollen Nahrungsmitteln.

5. Lektion: Heißhunger – Kurzschluss im Gehirn

Viele, die ihr Übergewicht loswerden wollen, seufzen: »Manchmal denke ich, dass ich es schaffe. Doch dann ist da wieder dieser unstillbare Heißhunger!« Dieser Heißhunger ist schuld daran, dass man Berge von

Schokolade, Kartoffelchips und anderes hinunterschlingt. Mit Recht fragt man sich: Wie kommt es eigentlich zu diesem Heißhunger, der uns zu unkontrolliertem Essen verleitet?

Der österreichische Arzt, Medizinalrat Dr. Ulf Böhmig, hat das Rätsel gelöst.

Der Mensch verfügt über eine eigene Schaltzentrale für die Regelung des Appetits. Das sind die sogenannten Regelzentren im Stammhirn. Hier wird das Gefühl für Hunger und Sattsein gesteuert. Man hat Appetit, wenn man Nahrung braucht. Man hört mit dem Essen auf, wenn man satt ist.

Es kann allerdings in diesen Regelzentren zu einem »Kurzschluss« kommen. Die Impulse entgleisen: Es werden Hunger und Appetit simuliert.

Es gibt mehrere Gründe für so einen Kurzschluss im Gehirn: lang anhaltender, beruflicher Stress, seelischer Stress im Privatleben wie Trennung, ständiger Streit, ein Todesfall, aber auch eine allzu strenge Diät, bei der man zu lange auf wertvolle Nahrung verzichten musste.

Der Kurzschluss für Heißhunger entsteht aber auch durch Sorgen, Kummer, Kränkungen, Beleidigungen, durch die Einnahme von Beruhigungs-Medikamenten über einen langen Zeitraum, sehr oft wird der Heißhunger durch einen alamierenden Mangel an Mineralstoffen und Spurenelementen im Organismus ausgelöst.

Wenn eine oder mehrere dieser Ursachen auftreten, dann brennt sozusagen im Stammhirn eine Sicherung durch. Der Betroffene hat ständig ein Hungergefühl. Er greift in erster Linie nach seinen Lieblingsspeisen: süß oder pikant.

Man weiß heute, dass der Heißhunger vor allem dann eingeleitet wird, wenn im Organismus durch Fehler in der Ernährung ein Mangel an den Spurenelementen Eisen, Kupfer, Zink, Mangan und am Mineralstoff Magnesium besteht.

Das Gehirn gibt den Auftrag, diese Mineralstoffe zu beschaffen. Tiere können in solchen Situationen gezielt Kräuter fressen, die die fehlenden Substanzen liefern. Dieser Urinstinkt ist dem Menschen verloren gegangen. Schwangere Frauen haben ihn mitunter noch.

Das können Sie gegen den Heißhunger tun: Lassen Sie beim Arzt durch eine Blutanalyse feststellen, ob Sie einen Mangel an Mineralstoffen und Spurenelementen haben.
Wenn ja, dann nehmen Sie die Substanzen aus Nahrungsmitteln oder Präparaten aus der Apotheke auf.

6. Lektion: Zunehmen mit wenig Kalorien, das gibt's!

Es klingt unglaublich, fast wie ein Scherz. Aber es ist tatsächlich so: Wer mit einer sehr strengen, kargen Diät abspecken möchte und sich extrem kalorienarm ernährt, der erlebt oft Böses.

Er nimmt plötzlich zu, als ob er unkontrolliert essen würde. Viele haben das schon mit Entsetzen erlebt. Ernährungswissenschaftler konnten nun das Rätsel klären.
Damit ergeben sich für alle, die schlank werden und schlank bleiben wollen, ganz neue Erkenntnisse.

Es gibt exakte Analysen vom Institut für Sportmedizin in Graz und vom Institut für Sozialmedizin an der Universität Wien, was bei einer besonders übertriebenen strengen Diät im Organismus vorgeht:

- Wer beim Abnehmen übertreibt, kann das Gegenteil bewirken. Senkt der Betreffende seine tägliche Kalorienzufuhr über einen längeren Zeitraum auf 900 und noch weniger Kalorien, dann wird im Körper ein Alarmsignal ausgelöst. Und das heisst entweder – aus einem Urinstinkt des Menschen heraus – »Fertigmachen zum Winterschlaf!« oder »Karge Zeiten brechen an!« der Organismus weiß nicht, dass die geringe Nahrungszufuhr gewollt ist. Er schaltet auf Notzeiten. Das heisst: Sein Grundumsatz sinkt. Er beginnt, die geringe Nahrungsmenge besonders gut auszuwerten, und schafft – es ist unfaßbar – unter Umständen davon sogar Fettdepots als Reserve. Die Folge: Man nimmt zu – oder nicht mehr weiter ab.

- Parallel dazu begehen fast alle, die eine extreme Diät durchführen, einen gravierenden Fehler: Sie essen wenig und machen, weil sie geschwächt sind, absolut keine sportliche Bewegung. Damit aber geschieht etwas Verhängnisvolles: Der Körper verliert kein Fett, sondern wertvolle Muskelmasse. Das ist für den gesamten Stoffwechsel schlecht.

Was also muss man beim Abnehmen tun, dass man so etwas nicht erlebt? Ganz einfach:

- Wählen Sie Ihre Kalorien-Aufnahme so, dass die Gewichtsreduktion pro Woche durchschnittlich einen halben Kilo beträgt.

- Trinken Sie bei einer Diät grundsätzlich 2 bis 3 Liter Mineralwasser oder ungesüßten Kräutertee täglich, damit Sie den Flüssigkeitsverlust schnell wieder ersetzen.

- Nehmen Sie besser etwas mehr Kalorien auf, und machen Sie dafür regelmäßig Bewegung. Sie brauchen zur Diät einen Freizeitsport. In den USA hat man errechnet, dass sich – bei Jung und Alt – das Wander ideal fürs Abnehmen eignet: täglich 25 Minuten. Denn: Wer sich bei einer Diät bewegt, schafft optimale Bedingungen, Fettdepots abzubauen und Muskeln aufzubauen.

7. Lektion: So meistern Sie die Krisen einer Diät

Vielleicht haben Sie das auch schon selbst erlebt: Es gibt niemanden unter unter uns, der jemals eine länger andauernde Diät ohne Hungern und ohne Probleme durchgestanden hat. Wer die Gefahren und Krisen von langen Diäten nicht kennt und nicht beachtet, kann keinen Erfolg haben.

- Es kann beim Abnehmen zu gesundheitlichen Komplikationen kommen. Das trifft nicht auf Wochenend-Diäten oder auf ein wohl durchdachtes Ernährungsprogramm zu. Doch vor einer langen Diät sollte man unbedingt mit dem Arzt sprechen und sich untersuchen lassen.
- Aus japanischen Studien weiß man, dass bei jeder längeren Diät das Immunsystem in einem ganz bestimmten Rhythmus gestört und geschwächt wird. Die Aktivität der natürlichen Abwehrkräfte sinkt fast immer am dritten Tag der Diät und bleibt mehrere Tage gestört, wenn man nicht sofort immunstärkende Substanzen zuführt.
- Man weiß aber auch, dass nach dem 10. Tag einer Diät sehr oft ein seelisches Tief kommt und bei den meisten Menschen die Lebensfreude sinkt. Auch da muss man gezielt mit Naturprodukten entgegenwirken.
- In der zweiten Woche einer Diät gibt es eine Krise. In den ersten 7 Tagen geht der Körper, wenn er weniger Nahrung bekommt, radikal an seine Reserven heran. Es sind also deutliche Gewichtsverluste zu merken. Dann aber geht es nur mühsam weiter. Man nimmt ein paar Tage gar nichts ab. Viele geben da auf.

Was also muss man konkret bedenken, wenn man durch verminderte Nahrungszufuhr erfolgreich abnehmen möchte?

- Entschließen Sie sich für ein Ernährungsprogramm, dass Ihnen Naturprodukte mit reichlich lebenswichtigen Substanzen anbietet: mit den Vitaminen A, C und E, den Mineralstoffen Magnesium, Kalium, Kalzium und den Spurenelementen Kupfer, Zink und Selen. Im Speiseplan müssen frisches Obst, rohes Gemüse und reichlich Fisch vertreten sein.

- Grundsätzlich zeigt die Erfahrung dass die Lebensfreude beim Weniger-Essen erhalten bleibt, wenn man es schafft, sich selbst im Alltag von der Nahrungsaufnahme abzulenken. Dazu gehört beispielsweise ein sinnvoller Freizeitplan.
- Schaffen Sie Ersatzhandlungen fürs übermäßige Essen: Kaufen Sie sich hübsche Kleidung, Schuhe, gehen Sie zur Kosmetikerin, zum Friseur.
- Belohnen Sie sich für jedes abgenommene Kilo mit einer nicht eßbaren Freude: mit einem Buch, einer Schallplatte, einer Kleinigkeit, die Sie sich schon lange wünschen.

8. Lektion:
Die besten Tricks gegen den Hunger

Mitunter ist es gar nicht so wichtig, für welches Ernährungsprogramm man sich entscheidet, wenn man abnehmen möchte. Viel wichtigter ist, dass man während des Abspeckens ein ganz bestimmtes, besonders diszipliniertes Verhalten an den Tag legt.

Zugegeben: Das ist verdammt schwer. Denn da ist ständig der quälende Hunger, der verführerische Appetit. Wenn Sie gelernt haben, wie Sie beides in den Griff bekommen, werden Sie sich besser fühlen.

- Gewöhnen Sie sich an, jeden Bissen, den Sie in den Mund schieben, gründlich und langsam zu kauen. Dabei bildet sich mehr Speichel. Der Speisebrei bekommt mehr Volumen. Der Magen wird mit weniger Nahrung schneller gefüllt.
- Tragen Sie knapp taillierte Kleidungsstücke. Sie merken dann sofort, wenn Sie zu viel gegessen haben, weil Sie ein intensiveres Völlegefühl haben.
- Gehen Sie niemals zu einer Einladung, wenn Sie einen leeren Magen haben. Essen Sie vorher Obst, rohes Gemüse oder ein hart gekochtes Ei. Dann können Sie den Köstlichkeiten an der Tafel oder am Buffet besser widerstehen.

- Genießen Sie besser ganze Früchte anstelle von Obst- oder Gemüsesäften, die jetzt sehr modern sind. Der Saft ist schnell getrunken. Mit den Früchten sind Sie länger beschäftigt, essen mehr Ballaststoffe und sind länger satt.
- Gurgeln Sie mehrmals am Tag mit Mundwasser – Menthol oder Pfefferminze. Das bremst den Appetit auf Essen.
- Wenn Sie vor dem Fernsehapparat sitzen, sollten alle Nahrungsmittel nicht in greifbarer Nähe sein.
- Sorgen Sie überhaupt dafür, dass Sie nicht zu viele Lebensmittelvorräte zu Hause haben. Sie werden dann nicht so sehr verleitet, den Kühlschrank oder die Vorratskammer zu plündern.
- Wenn Sie gern Wein trinken, dann mischen Sie ihn grundsätzlich 50 zu 50 mit stillem Mineralwasser ohne Kohlensäure. Sie halbieren damit die Kalorien des Weines. Kohlensäurehaltiges Mineralwasser ist ungeeignet. Denn was wenige wissen: Die Kohlensäure verstärkt enorm die Wirkung des Alkohols im Organismus.
- Wenn Sie tagsüber gern Bonbons lutschen, dann wechseln Sie zu zuckerfreiem Kaugummi oder zu Obstkernen.
- Gehen Sie immer nur Einkaufen, wenn Sie zuvor gegessen haben, sonst kaufen Sie zu viel ein.
- Lenken Sie sich selbst von Hunger und Appetit ab: Gehen Sie oft ins Theater. Besuchen Sie Ausstellungen. Gehen Sie wandern.

9. Lektion: Diese Kräuter helfen beim Abnehmen

Wer Übergewicht abbauen möchte, greift oft zu angepriesenen »Wundermitteln«, zu Medikamenten, die viel versprechen, wenig halten und obendrein viel Geld kosten, mitunter sogar für den Organismus gefährlich sein können.
Es muss einmal grundsätzlich gesagt werden: Es gibt keine »Zauberpräparate«, die den Viel-Esser schlank werden lassen. Allerdings kann man mit natürlichen Kräften das Abnehmen unterstützen.
Es gibt allseits bekannte Heil- und Küchenkräuter, deren ätherische Öle, pflanzliche Hormonstoffe und Spurenelemente unseren Appetit bremsen

und Fettpolster abbauen helfen. Voraussetzung ist natürlich ein Reduzieren der Nahrungsaufnahme.

- Ein sehr wertvolles Heilkraut, das Kalorien einsparen hilft, ist der Salbei. Kauen Sie über den Tag verteilt 2 bis 3 getrocknete Salbeiblätter. Wichtig ist, dass die Mundschleimhäute den gelösten Saft der Blätter aufnehmen. Den Rest spucken Sie nach ein paar Minuten aus. Der Appetit wird gebremst.
- Das weiße Labkraut hilft beim Abnehmen, weil es den Stoffwechsel ankurbelt und entschlackt. 2 Teelöffel mit 1 Tasse kochendem Wasser überbrühen, 10 Minuten ziehen lassen, durchseihen. Eine Woche täglich 3 Tassen trinken.
- Oder trinken Sie 3 Wochen lang 3-mal täglich 1 Tasse Melissentee. Die Wirkstoffe der Melisse nehmen einen Teil der Esslust und beruhigen das vegetative Nervensystem. Dadurch wird ebenfalls der Appetit reduziert.
- Eine gute Unterstützung beim Abnehmen im Rahmen einer Diät bringt die Kresse. Dieses Küchenkraut ist besonders reich am Spurenelement Chrom, das unser Körper für einen gesunden, harmonischen Fettabbau benötigt. Außerdem reguliert das Chrom das Gefühl des Sattseins und fördert das Entschlacken. Im Rahmen einer Abspeck-Kur sollten Sie täglich eine Handvoll Kresse als Salat essen und gut kauen. Wenn Sie so eine Kresse-Kur 3 Wochen durchführen, werden Sie beobachten: Ihr Hungergefühl wird zeitweise geringer.
- Ein weiterer, sehr bekannter Tee, dessen Inhaltsstoffe weniger Appetit aufkommen lassen, ist der Matetee, oft auch als Mate-Gold bezeichnet, weil man ihn früher das »flüssige Gold der Inkas« genannt hat. Der Tee aus den Blättern des indianischen Mate-Baumes in Südamerika ist kein Schlankheitstee, wie oft fälschlicherweise angenommen wird. Er setzt allerdings das Hungergefühl herab. Das macht ihn zu einer wertvollen Unterstützung beim Abspecken. Man trinkt 2- bis 3-mal täglich 1 Tasse.

10. Lektion: Machen Sie eine »heimliche« Schlankheitskur

Vergessen Sie alle quälenden und einseitigen Diäten um abzunehmen. Auf lange Sicht klappt es ja doch nicht. Sie verlieren die Lust und das Durchhaltevermögen. Besonders schwer ist das in einer Partnerschaft, wenn einer übergewichtig und einer schlank ist. Irgendwann wird der Übergewichtige dann doch zum köstlichen Essen verführt, und alle guten Vorsätze sind dahin. Amerikanische Ärzte in San Diego haben nun im Rahmen eines Forschungsprogrammes herausgefunden, wie man abnehmen und dabei Spaß haben kann. Die Lösung von Prof. Dr. Charles Doornfield lautet: »Man muss sich selbst und den Partner überlisten. Die erfolgreichste Diät ist die » heimliche Schlankheitskur.«

Das heisst: Planen Sie keine Diät mit bestimmten Rezepten oder Kalorienberechnungen. Setzen Sie sich keine großen, strengen Ziele. Tun Sie einfach so, als wollten Sie gar nicht abspecken. Aber: Tricksen Sie sich selbst und Ihren Partner mit einer ganz neuen Ess-Philosophie aus.

Hier die wichtigsten Punkte:

- Gestalten Sie das Frühstück zu einem exotischen Fest. Servieren Sie zum Kaffee oder Tee frische Früchte und rohes Gemüse. Besonders zum Abnehmen geeignet: Ananas, Kiwis, Mangos, Melonen, Paprika, Gurken, Radieschen, Äpfel. Sie werden satt aus dem Haus gehen.
- Für den kleinen Hunger zwischendurch sollten Sie immer einen Apfel, eine Orange oder eine Grapefruit bei sich haben.
- Machen Sie 4-mal am Tag eine Trink-Pause, damit der Organismus nicht »austrocknet«. Genießen Sie jeweils 1/4 Liter Mineralwasser mit etwas Zitronensaft. Das füllt den Magen und verhindert Hungergefühle.
- Nehmen Sie zur Arbeit belegte Brote mit: Zwischen dünnen Vollkornbrotscheiben Magerkäse und rohes Gemüse. Verringern Sie mit der Zeit die Anzahl der Brote.
- Wenn zu Hause gegessen wird, servieren Sie viel gedünstetes Gemüse, wenig Fleisch. Kleine Portionen auf kleinen Tellern sehen nach mehr aus, weil der Teller randvoll ist. Essen Sie das Abendbrot vor 20 Uhr. Danach höchstens noch einen Apfel.
- Gestalten Sie den Abend zwei- bis dreimal in der Woche ohne Fernsehen. Gehen Sie früher zu Bett. Sie sparen dann die üblichen Knabbereien und sind am nächsten Morgen ausgeschlafen und fit.
- Betreiben Sie am Wochenende Freizeitsport: Radfahren, Wandern, Gymnastik, Schwimmen.
- Kramen Sie in alten Kleidern, probieren Sie sie. Wenn Sie früher schlanker waren, bestärkt Sie das in Ihrem Wunsch abzunehmen.
- Interessieren Sie sich beim Einkaufen für Leicht- oder Light-Produkte.

11. Lektion: Was können Light-Produkte wirklich?

Mehr und mehr Menschen interessieren sich für gesunde Ernährung. Die einen wollen damit Herz und Kreislauf schonen und den Cholesterinspiegel in den Griff bekommen. Andere wollen schlank werden oder schlank bleiben. Im Zuge dieses Trends ist ein neues Lebensmittelangebot entstanden. Es sind die Leicht-Produkte, auch Light-Produkte genannt. Viele fragen sich: Was können diese Produkte wirklich?

Zugegeben: Man könnte sich die Leicht-Produkte ersparen, wenn man ganz einfach von der herkömmlichen täglichen Nahrung weniger konsumieren würde. Doch Studien und Befragungen am Institut für Sozialmedizin an der Universität Wien unter der Leitung von Univ.-Prof. Dr. Michael Kunze haben gezeigt: Eine Verhaltensänderung beim Essen ist für viele Menschen schwerer als die Entscheidung für ein neues, gesundes Produkt.

Der Vorteil der Leicht-Produkte: Sie liefern dem Organismus weniger Energie, weil sie mit weniger Fett und weniger Zucker oder ohne Zucker zubereitet sind.

- Damit Wurst, Fleischpasteten, Käse und andere Milchprodukte weniger Kalorien haben, muss der Fettanteil verringert werden. Man kann bei den Light-Produkten den Fettgehalt auf der Packung ablesen.
- Es gibt allerdings Nahrungsmittel, bei denen man den vorhandenen Fettanteil nicht reduzieren kann, weil sonst die Struktur und der Geschmack des Produktes schlechter werden. So ist das zum Beispiel bei Schokolade. In diesem Fall sucht man einen anderen Weg: Man ersetzt die Kohlenhydrate durch Ballaststoffe oder durch künstliche Süßstoffe.
- Besonders einfach ist das bei Light-Getränken. 14 Prozent aller Getränke auf dem Markt sind Leicht-Produkte. Diese Getränke enthalten anstelle von Zucker künstliche Süßstoffe. Das Leicht-Bier hat weniger Alkohol und weniger Stammwürze.
- Bei Milchprodukten kann man von »light« sprechen, wenn sie ein Drittel weniger Kalorien als Vollmilch-Produkte aufweisen. Wichtig: Der Gehalt am Mineralstoff Kalzium – bedeutsam für unsere Knochen – ist bei den Leicht-Produkten unverändert.

Über eines muss man sich im Klaren sein: Mit Light-Produkten kann man keine medizinischen Probleme lösen. Wenn jemand an Übergewicht und an einer Stoffwechselstörung leidet, so muss er auch mit Leicht-Produkten sparsam umgehen. Ein gesunder Mensch kann damit sehr viel für seine Figur und für die Gesundheitsvorsorge tun. Absolut sinnlos werden Leicht-Produkte, wenn man größere Mengen davon isst. Dann ist alle Mühe vergebens.

Wer damit gewissenhaft umgeht, findet zweifellos eine gute Möglichkeit, sein Körpergewicht positiv zu beeinflussen.

12. Lektion: Die 12 goldenen Regeln fürs Abnehmen

Geht es Ihnen auch so? Sie wollen abnehmen, haben aber weder die Zeit noch die Durchhaltekraft für eine lange, harte Diät. Wie schon gesagt: Es geht auch ohne Diät.

Man kann mit relativ einfachen Tricks durch kleine Änderungen in der gewohnten Ernährung ohne gesundheitliche Bedenken zum Ziel kommen. Es kostet nicht viel Zeit und nicht viel Disziplin.

Hier die 12 goldenen Regeln fürs Abnehmen, die Sie beherzigen müssen:

1. Trinken Sie längere Zeit nur ungezuckerte Getränke. Allein das Weglassen des Zuckers bei Kaffee und Tee kann mit der Zeit eine sinnvolle Gewichtsreduktion erbringen.
2. Ersetzen Sie das Weißgebäck und Weißbrot durch Vollkornbrot.
3. Setzen Sie sich wirklich nur dann zum Essen, wenn Sie Hunger haben. Sie werden staunen, wie oft eine Mahlzeit wegbleiben kann. Stehen Sie vom Essen auf, wenn Sie satt sind. Verwechseln Sie niemals Appetit mit Hunger.
4. Alkohol liefert viele Kalorien. Reduzieren Sie ihn oder lassen Sie ihn ganz weg.
5. Verzichten Sie auf zu große Mengen Kochsalz. Verwenden Sie mehr Kräuter. Allerdings: Gar kein Salz ist auch gesundheitsgefährdend.
6. Führen Sie Ihrem Organismus täglich 2 bis 3 Liter Flüssigkeit zu. Ideal: Mineralwasser. Es ist ein wichtiges Transportmittel, um gespeicherte Giftstoffe im Körper auszuschwemmen. Auch ungesüßte Kräutertees sind empfehlenswert.

7. Kauen Sie beim Essen jeden Bissen lange und intensiv. Dann werden Sie mit weniger Nahrung schneller satt.
8. Essen Sie wenig Fleisch und bevorzugen Sie magere Stücke. Schneiden Sie das Fett weg.
9. Wenn Sie Hunger verspüren und zum Essen ausgehen wollen, dann essen Sie vorweg einen Apfel oder ein großes Stück Wassermelone. Sie setzen sich dann bereits mit vollem Magen an den Tisch.
10. Eine Mahlzeit am Tag sollte eine große Schüssel mit Salat aus rohem Gemüse und leichter Marinade sein. Aber: Nicht zu spät am Abend.
11. Zweimal in der Woche sollten Sie einen absoluten Rohkost-Tag durchführen, an dem frisches Obst und rohes Gemüse in den Mittelpunkt Ihrer Ernährung rücken: Äpfel, Birnen, Kiwis, Trauben, Orangen, Karotten, Gurken, Tomaten, Radieschen, Sauerkraut, alles anstelle von gekochten Speisen.
12. Machen Sie jeden Tag Bewegung: eine halbe Stunde Schwimmen, eine halbe Stunde Radfahren, eine Stunde Gehen, grundsätzlich Treppensteigen statt Liftfahren.

Probieren Sie diese 12 goldenen Regeln fürs Abnehmen einige Zeit aus. Sie werden Erfolg und Spaß damit haben. Eine sinnvolle Hilfe fürs Abnehmen bietet Ihnen vor allem aber auch das Abnehmset nach der Methode »Schlank ohne Diät« des Institutes für Sozialmedizin an der Universität Wien, das Sie im Buchhandel oder beim Kneipp-Verlag, Kunigundenweg 10, 8700 Leoben, Telefon 03842/24094, beziehen können.

Frauen – der »kleine Doktor« in der Küche

Ein Nachwort

Untersuchungen im Rahmen der Europäischen Union, aber auch Beobachtungen und statistische Auswertungen von Ernährungsorganisationen in Deutschland und Österreich zeigen deutlich: Frauen essen gesünder und kaufen gesündere Produkte ein. Sie tendieren in den letzten Jahren mehr und mehr zu einer ausgewogenen Essensphilosophie mit mehr Obst, Gemüse und Getreide. Männer hingegen greifen beim Einkaufen mehr zu Fleisch und anderen nicht so gesundheitsfördernden Produkten.

Das ist eine überaus gute Nachricht. Wenn man nämlich den im Verhältnis immer noch geringen Anteil an Hausmännern betrachtet, so ist die Frau in erster Linie die agierende Persönlichkeit in der Familie und in der Partnerschaft, wenn es darum geht, für die Ernährung zu sorgen, einzukaufen und Speisen zuzubereiten.

Damit liegt bei der Frau eine sehr große Verantwortung für die Gesundheit aller, die mit ihr in einem Haushalt leben. Man kann sogar ohne Übertreibung sagen: Die Frau, die für das leibliche Wohl der Familie sorgt, wird damit zum »kleinen Doktor« in der Küche. Es ist daher enorm wichtig, dass sich Frauen – vor allem ganz junge Frauen – dieser Verantwortung bewusst sind und immer mehr Frauen sich für eine gesündere Ernährungsplanung interessieren und auch Spaß daran haben. Sie werden damit zu Vorsorgepionierinnen.

Je nachdem, welche Naturprodukte die Frau kauft und verarbeitet, wie sie diese zubereitet, welche Zutaten sie einsetzt: Sie kann auf diese Weise mithelfen, dass alle, die mitessen, einer Reihe von Krankheiten vorbeugen und vielleicht sogar vorhandene Alltagsbeschwerden bessern können. Denn eines ist unbestritten: Man kann mit der täglichen Ernährung enorm viel für die Gesundheit tun.

Gesundheit aus dem Kochtopf ist damit nicht nur ein Schlagwort. Es sollte für uns alle eine Lebensphilosophie werden. Sehen Sie: Und genau deshalb habe ich dieses Buch geschrieben.

Dank des Autors

Für die wertvollen Anregungen, Unterlagen, Informationen und Ratschläge sowie für die Unterstützung bei Recherchen zu diesem Buch möchte ich ganz besonders folgenden Personen danken:

Herrn Univ.-Prof. Dr. Michael Kunze (Vorstand des Institutes für Sozialmedizin an der Universität Wien), Herrn Sven David Müller (Vorsitzender des Vereins zur Förderung der gesunden Ernährung und Diätetik e. V., Aachen), Herrn Medizinalrat Dr. Ulf Böhmig, Herrn Dr. Jürgen Reimann (Leiter des Institutes für medizinische Vitamin- und Mineralstoff-Forschung, München), Herrn Univ.-Prof. Dr. G. N. Schrauzer (Universität San Diego, USA), Herrn Univ.-Prof. Dr. Charles H. Hennekens (Leiter der Medical School der Harvard Universität, Boston, USA), Herrn Univ.-Prof. Dr. Jeffrey B. Blumberg (Leiter des United State Department of Human Nutrition an der Tufts Universität, Boston, USA), Frau Univ.-Prof. Dr. Simin Nikbin Meydani (Tufts Universität, Boston, USA), Herrn Univ.-Prof. Dr. Gustav B. Belz (Leiter des Instituts für Herz-Kreislauf-Forschung, Mainz), Herrn Univ.-Prof. DDr. Jörg Birkmayer (Institut für Labormedizin, Wien), Herrn Univ.-Prof. Dr. Anthony J. Verlangieri (Pharmakologisches Institut der Universität von Mississippi, USA), Herrn Univ.-Prof. Dr. John Weisburger (American Health Foundation, New York), Frau Dr. Ilona Kickbusch (Leiterin für Lebensweise und Gesundheit des Europäischen Büros der Weltgesundheitsorganisation, Kopenhagen), Herrn Doz. Dr. Bodo Kuklinski (Leiter des Diagnostik- und Therapie-Zentrums für umweltmedizinische Erkrankungen, Hamburg und Rostock), Herrn Dr. Dieter Zeh (Heilpflanzenforscher, München), Herrn Univ.-Prof. Dr. Heinz Schilcher (Freie Universität, Berlin), Herrn Dr. Wolfgang Lüder (Deutsches Institut für Ernährungsforschung in Potsdam-Rehbrücke), Herrn Prof. Dr. Michael Hamm (Ernährungswissenschaftler, Hamburg), Herrn Pfarrer Hermann Josef Weidinger (Verein Freunde der Heilkräuter, Karlstein/Thaya), Frau Sigrid Peters und Herrn Klaus-Peter Henseler (Goldsam Ernährungsstudio, Köln), Herrn Univ.-Prof. Dr. Werner Pfannhauser (Technische Universität Graz, Lebensmittelversuchsanstalt Wien), Herrn Dr. Michael Vogt (Leiter des Auswertungs- und Informationsdienstes des Bundesministeriums für Ernährung und Landwirtschaft, Bonn).